法律自媒体运营50策

LAW
WE-MEDIA

赵鹏 著

从写作恐惧到提笔成文

中国检察出版社

图书在版编目（CIP）数据

法律自媒体运营 50 策：从写作恐惧到提笔成文 / 赵鹏著 . —北京：中国检察出版社，2018.4

ISBN 978-7-5102-1896-5

Ⅰ.①法… Ⅱ.①赵… Ⅲ.①舆论－研究－中国 Ⅳ.①C912.63

中国版本图书馆 CIP 数据核字（2017）第 105241 号

法律自媒体运营 50 策：从写作恐惧到提笔成文

赵 鹏 著

出版发行：中国检察出版社

社　　址：北京市石景山区香山南路 109 号（100144）

网　　址：中国检察出版社（www.zgjccbs.com）

编辑电话：（010）86423753

发行电话：（010）86423726　86423727　86423728
　　　　　（010）86423730　68650016

经　　销：新华书店

印　　刷：北京中石油彩色印刷有限责任公司

开　　本：710mm×960mm　16开

印　　张：25.25

字　　数：287千字

版　　次：2018 年 4 月第一版　2018 年 4 月第一次印刷

书　　号：ISBN 978-7-5102-1896-5

定　　价：98.00 元

从"菜鸟"到写作达人

在很长一段时间里，所有宣传我事迹的文稿里面都有这样一句话："赵鹏同志每天坚持写1000字……"以前我也觉得这是一个很值得骄傲的事情，因为每天1000字，一年就是365000字，一本中等厚度的书啊！

然而不知道从什么时候开始，我每天写的字数已经远远超过1000字了。最近我粗略统计了一下，现在每天写的字数差不多在5000字以上。写作已经成为了我工作和生活中一个不可或缺的部分。很多人说这样太累，但是我丝毫不觉得累。因为：

写作是这个世界上最富有创造力、最让人心满意足的事情，并且，回报不菲！

然而，我并不是从一开始就很喜欢、很擅长写作的。写作之路是从2008年才正式开始的，写作彻底改变了我的生活……

一、生活的改变

在2008年之前，我从不为写作而烦恼——当你不想做一件事的时候，是没有任何烦恼的，因为逃避的方法遍地都是，借口没时间、拖着不写……都能解决问题。2008年，处长要求我写一篇关于二审检察官定位的文章以便参加二审论坛。很好的机会我确实不想错过。但三周过后，我居然没写出一个字，最后还是请同学给我列了个大概框架，自己填了点内容。

　　"你愿不愿意把今天的弱势变成明天的强项呢？"这是处长当年对我说的话，我至今记忆犹新。必须承认，处长非常了解我。她知道对我来说，"提高写作水平"等老生常谈式说教远远不及树立一个"屌丝逆袭"式的实际目标更具诱惑力——我可以被刺激，但很难被说服。

　　于是，我决定好好写文章，目标就是成为公认的写作高手。然而马上我就感到了痛苦和纠结。说痛苦，是因为想要做好这件事，但自知底子太差，目标太高；说纠结，是因为不知道该如何着手实施——写什么，如何写，几乎没有丝毫概念。

　　上帝总是对我不薄，在我最苦恼的时候，高人的几句话让我深受启发。

　　"写作只是读书的一个副产品，是阅读的'孳息'。"这是2008年聆听市检察院一位领导的讲课时让我印象最深的一句话。这话让我明白，写作是一种思想的表达，而思想来源于经验，阅读就是重要的经验。

　　"每年写20万字，每天看50页书，连续3年，你就能写出好文章。"这是当年一位法学博士对我说的话。这句话让我明白，饱读诗书未必行文流畅，头脑思考一定要与文字表达相结合。

　　"你先写，就知道写什么了。"这是2009年我在石景山检察院公诉二处锻炼时，一位领导对我说的话。初听这句话感觉好矛盾——我不知道写什么时，我怎么"先写"——但经历之后觉得意义非凡，它让我明白这样一个道理：在写的过程中，思维会慢慢打开。那时候，我真的不知道写什么，于是我开始写当天办过的案子、听过的观点、说过的话以及想过的事，写着写着真的就知道想写什么、该写什么、能写什么了。直到现在，我的很多文章都是在动笔之后才决定要写什么的。这真的很神奇，但确是事实，也许，这叫做"提笔有益"。

在有了这些启迪后，我规划了步骤，制定了方法。我打算用6年的时间完成我的"写作伟业"：其中用头两年来积累，目标是能写出文章；用中间两年来提高，目标是写出能发表的文章；用最后两年来飞跃，目标是写出优秀的文章。我的方法很简单：每天看书，页数不限，每天写作，字数1000。解释一下，我没有限定每天读书的页数，是因为我很难做到每天50页，我不给自己设定完不成的任务。不过这些年下来，我确实读了很多书。另外，每天写作1000字的习惯也的确很好地坚持下来了。我不用电脑书写，而是去买一种有点小贵的黄页纸，那种纸看着很舒服，让人有书写的欲望，更重要的是，写满一整张，差不多刚好1000字。之所以这样，是因为我是一个"形式主义者"，什么事情都要形式完美，不然坚持不下来。

让我没想到的是，一个如此功利的目标居然彻底改变了我的生活。

第一个改变是我开始记录人生，这让我学会了认真观察。在最开始的1年，我不知道要写什么，但又要完成每天的1000字。所以，我采取了一个非常有效的办法：记录发生的一切。当然，我并不是逢事必记——我只把一天中发生的以下四部分记录下来：（1）案件。无论是办理的案件、听取的汇报（我当时所在的二审处经常有区县院汇报案件的情况）、同事间就案件的讨论、阅读到的案例分析，只要是一个独立的案件或案件问题，我就记下来，希望通过记录这些来发现需要阅读什么书。（2）困难。无论是工作上的还是生活上的，理论上的还是技术上的，人际关系上的还是事业发展上的，只要是我认为有困难的事情，我就会记录下来，希望通过记录这些来发现需要解决什么问题。（3）事件。一天中发生的事情很多，我只会记录一件印象最深的，它必须是一件有人物、有情节、有结果、有反思的完整事件。希望通过记录这些来锻炼自己的叙事能力。（4）愿望。与事件不同，我会把一天中脑子里闪现出的所有愿望（包括欲望）都记录下来，无论是正义的还是邪恶的，积极的还是消极的，美好的还是龌龊的，偶发的还是经常的。希望通过记录这些来发现我到底想干什么。现在，我已经不用通过记录这些内容来完成每天1000字的写作任务了，但我仍然保留了用黄页纸记录每日这四方面的习惯。我把一张纸分成四部分，每部分250字，我把这叫做"每天4个二百五"。之所以如此，是因为在记录它们的过程中，我必须仔细观察生活，留心每一件事情。我喜欢这样的感觉，觉得这是对人生的尊重。

第二个改变是我开始规划生活，这让我学会了深入思考。在第一个"积累年"过去后，我惊奇地发现，我的生活如此丰富——一年的时间，我接触了290个案件及问题（我把其中5个案件写成了案例分析，3个问题写成了文章），遇到了176个困难（其中96个被我解决，35个自然消失，其余仍然存在），记录了365个事件（每天必须且只能记录一个），闪现了502个愿望（其中多一半是购物）。看到这些我实在有点不知所措——一方面，我发现原来有那么多问题有待研究，有那么多困难需要解决，有那么多愿望值得实现，还有更多的事情我还没有去做；另一方面，我没有足够的时间把所有问题都弄明白，没有足够的能力把所有困难一一解决，更没有可能把每一个愿望都实现（有些愿望根本不应该产生）。生活无限，人生有限，我只能抓大放小，关注最重要的问题，解决不得不解决的困难，实现最强烈的愿望；与此同时，我要容忍自己在有些问题上无知，要学会带着无法解决的困难上路，还要减少那些没有实际意义的愿望。这意味着，我必须规划我的生活，必须有一条主线，必须确定每一个具体时间段的生活主题，必须在很多值得一做的事情中选择出最值得的那件去做，简单地说，我必须取舍。而在规划、取舍的过程中，我不仅需要解决时间冲突，还要解决价值冲突，不仅要思考问题本身，还要思考我的目的、我的环境和我的需求。

第三个改变是我变得越来越专注，这让我不再自责地问："时间都去哪儿了？"每一天，我的任务都很艰巨——我要观察，要记录，要思考，要规划，要阅读，要反思……与此同时，我还要完成日常的工作，进行必要的社交，坚持多年的爱好，保证充分的休息……我不想成为一个工作狂，但我也不愿意浪费时间。我能做的只有安排好时间，然后提高效率。我的时间以半小时为一个基本单位，用一个限时30分钟的沙漏来计算，在这段时间内，我会全神贯注地看一本卷，或者看几页书，再或者写500字，也可能睡个午觉……30分钟后，沙子全部漏完，我会休息10分钟，然后把沙漏翻过来，开始下一个30分钟。每一天，我的沙漏都被翻转数次。这让我变得越来越专注，每时每刻都在感受着时间的静逝，提醒自己当下应该做什么。所以，我不觉得时间过得快，也不觉得时间过得慢——时间在我的感受下按照它应该有的速度匀速流逝。当我听到有人唱"时间都去哪儿了"时，我想告诉他："伙计，或许你需要一个沙漏。"

应该说，我的"调研伟业"实现得异常顺利，但当它实现时，它在我心里却已经不如当初那么重要。2009年，我写出了6篇文章；2010年，我的文章发表在普通法学刊物上；2011年，我的文章被知名期刊发表；2012年，我获得"全国检察基础理论优秀研究成果二等奖"，2013年，我在报纸上开设了专栏；2014年，我成为北京市检察机关综合调研竞赛第一名。但是这一切表象，真的只是副产品——我所收获的最重要的东西，是生活的改变、思维的开阔、心情的愉悦，而这些，居然来自当初一个功利的目标：得第一名。人生真是奇异，有时候一个很具体的欲望，在实现它的过程中竟然带来了意想不到的生活本质的变化。最终，那个欲望已经不那么清晰，但它却永久性地改变了我的生活轨迹。

二、哲学的影响

在为写作而努力的过程中，哲学对我的影响是不能不提的。2008年，我很幼稚地向一个文章写得很好的胖子朋友提问道："怎样才能让自己拥有好的文笔？"他非常风趣地告诉我："脱离内容单纯地讨论文笔是一件非常傻帽儿的事儿。"此后，他陆续借给了我很多哲学书，并说一定对我有所帮助。这些书我仔细阅读了一大部分，它们仿佛为我打开了一扇通往未知园地的大门，开拓了我的视野，教会了我反思，不仅对写作有极大的帮助，对生活的方方面面也都有所助益。

在此只谈谈给我影响最大的两个哲学问题。我以图书介绍的方式一一阐明。

1.《世界的智慧》——反省的重要性

《世界的智慧》是一本关于宇宙哲学问题的书。书的主要内容是通过人类对"世界"这一概念的理解与变迁，讨论人类对宇宙的态度。其基本观点是：人类对宇宙的态度经历了一个从敬畏、膜拜到战胜、改变，再到和谐共存的过程。这本书给我的最大启迪是，反省自身才能有所进步。

很长一段时间，科学家和哲学家们一直把自己置身于宇宙之外，把宇宙想象为实验室内的研究对象。人们希望通过这种绝对客观、中立地观察方式，发现宇宙的奥秘。

然而，事情并不像想象的那样简单——观察本身就会影响被观察的事物，绝对的客观是不存在的。最为简单的例子是：物理学家要观察电子围绕原子核做高速运转的活动轨迹，需要对电子进行观察。而如果想观察到电子，就必然需要电子反射光线或者信号，然而一旦电子反射光线或信号，就一定会释放能量。而一旦电子释放能量，就会改变原来的运行轨道。所以，科学家观察到的电子的运行轨迹，只能是被人类观察下的轨迹，而电子真正的运行轨迹，是人类永远不知道的。这就是理论物理学家所称的："在任何一个基本现象被记录下来之前，该基本现象是不存在的。"或者说，我们所获得的所有感知，取决于我们观察它们的方式——树叶之所以是绿色的，是因为以晶状体、角膜和结膜为结构的人类眼球，只能接收到树叶反射的绿色光谱。

因此，宇宙不是被观察的宇宙，而是被参与的宇宙——人类是宇宙的一部分。正因为有人的参与，宇宙才呈现出今天的样子。美国天体物理学家约翰·惠勒惊叹中国人在几千年前就已经提出"天人合一"的观点，想必就是这个道理。

这一启迪对我的影响是深远的，尤其是在调研的过程中。调研活动是一个"提问——研究——回答"的过程。我们在实践中遇到不解的问题，提出这些问题，再通过要么归纳要么演绎的研究方法，回答这些问题。无论是问题本身，还是作为问题之回答的结果，都不可避免地与我们自身密切相连——我们不是问题和结果的观察者，而是问题和结果的参与者。我们研究的任何一个问题，都同时是对自身的反省；我们获得的任何一个结果，都同时是对自身的改进。同理，我们只有在不断反省的过程中，才能发现我们需要研究的问题；也只有在深入反省的情况下，才能找到解决问题的途径。

2.《十八世纪哲学家》——慎重对待方法

《十八世纪哲学家》是一本介绍18世纪最具代表性哲学家的书，详细阐述并分析、评论了洛克、贝克莱等人的哲学观点。这本书给我的最大启迪是：对司法工作而言，有些问题的研究方法尚未明确，我们必须慎重采用其他领域的研究方法。

18世纪被称为"人类知识唾手可得"的时代。自然科学有了长足发展，尤其是牛顿关于力学知识的发现，使得整个世界为之振奋——"有牛顿，万物皆光明"。与之形成鲜明对比的是，哲学并没有像自然科学一样取得令人瞩目的进步——人们感觉哲学领域只有观点的不同，没有实质的进展。哲学家们为了取得自身领域的突破性进展，纷纷将数学、物理学等自然科学的研究方法引入哲学领域，像研究分子、原子一样研究人类的意识和心灵。这种研究的直接结果是，认知心理学等学科从哲学领域分离出来，但古老的哲学问题依旧没有得到实质性解决。

这本介绍哲学观点的书意外地给了我很大启迪，它让我开始思考，我们需要研究的问题究竟属于何种性质的问题？它们应当通过何种研究方法去解决？

这种思考是有益的，因为我发现，我们研究的很多问题都蕴含了某些非常独特的东西，以至于就连我们这些每天都在和它们打交道的人，对于所给出的答案甚或怎样去发现这些答案都没有丝毫地把握；

这些问题与其他常见问题在本质上是截然不同的。举例说明——如果我们问："如何才查明犯罪嫌疑人作案时的具体年龄？"任何一个检察官都能够回答这一问题——正确答案是基于调查（司法意义上的观察）；户籍部门、医院或者鉴定人将会是我们能够找到的帮助者。倘若再问："14周岁未成年人绑架撕票的行为应当如何处理？"这也并不难回答——只需对《刑法》以及相关司法解释的条文进行演绎推理便可知晓。但是，如果问："人们在什么情况下会相信指控的事实确曾发生过？"或者"怎样的量刑能够被称为'罪责刑相适应'？"对上述问题我们应该怎样给出一个让人满意的回答呢？同样的道理，回答"为什么无利害关系的证人证言比有利害关系的证人证言更为可信"比回答"为什么内心确信的证明标准比排除合理怀疑标准更适宜（或者相反）"容易；回答"抢劫致人死亡的法律后果是什么"比回答"什么叫宽严相济或怎样才算从重处罚"容易；回答"'应当'一词的精确涵义"比回答"'酌情'一词的精确涵义"容易；回答"什么叫'公开审判'"比回答"什么叫'公正量刑'"容易。

在上述每对例子中，回答第二个问题的难度明显大于第一个问题——其原因不在于题目所涉及的知识内容更"偏僻"或者回答所需的语言更复杂，而是在于人们没有客观的标准来判断答案的对错；关于它们的各种解答只能用"合理"或"不合理""能接受"或"不能接受"以及相应的程度予以评价。

其实上述那些难以回答的问题的共同特征在于：它们既不是经验的问题，也不是形式的问题；从表面上看，这些问题不能由人类知识的两个伟大工具中的任何一个予以回答。这两个工具其中一个是以观察、实验、测量等经验材料为依据的"归纳"法，这是人类获取诸如实验物理学、化学或者生物学等知识的基本方法；另一个则是以推理等形式过程为依据的"演绎"法，逻辑学、数学、语法学等学科则使用此种方法构建自己完整的知识体系。与科学有关的文化史在很大程度上体现着人类不断把一些经研究被发现要么属于经验（归纳）的、要么属于形式（演绎）的问题从大量困扰着人们头脑的问题堆中清理出来，并把它们归入与之相关的具体的经验或者形式科学的名下。数学、物理学、化学、语法学等具体科学学科就是在这一过程中逐渐从哲学母体中分离出来的。与法学或者司法研究有着重要关联的逻辑学直到20世纪才终于独立成为具体的科学学科。据此，司法工作所需的一部分知识内容可被归入具体的科学范畴。比如，前文所举各对例子中的第一个问题，因为它们要么可以通过观察（调查）等经验的方法获得，要么则可通过演绎（如对不同法条进行文字演绎）等形式的方法获得；但同时也存在一部分知识，其研究方法尚不明确、判定标准莫衷一是，故而暂时无法独立成为或者被划归为具体的科学部门，至今仍滞留在"混沌"的哲学母体中，以它们为依据的司法环节因此尚未实现"科学化"，与证明或者量刑活动有关的大部分知识内容即属此类。

这种思考让我意识到，在开展研究前，必须对问题本身的性质进行一番考察。如果所研究的问题并非（或不完全）是经验或者形式的问题，就不能仅仅使用归纳或演绎的方法。当然，这种思考也让我感到兴奋，因为司法活动中的大量问题的确是那些研究方法尚未明确的问题，这给了我们很大的研究空间，也激发了无限的想象力。

三、自媒体创作的开始

按理说，从2015年后，我已经可以不再写作，"坐吃老本"了。但正如我前面说的那样，写作已经不可逆转地改变了我的生活。我很难"享受"那种不写作的生活。

2016年年初，一个很偶然的机会，我开设了微信公号"检事微言"。从那时候起每天都写公号。这种自媒体文章和调研文章有很大区别，无论在文章构思、切入点、语言风格、标题设置等方面都与传统写作形式不同。但是万变不离其宗，有了调研写作的功底，我很快就适应了自媒体的写作特点，微信公号的粉丝一路上涨。

近两年来，我在"检事微言"上发表了400多篇原创文章，其中很多都被"法律读库""刑事实务""法律读品"等大号转发。尤其是"法律读库"在我的自媒体创作之路上给予了很大的支持，"库头"甚至把我作为"法律读库"的形象大使，让我备受鼓舞。

这两年的自媒体之路，不仅使我收获了很多荣誉，更帮我积累了一些经验。荣誉应该看淡，但经验必须要总结。这本《法律自媒体运营50策——从写作恐惧到提笔成文》就是这些总结之后的结晶。希望这本书以能够给有志于自媒体创作的朋友们一些借鉴，更希望以此书结交更多的自媒体朋友！

2017年10月15日于家中

目 录
CATALOGUE

壹

你适合写什么

——找到最适合自己的体裁

从事一件自己不擅长的事情充满了挑战，一旦做好也能让人产生巨大的获得感。然而尽管如此，我却依然喜欢做那些自己擅长的事情，因为把自己擅长的事情做得精益求精远比把自己不擅长的事情做成自己擅长的事情要简单得多。写作是一块"大蛋糕"，我们不用那么贪心，只专注于自己擅长的体裁就够了。

001 九成老作家不能胜任自媒体小编

编：你这文章要发表的话得改一下。

我：改哪儿？

编：首先，从文风上看，你的语言过于口语化。

我：口语化和发表有什么关系？

编：当然有。正式发表的文章需要规范性。

我：口语化和规范性有什么关系？

编：正式发表的文章不能像您这样随意使用语言。

我：等等，随意使用语言和口语化是一个概念吗？

编：就是语言比较随意。

我：我承认我的语言口语化，但我的语言不随意。您还没回答我的问题，口语化和语言规范性有什么关系？

编：口语化就不太规范。

我：什么叫不太规范，到底是规范还是不规范？

编：不规范。

我：我不同意您说的。口语化对应的是书面化，不规范对应的是规范。您可以说我的语言口语化，但不能说我的语言不规范，更不能说我的语言随意。这是三个不同的概念。

编：好吧，那就是不够书面化。我认为正式发表的文章应当使用书面化的语言。

我：这是您认为的还是哪里规定的？口语化的文章不能发表？

编：是我们这个行业约定俗成的规矩，是传统和习惯，多少年都是这样掌握的。

我：老舍的文章以口语化著称，但不影响他成为人民艺术家，现在的中小学课本里也有不少他的文章。课本是教育部核定的吧，怎么他们不知道这么重要的规矩和多年来的传统与习惯吗？

编：您不能提大师啊，大师都有特例。您看看这么多年也没有第二个老舍。

我：确实没有第二个老舍，但是同样有文章口语化的作家，比如，赵树理，您上学的时候也应该看过他的文章吧。

编：这也是特例。

我：赵树理开创了"山药蛋派"，派别都立起来了，怎么可能是特例？

编：好，我们暂时先不说风格问题。您的论文没有一个注释。

我：论文为什么一定要有注释？

编：您写论文不参考别的文章吗？

我：参考，但写这篇的时候没有参考。

编：没有论文不写注释的，尤其是一万字以上的论文。

我：贝卡利亚的《论犯罪与刑罚》是一本书，全书一个注释都没有。

编：您怎么总是举这些大师的例子。

我：大师就是被我们学习的，举他们的例子有什么不妥，不然您想让我举谁呢？

编：总之，您还是加一些注释，再把文章改得书面化一些吧，别像是聊天一样。这才符合论文的规范。

……

我并不是因为公号写多了才变得越来越喜欢口语化的表达，而是天生就不喜欢那么一本正经、规规矩矩、严肃认真的书面语。这在很大程度上帮助了我在自媒体写作方面找到舒服的感觉。所以，上面这段和编辑的对话真实地反映了我在语言文字上的倾向——喜欢直白、口语化以及轻松的表达。

这个问题说起来很简单，但真正做到又非常困难。这就是我把它作为本书第一章的原因——知易行难。

从小老师就告诉我们，写文章要有铺垫、有逻辑，要渐入佳境。所以很多人的写作习惯都是在每个段落的第一句话概括整段的大意，并且从外围事件写起，最早也要在第二段才开始进入文章核心的内容。我承认，这样的文章非常规矩、工整，自有它的美感。但是，它可能不适合今天这个时代。

今天这个时代是新媒体的时代。所谓"新媒体"既不是指某种传播方式，也不是指某种技术平台，而是一种前所未有的时代特征。

据说，美国一家市场调研公司最近做了一项关于口香糖销量的统计。结果发现自2007年以来，美国口香糖的销量下降了15%。让人没想到的是，导致口香糖销量下降的原因竟然是智能手机的问世和普及——2007年，iPhone上市，此后的十年间，全世界的手机用户几乎全都换成了智能手机。智能手机的普及导致各种网络服务的发达，今天连我妈妈都不愿意去超市购物，而是在网上下单等待送货。这样一来，超市收银台前面给那些为等待结账无事可做的人们预备的口香糖当然就没有那么容易卖出去了。就算今天仍然去超市购物的人们，排队等待结账也不再那么无聊了——他们可以翻看智能手机中的信息或者玩游戏，总之，他们不再留意那些触手可及的口香糖。这就是美国口香糖销量下降的原因。我相信在中国情况也是如此。

口香糖和智能手机是八竿子打不着的两个商品，它们之间居然产生了如此直接的联系，这说明一个问题：当今时代，商品和商品之间的竞争，很大程度上是在争夺客户的时间。因为不管时代如何进步，一天的时间始终是那么多，做了这件事就做不了那件事。当人们可以选择的事物多到一定程度时，他们只会选择那些最能吸引他们的东西。

在今天这个新媒体的时代下，能够抢到别人的时间的东西，才有生命力。

从这个角度出发，或许真的有绝大多数的老作家无法胜任新媒体时代文章的撰写工作，因为他们的文章要读到一定位置时才会发现文章的妙处，而绝大多数网民可能尚未阅读至此就已经关掉换其他的文章了。

新媒体时代下，一篇文章要想让人从头至尾地读完，需要一上来就能勾住阅读者的兴趣，并且在整个行文过程中始终保持这种状态，吸引着人们往下读。稍有没能抓住人心的地方就有可能导致阅读到此为止。当然如果要想文章真正有传播意义，有引导作用，那还需要在环环相扣的表述基础上加入有一定深度的思考内容，还要把一些不太容易理解的东西变得通俗易懂，不让读者生厌，这是一件不太容易的事情。需要突出使用一些方法技巧。在本书接下来的内容中，我会结合自己的写作经验对这些方法、技巧进行介绍。

002 选择你感兴趣又擅长的文章体裁

友：我要开微信公众号。

我：好啊。

友：什么样的文章最吸粉？时评、鸡汤还是美食介绍？

我：这几种文章写好了都可以，不仅这三种，什么样的文章写好了都吸粉。

友：那我该写什么样的文章呢？

我：写你最感兴趣的。

友：我不这么认为，我觉得做自媒体应当抓住大众的口味，写他们感兴趣的。

我：不，内容可以适当考虑读者，但是形式一定要你自己感兴趣，否则，你根本坚持不下来。

友：什么是形式？

我：你说的时评、鸡汤、美食介绍……这就是文章的形式，或者说体裁，其中时评是议论，鸡汤是散文，美食是说明。当然，它们都可以和叙事配合在一起，但大体的体裁类型就是我说的那样。

友：这个很重要吗？

我：对，非常重要。在考虑具体内容之前，我们必须先选择一种体裁，然后再在这个体裁中设计内容。就好比我在考虑是弹贝多芬的《悲怆》，还是《月光》之前，我必须先选择弹钢琴，而不是吹双簧管。钢琴、双簧管还是小提琴，这就好比我说的文章体裁，《悲怆》

《月光》这是内容上的选择。我可以根据听众是谁来决定我到底演奏哪一首曲子，也就是你刚才说的根据受众的特点来选择内容。但是你在考虑学钢琴、小提琴还是双簧管抑或其他乐器时，影响你的决定的最重要的因素应该不是（也不应该是）听众喜欢什么，对吧？

友：当然不是听众喜欢什么，而是我妈喜欢什么。

我：哈，所以，你的钢琴弹得怎么样？

友：不值一提。三年级之后就没怎么再碰过。

我：所以让别人决定你学什么乐器是一件错事，对吧？

友：是的。

我：写自媒体文章也一样。内容上我可以给你建议，写什么主题，什么角度，但体裁上，只能你自己根据自己的情况决定。

友：自己的情况是指什么？

我：你只需要考虑一个方面。

友：什么？

我：兴趣。

……

从我开始做公众号以来，不少人向我咨询过做自媒体的经验。我给他们的建议大多如上面这段我和一位朋友的对话中所提到的东西。这段对话的核心意思代表了我对自媒体写作的一个基本观点：我们首先需要确定一种体裁（绝大多数自媒体创作者只写一种体裁的文章，即使那些能够熟练创作两种以上体裁的作者，也都会以其中一种为主），然后才会考虑内容的问题。所以在具体讨论文章内容和写作技巧之前，先来说一说自媒体文章的体裁和选择。

可供选择的体裁

在开始写公号之前，我对自媒体文章的类型做过一番调研。所有的类型可以划分为以下几类：

● 时事评论类

这是自媒体文章最常见的体裁形式，绝大多数都是精短的议论体，也有一些时评文章为了抢"第一时间"让人们看到，会用绝大部分篇幅叙述事件，然后在文末用一段话甚至一句话进行评论。

时评文章比较注重实效性，一般事件发生后立即就有大量的时评文章涌现出来。其阅读量一般都比较高，因为人们都喜欢关注时事的进展以及对事件的评论。所以，这也是大部分自媒体创作者喜欢选择的体裁。

● 专业技术类

专业技术类文章类似说明文，以介绍或总结某一专业领域的知识、技术或者技巧为主，受众基本上都是该专业的从业人员、在校学生，以及对这个专业有兴趣的其他人。此外，随着时代的发展，一些比较具体的生活事项也需要比较详细的步骤才能完成，类似"攻略"性质的文章也会随之出现，如"小升初择校指南"。虽然这类文章我不会写，但认真看过几篇后，发现它们也完全可以归入专业技术类体裁中。

专业技术类文章的受众虽然不如时评文章的受众那样广泛，但做的好的专业技术类公号在相关专业内的知名度还是不可小觑的。

● 鸡汤杂文类

鸡汤杂文类的文章以散文和杂文为主，不用过多介绍，大家都看过。这种文章可以是励志的、抒情的，也可以是吐槽的甚至发泄的，它们大多没有什么技术含量，也不一定有指导或者教育意义，大多数情况下是作者自己的情绪表达，读者从中找到共鸣点。

有意思的是，很多人都说自己并不喜欢鸡汤类文章，但这类文章的阅读量却普遍比较高。我不擅长写这种文章，也不太喜欢写。偶尔特别有感觉的时候写一两篇，有的居然可以创造阅读量的奇迹。

● 小说故事类

小说和故事是叙事文。自媒体上的小说一般都是小小说，其实就是故事，长篇连载的虽然也有，但不多见，也鲜有特别出色者。故事有很多用途：不仅仅让喜欢猎奇的人听新鲜事，还能借故事宣扬一些理念，或者普及一些知识。可见叙事文体的作用之广。

如果做一个公号关注范围调查，或许能发现大多数人关注的公号里至少会有一个是以发布故事为主的。其实各行各业都可以讲自己的故事，方式和关注角度不一样，但讲好了都很受欢迎。这也是我最喜欢的一种体裁。关于撰写的具体方式，我会在之后的篇章中去介绍。

● 大众生活类

可能这种分类在文体上不太科学，但我确实想不到更好的分类方式。我在这里所指的"大众生活类"文章，是指那种类似记者调查、娱记八卦式的文章，比如，我老妈经常看的"这几类食物千万不要在一顿饭中同时吃"……这种文章没有阅读上的负担，甚至不需要集中注意力就可以明白它的意思，用大量图片配合不太多的文字，满足人们的好奇心并起到消磨时光的作用。

我把关于美食、明星、家务等一切与社会生产活动没太大关系文章都归入到大众生活类文章中。其实这类文章应该是如今自媒体文章的主流。

● **小众文艺类**

最后一类文章的分类也不太科学。严格的说这类文章既可以是议论文、说明文，也可以是记叙文、散文甚至诗歌。我把它们单独拿出来讨论是因为这类文章有个共同特点——走小众路线。这类文章讨论的问题受众很少——如纯古典主义的音乐、点彩派绘画等——作者及自媒体运营者的目的也不是单纯的增粉，而是以找到志同道合者。所以，这类自媒体的粉丝一般很小，有的运营了几年也不超过1000粉，但粉丝粘性往往很大。

选择的依据

在考虑体裁问题时，我们需要依靠的素材只有自己的兴趣。因为就像我在文头对话部分说的那样，没有兴趣的体裁很难让我们坚持下去。

自媒体创作是一项考验人持之以恒精神的活动，我们发现那些成功的自媒体创作者，可能并不是文笔最好的，也不是思想最深邃的，甚至写来写去也没有太多的提高，但他们一定具备一个特点：持之以恒。不管你是每天发一篇，还是每周发一篇，只要你能保持下去，你的文章都会有生命力，久而久之自然会有越来越多的人期待你的新作。

但是另一方面，写作并不是一项特别能给人带来快感的事情，绝大多数人的拖延症往往体现在写作上。偶尔灵感突发奋笔疾书的经历很多人都曾有过，但在没有强有力的刺激和鞭策的情况下，持之以恒的写作并不那么容易。我们最好不要过高估计自己的意志力，自控是一项极为难得的人类品质，它比善良、勇敢和真诚稀少得多。

在这种情况下，能够保证我们坚持下去的东西，似乎只有自己的兴趣。人对于自己感兴趣的东西往往不知疲倦、不会厌倦，并且不计得失。更重要的是，越是感兴趣的事情，越有可能把它做得精益求精。看看那些在各行各业取得了卓越成就的人，如果让他们实话实说，支持他们向尖端挑战的动力，十有八九是兴趣。

　　"聪明的人，懂得让自己喜欢上那些必须要做的事情，这样他们就能把它做好了。"

　　这是我的钢琴老师对我说过的话。她给我讲过一个她自己的故事：在她很小的时候，害怕下雨，担心那些从天而降的水滴会伤害到她的身体。所以每到下雨天，她就不出门。后来她的外婆给了她一把雨伞。这把伞的内衬上是北半球星空图，并且它还有一种特殊的功能，可以吸收太阳紫外线，然后让内衬发光。当雨天的时候，撑着这把伞如同走在繁星之下，感觉甚好。老师说从那以后，她开始对雨伞产生了浓厚的兴趣，并且开始收集各种各样的伞。并且她也不再害怕下雨，因为这是唯一一个能向不特定多数的陌生人展现她的收藏品的机会。直到人生的最后几年，在能够外出的情况下，她依然希望雨滴从天而降，让她有机会把心爱的雨伞撑开……

　　这就是兴趣的力量，它能让人战胜恐惧，保持习惯。如果我们能够像老师说的那样，把自己仅有的一点点聪明用来让自己喜欢上那些必须要做的事情，然后，哪怕我们再愚钝，再没有天赋，兴趣也会让我们把这件事做得至少没有那么糟糕。

　　综上，在进行自媒体创作前，请先选一种文章体裁吧。记得选自己最感兴趣的那种，因为最感兴趣的就是最适合你的。

003 什么样的内容才能有较高阅读量

友：为什么我的文章阅读量只有几百？

我：你写的什么？

友：对《中华人民共和国人民警察法》修改意见的一些个人观点。

我：这个内容跟我有什么关系，跟读者又有什么关系？

友：这是热点法律问题的讨论啊。

我：热点多了，关注得过来吗？

友：法律的修改难道不是热点中的热点吗？

我：有几个人愿意在下班看公号的时候还讨论法律问题？真有这样的人，人家又凭什么看你写的文章？你是这个领域的权威，还是别的领域的明星？

友：我以为热点问题怎么写都可以。

我：分什么热点。王宝强离婚你随便选角度，法律的修改就不同了。你要找到合适的切入点才能引起别人的兴趣，才能有阅读量。

友：那什么内容能引起别人的兴趣呢？

我：你看看什么内容的文章普遍最有阅读量就知道了。

友：性、婚姻、女人……

我：没错。这是具体的现象，从其中我们可以抽离出规律来。

友：和生理需要有关。

我：生死、爱恨、善恶也是永恒的话题，对吧？

友：对。

我：把性、婚姻、女人和生死、爱恨、善恶和在一起考虑，有什么共同特点呢？

友：看不出来。

我：它们都与人类、与人类的生活有最密切的联系，其中性、女人、婚姻和生死是生理和生活层面上的联系，爱恨是精神层面的联系，善恶是心灵层面的联系。只有与受众有最密切联系的内容，才能引起人们的好奇心和阅读欲望，文章才能有阅读量。

友：我同意性、女人、婚姻、生死、爱恨、善恶都与人类以及人类生活有密切联系，但是我不同意人们只对与自己有密切联系的事物产生兴趣。比如，我老婆，她就经常关心那些跟自己八竿子打不着的事情，女人的八卦，全都和自己没有关系，但那是她最感兴趣的事情，你怎么解释？

我：她关心的事情并非和她没有关联，只是其中的关联你看不到而已，或许她自己都没有发现，但是关联是客观的，有些下意识或者心里层面的关联很难被发觉，但却起着重要的作用。如果你能看到这种关联，你自然就知道文章该如何切入了。

友：我不明白，你说她八卦的事情和她又什么关联？

我：你举个例子，她八卦些什么？

友：比如，谁谁谁和谁谁谁"有一腿"……

我：这两个人中至少有一个和她认识，甚至比较熟悉，对吧？

友：当然。

我：这不就是关联嘛！一个自己熟悉的人，居然有不为人知的隐情。你老婆会关心两个大马路上的陌生人之间有没有"一腿"吗？

友：不会。

我：你错了，有可能会，当向你展示她的推理能力有多么高明的时候。这就是关联。

友：好，就算你说的对，但是警察法的修改难道和人们没有密切联系吗？

我：有。但这个和前面我们说的那种八卦事件有着截然相反的情况——八卦事件和人的联系深埋在事件之下，不易为人所知，但却强有力地发挥着它的作用；法律的修改和人的联系直接写在文字中，很容易知道，且却很难直接吸引人的注意力，原因是这种联系只有被人们认识到了才会发挥作用，但却很少有人注意到这中联系是什么。所以，你的任务就是提醒人们注意这些联系，只要你让人们意识到了这种联系，文章的阅读量自然就高了。

密切联系原则

很多人对阅读量高的自媒体文章进行过规律总结，如"有趣的""有用的"凡此种种。正如我在前面这段和朋友的对话中提到的观点，我认为高阅读量来自于文章内容本身与读者密切相关。

一切导致高阅读量的原因都直接或着间接地归结到"密切相关"这个特点上来。"有用的"自然是与人密切相关的，这一点不用解释了。所谓"有趣的"内容也同样是和人密切相关的东西，试想那些让我们感到有趣的东西，它们之所以让我们觉得有趣，恰恰是因为它们和我们常见人或事有差异——有趣的前提是对其他事物的熟悉。

我觉得这一点并不难理解，人们只会对与自己有关的事情产生兴趣。一个事情和自己关联性越大，就越会关注。所谓"事不关己高高挂起"不正是从反面说明密切相关性的含义吗？！

说到这里可能很多人会和我的那位朋友一样，认为人们关注的对象有两个极端，一是和自己密切相关的，二是和自己沾不到边儿的。正如我对朋友说的那样：所谓沾不到边儿，实际上是我们没有认识到关联性的存在。人们并不会真正关注那些和自己没多大关系的事情，看似没关联的事物或许它们之间的关联紧密得很。

比如，人们关注明星出轨、吸毒、离婚……实际上是在和自己的生活进行比较，并在心里暗想"别看你是明星，你也不总是那么走运的……"再比如，人们关注异域的战争或灾难，实际上也是在和自己的生活进行比较，并在心里暗想"幸亏我没有生活在那里……"还比如，人们关心与地球相隔数十万光年的星球上有没有生物，实际上同样是在和自己的生活相比较，并在心里暗想"那些生物也像我们一样，想要知道别的星球有没有喘气儿的东西吗……"

从哲学角度讲，事物是普遍联系的，所以任何两个事物之间都存在关联。从这个意义上说，任何人、事、物都可以成为被广泛关注的对象，只是看我们如何论证这种关联罢了。优秀的自媒体创作者，不一定有出色的文笔，但一定有足够的敏锐度，能够发现并明确地指出事物与读者之间的密切联系。当他做到这一点时，不论这篇文章写得好与坏，至少在阅读量上，不会有太差的成绩。

从哪里寻找联系

现在来谈谈如何寻找并且指出文章内容与读者之间的密切联系。

首先我们要明白，联系的多层次性。就如同很多人把人的生活分为"物质生活""精神生活"一样，所谓事物与人的联系，也可以从这两个层面上去寻找，即"物理联系"和"精神联系"。此外，我一直觉得"精神生活"并不足以指代那些形而上的东西，在"精神生活"之上，人的生活还应当有更高层次的"心灵生活"，即指信仰、信念之类的内容。所以在"物理联系"和"精神联系"之上，还应当有一种"心灵联系"，用来表示所有触动人们心灵生活的联系。

在上述三个层面上寻找事物与读者的联系，都可以起到不错的吸引效果。比如，前文提到的警察法的修改（指2016年的修改，以下不涉及修改的内容以及警察法的具体内容，在此仅仅借这个事例说明观点），如果我们不指出它和读者之间的联系，那么没有多少人会对这样的文章产生兴趣，阅读量低也是可想而知的。但如果我们从上面这三个层面上寻找到联系，然后以这种联系构架文章的内容，那么结果可能就不一样了。

物理联系是事物与人类生活最直接的联系。比如，警察法修改的文章，如果我们把文章内容设定为"警察法修改后，哪些事情警察没有权力管了……"或者"警察法修改了，以后警察再也不能这样做了……"这就是一种物理联系，它强调的是这件事情对我们的生活产生哪些直接影响。我记得在2016年修改这部法律的征求意见稿出台后，有一个非常有名的微信公号推出了一篇文章，第一句就是："警察法修改了，跟老百姓的日子有什么关系？"可见，这个公号的作者深谙密切联系原则对文章阅读量的影响。

精神联系是事物与人类态度、情绪与情感之间的联系。它往往比物理联系更容易引起人们的兴趣，但也更难把握。还比如，警察法修改的文章，如果我们把文章内容设定为"警察法修改了，警察的待遇会因此提高还是降低……"或者"警察法修改了，以后警察更难做还是更好做……"如此这样就是在使用精神联系了。因为人们关心警察待遇及工作难度的升降，这会让他们通过比较产生高兴或者不高兴的情绪，无论哪一种情绪对人的精神生活而言都有必要。当然这主要是针对那些非警察阅读者，对于警察而言，他们如果阅读这种内容的联系，那就是物理联系吸引过来的。

心灵联系是事物与人类信仰、信念之间的联系。它比精神联系更高一层的具体表现是，这种联系不仅仅让人产生情感或情绪上的变化，而是夹杂着对价值观的思考。善于在事物与读者之间找到心灵层面联系的作者并不多见，这需要比较深邃的思想和更加敏锐的洞察力。我本人也不擅长寻找这样的联系，不过例子还是能举出来的：还是警察法修改的例子，如果我们把文章内容设定为"从警察法的修改能否看出公权力与私权力哪一个更应当受到保护……"如此这样就有些寻找心灵联系的意思了。

综上，在提笔准备写文章时，不妨先问问自己，文章的内容与读者有着怎样的联系，这种联系是否足以让足够多的人对你的文章产生阅读的欲望。

004 你的职业就是你文章的最大卖点

我：张大夫，给我开点儿板蓝根。

张：感冒了？

我：是的，不过还不算严重，估计喝点板蓝根就好了。

张：没问题。对了，有个案子我得咨询你一下？

我：案子？我正办的吗？

张：当然不是。是我一个高中同学，他们家孩子在外地被逮捕了。家长着急，非得问我人被逮捕之后还要多久才能起诉到法院。另外，他们孩子是跟一帮同学在高速路上扔砖头，逮捕罪名是以危险方法危害公共安全，不知道这个罪会判多久？

我：哈哈，虽然您是医务室的大夫，但亲朋好友还是把您当做检察官，对吧？

张：是啊。谁让我在检察院的医务室呢。他们以为检察院里面的人都懂法律。

我：这种想法很正常啊，外人怎么分得清楚检察院的内部分工，会认为穿这身制服的人都是法律专家呗。

张：是。这也真是奇怪。亲戚朋友都知道我是检察院医务室的大夫，但平时只有在单位里，才有人问我医疗的问题。在家里从来没人把我当医生，得了病也不怎么问我，反倒是一有跟法律着边儿的事情就会问我是什么看法。

我：那每次您怎么回答呢？

张：一开始还挺尴尬。后来他们问的多了，我也就开始试着回答了。再加上跟你们聊得多了，也知道点儿法律常识，久而久之我都觉得我是检察官了。

我：看来只有同事把您当大夫，其他人都把您当检察官。被别人问多了，您自己也觉得自己就是了。我看您还是自学一下法律吧。

张：我正准备买点儿书看看呢，与其每次都问你们，还不如我自己补补基础知识。

……

上面是很多年前我和单位医务室大夫的一段对话。张大夫那时候隔三差五就跟我讨论点儿法律问题，基本上都是别人问他的。直到退休，他也没有对法律知识多么熟悉，因为他根本没有法学基础，上大学时学的就是医学专业，毕业就分配到检察院的医务室。此后三十几年，虽然身在检察院，但自己对简单的法律问题也只是略知一二。然而这一切都不妨碍在外人看来，张大夫就是一个检察官。最终，张大夫也认为自己就是一个检察官，并且经常给别人讲解法律问题。我说了这么多目的是要引出下面这个心理学概念：标签效应。

标签效应

标签效应是一个心理学的概念，大概意思是说，人们一旦被贴上某种标签，就会慢慢成为标签所指代的人。据说在第二次世界大战期间，美国军队招募了一批行为不良、纪律散漫、不听指挥的新兵。随后心理学家对这些不良士兵做了一个实验：让他们每人每月向家人写一封信，信上要说自己在前线遵守纪律、听从指挥、奋勇杀敌、立功受奖等内容，不论信上写的是真是假。半年后，这些士兵发生了很大的变化，他们中的很多人真的成为了信上说的那样的人。心理学家把这种现象称为"标签效应"。张大夫在被亲朋好友当作检察官后，慢慢地也接受了这个事实，并且开始认为自己是一个法律方面的行家，甚至不再惧怕别人向他询问的专业法律问题。这就是标签效应的体现。

在标签效应这一问题中，值得讨论的不仅仅是标签效应本身，还包括一个更上位的问题：人们喜欢贴标签。并且一旦这个标签贴上之后，就不容易改变。有时候明知贴得不太准确，也不愿意纠正过来。这里面蕴含的心理学因素我不太懂，大概是不愿意承认自己之前的错误吧。

就如同张大夫遇到的问题，他虽然在检察院工作，但具体岗位并非办案。很多在检察院工作的人并不精通法律，但这不妨碍外人把他们当作法律专家。因为所有在检察院工作的人，都会被贴上"检察官"的标签，这个标签代表着法律专业性。

人们固有的贴标签的欲望以及标签效应。本身，让不懂法律的张大夫，慢慢变成了一个愿意为他人讲解法律问题的非法学专家。

职业就是卖点

好了，说了这么多，终于到了我要说的正题：你的职业就是你文章的最大卖点。如果你在司法机关工作，那么你的职业就是法律，别人一定会，也很可能只会认为你懂得最多的就是法律，这时候，法律就是你所撰写的文章中的最大卖点。人们并不期待从一个检察官的文章里看到关于医学、音乐、教育方面的真知灼见，但对于其文章中与法律。有关的内容，却会格外关注。同理，如果你在医院工作，那么你的职业就是医疗，你写的文章里最引人注意的只能是与医疗相关的内容，而不会是其他方面。

这是心理学规律在生活中的体现，它很可能是一种思维缺陷，但它真实地存在，我们也很难改变它。要我说，根本没必要改变这一点，我们只要善用它就好了。正因为此，我会给那些向我咨询如何做自媒体的同行建议：不管你写什么体裁的文章，你都要突出法律这个卖点，因为只有它才能让你的文章被人注意。

我的建议让不少同行为难。因为在检察系统的宣传部门，很多人都不是科班学法律出身，但他们却承担着重要的宣传任务。我知道对非法学专业的人来说，写专业的法律文章是一种折磨。但有什么办法呢？既然你是检察院的人，你注定了就是一个法律工作者，你的文章只有与法律有关时，才会被人认为有必要一看。

在这一方面我有切身的体会。在开公号的第一年，我不确定什么样的体裁最适合我，但我很清楚不管什么体裁，内容上必须突出法律这个职业特征。于是我设计了七个专栏，分别是疑案迷思、读律观澜、实务阡陌、观影论法、从检奇谈、周末轻弹、云卷云书。这几个专栏中，前五个都是和法律有关的内容，不过就是换着方式说法律问题而已。周末轻弹是周六推出的文章，写的是与音乐有关的内容，因为音乐是我的业余爱好；云卷云书是书评，我平时比较喜欢读书，所以专门弄了一个专栏放书评。

在持续了一年之后我做过统计，我的所有文章中，阅读量最高的是实务阡陌，阅读量最低的两个就是与法律完全没关系的周末轻弹和云卷云书。但是，这并不代表我写的音乐评论文章或书评不好看，只是因为人们给我贴上的标签"检察官"并不涵盖音乐与阅读的内容罢了。

综上，在你开始进行自媒体创作前，我建议先想一想自己身上有没有明显的标签，如果有，那标签所代表的内容，就是别人期待在你的文章中看到的内容。这可能不太准确，但恐怕不好克服。最直接的方法就是顺应这种趋势，把标签后的职业作为文章中的卖点——它可以直接为你带来阅读量。

谨防标签效应的弊端

标签效应并不总能带来正面的、积极的作用。我觉得从某种角度看，标签效应也可能有负面影响。比如，张大夫直到退休也没有认真地看完任何一本法学专业书，但他却越来越积极地回答人们提出的专业法律问题。

这就是标签效应的不良影响：让被贴标签的人产生错觉——错误地认为自己已经具备了标签所代表的特性，其实则不然。

因此，每当我建议那些非法学科班出身的检察院宣传干部不要在"官微"中发布与法律没关系的内容时，也同时会提醒他们一定要认真学习一下法律的基本知识，千万不要久而久之产生了自己就是法律专家的错误观念，进而说出了"外行话"。

005 依靠专业，但千万不能滥用专业

同：有一部新拍出来的检察院题材的电视剧，最近在电视台播呢。

我：哦，我看了一眼，没坚持看。

同：我也是。不过我觉得检察院题材的电视剧不好拍。

我：为什么？

同：公安有抓人，法院有开庭，唯独检察院，大部分时间是坐办公室看卷，要不就是在会议室讨论，这有啥好拍的呢？多枯燥啊。

我：谁说的。检察院也可以出去调查取证，也可以和公安一起抓人，法院但凡开庭检察院都得派人，并且检察官是在法庭上说话最多的人。所以你说的这个理由并不成立。

同：那你说为什么好多反映我们工作的电影电视剧都不怎么卖座？

我：可能专业性太强了吧。

同：你不是总说专业就是我们的最大卖点吗？

我：你见过铺天盖地地强调卖点的吗？从始至终不停地强调卖点，专业就被滥用了。

……

我之所以选择检察官这个行业，很大程度上受到了小时候看的香港电视剧的影响。那时候没有太多娱乐活动，大陆的电影电视剧也不太多，港剧成了最吸引我的电视节目。我记得那时候连续看了好几个与律师和法庭有关的港剧，印象最深的就是《壹号皇庭》。这部片子应该也是香港律政剧的经典之作，正是剧中精彩的法庭辩论场景让我

对法庭产生了最初的兴趣。

今天再回想起来，我对这部经典律政剧里的几乎所有情节都想不起来了，脑海中唯一留下的就是主人公在法庭上唇枪舌剑的影像。我想很多人喜欢这部片子，也是因为其中精彩的法庭场景——正如我在前面一章说提到的观点：专业就是这部片子的最大卖点。以至于很多年过去后，当人们已经淡忘了片子里的具体内容时，仍然能记得它是一部律政经典电视剧，编剧牢牢地抓住了专业这个卖点，使他成功地区别于一般的家庭肥皂剧。

但是，如果你把这部片子找出来再看一遍就会发现，其中法庭的内容，甚至与法律相关的内容根本占不到整部电视剧的50%。剧中真正大部头的内容是主人公的情感经历以及生活琐事——虽然号称律政剧的经典之作，但是法律在其中只是卖点，并非最重要的部分。

这就是编剧的高明之处，他利用了专业，但却没有滥用专业。专业在片中仅仅是用来反映主人公性格特征、情感偏好以及价值观取向的工具，全剧的主线与一般肥皂剧没太大区别，仍然是人的情感发展，而非法律的运用或者案件的破获。

并非香港电视剧有这个特点。我们看一看那些被普遍认为专业性很强的电影、电视剧就会发现，成功的专业领域的影视作品，专业是卖点，但都不是重点，它们不过是用来推动情节发展的工具而已。

比如，经典美剧《急诊室的故事》，以及我小时候看过的一系列日本电视剧，如《少女疑云》（反映钢琴专业大学生的电视剧）、《绿水英雄》（反映专业游泳运动员的电视剧），以及《篮球女将》（反映专业篮球运动员的电视剧），等等，这些影视作品都有很专业的卖点，但他们都不是从头到尾在说这些东西。相反，专业在剧中所占的比重并没有超过其他诸如情感、生活之类的常规电视剧情节，而仅仅是这些常规情节的助推剂。

人们喜欢在电视剧中看到与专业有关的东西，但是人们并不想从头到尾只看它。好的创作者可以把这些专业知识和吸引人的剧情紧密结合，让人们在被剧情吸引的同时了解到专业的知识。

我之所以举影视剧的例子，是因为它们和自媒体文章非常相似。几乎没有人想要从自媒体文章中获得专业知识，就如同没有几个人习惯于通过看肥皂剧掌握某些专业知识一样。人们会被专业吸引，但那是出于好奇而非好学。喜欢学习的人自然会去看专业的文章和专业的书籍，看公号文章的人大多抱着消磨时光的目的。

所以，我们要依靠专业，但又不能滥用专业。做到这一点并不容易，尤其对于从事实务工作的作者而言更是如此。因为常年的职业经历让我们很容易地对专业问题大谈特谈，不顾这些内容是否是读者愿意看到的。

为了不滥用专业，我在写自媒体文章的时候会提醒自己注意以下几点，有兴趣的人可以试一试这几个方式，或许对你也有用：

尽量不把专业问题设定为文章的主题

就算你写这篇文章的目的就是要说这个专业的法律问题，我也建议不要把这个专业问题设定为文章的主题，而是加入一些其他更通俗的内容。可能的话把专业问题拆解成几个部分，分散到文章中去，用更有意思、更吸引人的话题作为主线吸引读者读下去，然后在不经意之间把法律问题阐述出来。这说起来简单但里面还是有很多技巧的，我在之后的篇章中会详细介绍，在此只做一个概括说明。

在讲故事的过程中把专业问题说出来

我比较喜欢使用的方法是，把整个文章设定为一个故事，在具体情节的推进中把需要讨论的法律问题带出来。故事讲完，法律问题也说完了。这种方法说教味道不浓，很适合自媒体的传播方式。关于这种方法的具体注意事项，我会在之后的篇章中详细介绍。

避免专业词汇在文章中的频繁使用

法律专业人士写自媒体文章最大的的困难之一就是不能用正常的语言表达观点。因为法学教育并没有让我们学会吸引人的表达方式。有位我非常尊敬的老检察官曾经告诫刚刚走出校门的法学毕业生："要想把你们学到的理论更好地运用到实践中，你们需要做的最重要的一件事就是——重新学会像正常人一样好好说话！"

我完全同意这种观点。我们接受的最正规的法学教育，旨在让我们树立起法律的思维，学会法律的语言。但是法律语言却不必然是最具有说服力的语言。语言的说服力在很大程度上取决于它的生动性、鲜活性和具体性，但法律语言却教会我们在任何时候都以一种符合理性的，缺乏感情的术语去表达。这些术语把活生生的、高度戏剧化的生活变成了疏远的、抽象的、晦涩的文字概括。想想那些曾经或者正在让我们以说出它们而自豪的刑法专业语言吧。"周瑜打黄盖"可以被抽象为"被害人承诺"或者"自我答责"；"螳螂捕蝉黄雀在后"可以被抽象为"偶然防卫"；"行为没有社会危害性"可以被抽象为"因法益性阙如而阻却违法性的事由"……这些被抽象了的专业术语在理解上尚且存在难度，你想直接用它们去说服谁？

当然，我并不是在否定法律语言的重要性。恰恰相反，法律语言是职业法律人必须具备的一套语言体系。它帮助我们按照体系化、规范化的思路去理解问题，提醒我们摒弃个人情感，用冷静的头脑去评价生活。但是，在进行自媒体创作时，我们必须暂时收起那些规范的法律语言，使用生活中最有市场的表达方式——说服的语言。说服的语言应当是生动的、鲜活的、有冲击力的，应当是令人印象深刻的，而这些特征恰恰是法律专业语言不具备的。

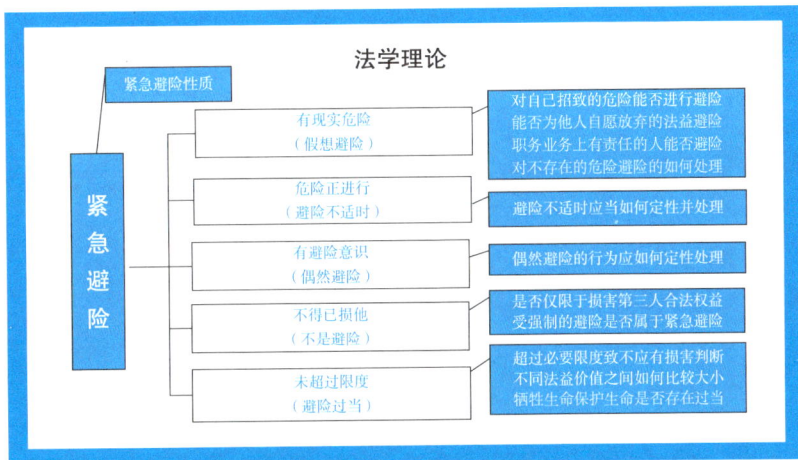

图1-1 法律专业语言的市场表达方式

贰

你有所准备吗

——下笔如有神背后的秘密

古人说，"读书破万卷，下笔如有神"。我却认为，读书不过脑，万卷也枉然。今天，我们处于信息爆炸的时代，每天进入脑海的信息太多，以至于想躲都躲不掉。在这样的时代下，能够在海量信息中找到对自己有价值的，并且把它们分门别类地记录在大脑中，在需要它们的时候能够迅速找到它们的位置进而为我所用的人，一定能够成为写作的高手。

我：今天有啥新闻吗？

助：有，有个晨跑团在机动车道上跑步，占用了很大一部分道路，机动车都要绕着他们开。但是一个司机却冲进了晨跑团，撞死了一个跑步的人。警方说这个司机是因为过失才冲进晨跑团的，现在司机因为涉嫌交通肇事罪被刑拘了。这个事件网上争议很大，有人说对司机的处罚太重了，不应该刑拘。但也有的人支持晨跑团，说行人道路总被占用，有些路段索性没有行人走的地方，不占机动车道怎么锻炼！

我：看来这是热点。你要不写个文章？

助：从哪个角度呢？

我：你自己想啊。

助：谈谈民事责任问题？比如，晨跑团的组织者需不需要承担赔偿责任？

我：咱们是刑事检察官，你谈民事责任能比专业搞民事的人更棒吗？再说，这个案件人们关注的焦点显然都在刑事方面，你谈民事问题等于把它降温了。

助：那就谈谈是不是构成交通肇事罪？

我：从哪个角度？

助：主观方面。警方说肇事司机是过失，所以才以涉嫌交通肇事罪逮捕嫌疑人；但如果嫌疑人是故意，那他的行为就构成故意杀人、故意伤害或以危险方法危害公共安全罪。

我：你靠什么判断主观方面？

助：得看司机的供述。

我：还有吗？

助：目击者的证言？如果有视频监控录像就更好了。

我：没有别的了吗？难道不需要看看勘验现场笔录里有没有记录刹车痕迹的位置吗？不需要了解一下肇事司机的驾驶经历、驾照取得时间以判断一下他有多大可能出现这样的过失吗？

助：对，都需要。主观方面要综合判断。

我：那你看看这些证据，目前你有吗？

助：没有。

我：没有，你怎么分析他是过失犯罪还是故意犯罪？

助：可以猜测一下。

我：对于这些尚未有明确调查结果的案件，我们最好不要妄自揣测证据，因为最终结果应当以司法机关调查的为准，我们身为司法工作者更应该明白这个道理，尽量别揣测事实。

助：那还能有什么角度？

我：刑事理论啊。你没看出来吗？这个事件里，刑事实体理论和刑事程序理论至少各有一个，并且这两个问题都会是公众关注的问题。你想一想。

助：看不出来。

我：那我提醒你一下。这个案子里有没有"自陷风险"问题？

助：自陷风险？你是指被害人？

我：对。晨跑团难道不知道他们跑上了机动车道吗？难道不知道机动车道不让行人占用吗？难道不知道占用的结果是有可能被车撞到吗？

助：知道，他们都知道。

我：有人强迫他们占用机动车道吗？

助：没有。他们是自愿的。

我：既然如此，那他们是不是"自陷风险"？如果是，那被撞倒是不是"自找的"，是不是应该自负其责？这是不是"自陷风险"理论讨论的问题？

助：对。但他们显然不能自负其责，肯定还是肇事司机要负责的。

我：那是因为你懂得刑事理论，但网友们不一定懂。并且很多人可能会有这个疑问，撞了白撞的问题早就有人提出来过。正好可以用这个理论回答这种疑问，对吧？

助：对。你思路开阔。

我：不是我思路开阔，是你基本概念不熟知。

助：我知道自陷风险理论。

我：那你用最简练的话告诉我什么叫自陷风险？

助：……

我：不能是吧，这样吧，我们换个最应该知道的概念，什么叫"犯罪行为"？

助：呃……

……

今天，你还背诵吗？

今天我们比以往任何时候都更能轻而易举地得到各种学科的基本信息，只要拿出手机随便一百度，就能准确地知道各种概念。科技的进步让我们越来越有可能掌握知识，但是这种可能性未必会实现。因为在科技进步的同时，我们也越来越不爱记忆——既然随手可查，为什么我还要把它背下来？

是啊，为什么呢？

上面这段我和助理的对话就在回答这个问题。信息爆炸和搜索功能的发展必然导致人们习惯于"知道"而非"熟知"。知道和熟知是两个完全不同的概念。知道仅仅意味着当别人提起某个抽象概念的名称时，我们大概明白它是什么意思。但熟知却意味着当我们面对鲜活的现实时，能够迅速识别出它里面隐含着的抽象概念，并能用简练的话说出它的准确概念。

很多人看到一个简单的报道，不知道点在哪里，不知道从哪个方面去写作。他们以为这是思路不开阔，其实不然。真正导致不知如何下笔的原因，是对于隐藏在事实表面下的各种理论点不熟知。

因此，我们不能满足于知道：只有背下来的才是自己的。

条分缕析地记住所有知识点

说到这里本来没有必要再往下讲，因为记忆是一个个人努力的问题。不过我确实有一些方法可以介绍给大家。

我是做刑事检察工作的，我写的所有文章都和刑事法律问题有关。我对刑事理论概念的学习不求有多精深，但一定求精准。我对概念的记忆用的是图表方式。举几个例子：

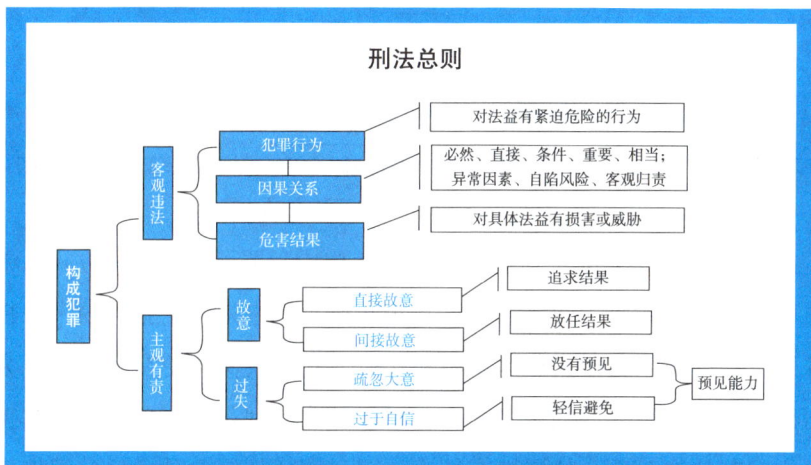

图2-1　犯罪构成要件要素

上面这张犯罪构成要件要素图，简单地说：构成犯罪有客观违法和主观有责两个方面；客观上包括三个方面：犯罪行为、危害结果、因果关系；主观上有两个方面：故意或者过失；故意有直接故意和间接故意两种，过失有疏忽大意和过于自信两种。这是最基本的犯罪构成要件要素的组成。但到这里还不行，我们必须继续往下去记忆：犯罪行为是指对刑法所保护的法益有现实、紧迫危险的行为……上图中所有白底黑字的内容，就是需要精准记住的内容。

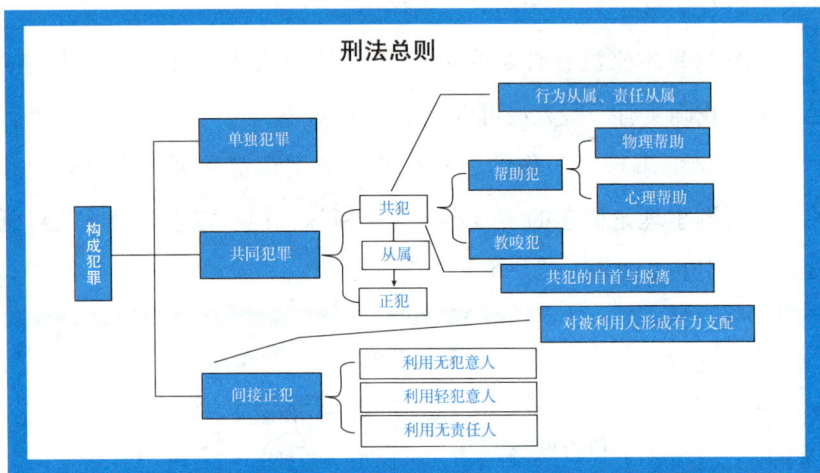

图2-2 构成犯罪的三种方式

再看图2-2，也是一张犯罪构成图：构成犯罪可以有三种方式：单独构成、共同构成、间接正犯（其实间接正犯也是共同犯罪的一种特殊形式）；共同犯罪又分为正犯和狭义共犯，狭义共犯在我国表现为帮助犯和教唆犯，帮助犯又分为物理帮助和心理帮助，并且共犯和正犯之间有从属关系，从属性有行为从属和责任从属两种学说；间接正犯可以分为利用无犯意、轻犯意或无责任之人，间接正犯要求利用人对被利用人形成强有力的支配……同理，图片方框里的所有内容都是需要精准记忆的。

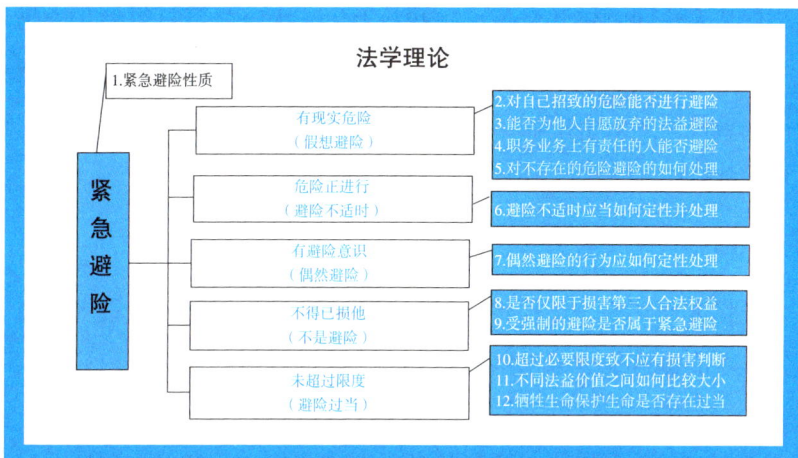

图2-3　紧急避险知识框架

　　上面这张是具体概念的分点记忆图，我就不具体介绍了，所有该记住的点都写在了上面。我把紧急避险分成12个重点问题，然后分条记住它们。这张图上的概念可以用在很多新闻事件的深度分析上。我们看看下面这个案件，各位可以考虑一下其中有哪几个是图2-3反映出来的理论点：

　　黄某与丈夫郭某结婚后生有一女一子，女儿14岁，儿子2岁。郭家经济窘困，全家均靠丈夫一人在城里打工做保安为生。自2015年底，丈夫患重病卧床在家休养，家中不再有经济来源，家庭经济状况进一步恶化。2016年5月，丈夫因病去世，悲痛欲绝的黄某与女儿产生了自杀念头。5月27日，黄某将儿子放在背篓里，领着女儿来到河边准备一同自杀。在黄某将石头绑在自己腹部时，女儿首先跳下河中，黄某看到女儿在河中挣扎，立即放弃自杀念头，并立即下河救女。下河后，黄某才意识到身后还背着儿子，遂将儿子抱在怀中继续救女。奈何此时女儿已经意识模糊，瞬间就会下沉到河中，需要有人全力将其拖上岸。黄某无法同时将两个孩子一并救上岸，无奈之下只得将儿子扔到河中，将女儿救上岸。待黄某与女儿上岸后，儿子已经沉入河中无法寻找，当日下午，下游居民发现黄某儿子尸体，遂报警。经鉴定，黄某儿子系溺亡。

《利玛窦的记忆宫殿》

记忆方面还有一个值得一提的问题：我们可以背下来很多东西，但怎样才能迅速地想起这些已经背下来的内容呢？这涉及记忆提取的问题。

我觉得这个问题有点像储物柜。我们家里都有储存柜，储存柜能存放很多东西，但如果我们不对储存柜分层分格，那档储存柜里的东西多到一定程度时，我们能很快找到的东西永远是最后放进去的，因为最后放进去的在门口的部位；越是先放进去的越不容易找到，这一点相信大家都有体会。所以，优秀的家庭主妇懂得把储物柜科学的分层、分格，然后规规矩矩地把所有东西放进应该放的地方，这样就能在需要它们的时候以最快的速度找到它们了。

优秀的记忆者也是如此。他们可以把大脑负责记忆的地方进行分区，把不同的内容分别放进不同的区域，然后记住它们的位置，随时调取。

这种给大脑分区的方式非常好用。有本书叫《利玛窦的记忆宫殿》（另一个版本叫《九宫记忆》），是利玛窦发明的一种记忆方法，介绍的就是这种分区记忆法。有兴趣的可以找来看看，我在本书中就不详细介绍了。

说了这么多，归结起来只有一句话：你知道的可以很多，但记住的千万不能太少。

007　每天四个二百五，把记忆变宝库

记：采访您之前我看了一些报道，报道说您每天坚持写1000字，每年能写30多万字？

我：十年前是这样。

记：那现在呢？

我：每天5000字，每年200万字。

记：十年前给自己规定每天写1000字，是因为那时候自己的写作能力不高，每天最多只能写1000字吗？

我：不是。那时候每天一个字也写不出来。

记：那1000字是怎么写出来的？

我：记录生活呗。

记：写日记？

我：准确地说不应该是日记，因为我这1000字是有特定内容规定的，虽然只有1000字，但是也分成四个内容。

……

差不多10年前，我立志参加全北京市检察系统的调研业务比武，那时候我根本不会写文章。后来咨询了一些大咖，他们都告诉我要勤于动笔。但问题在于：我不知道写啥，动笔干嘛！

其实现在回想，那时候之所以不知道写什么，无非是因为读书少，想得更少。脑子里没货能写出什么来！但当时我不这么认为，总觉得写东西是个技术活儿，要想写得好就得经常写、天天写，弄个熟

能生巧。

所以那时候，我经历了一个奇特的阶段：头脑空空却不停地写，每天能写1000个字。不过，我写的可不是生活流水账，而是非常有意义的东西。正如我前面那段和记者的对话所说的，我每天的1000字包括四个内容：

案件

因为我是检察官，所以我要记的第一个内容就是案件。无论是办理的案件、听取的汇报（我当时所在的二审处经常有区县院汇报案件的情况）、同事间就某个案件的讨论，只要是一个独立的案件，就记下来。如果一整天都没一个值得记录的案件，就从《刑事审判参考》或者《刑事司法指南》上看一个，记下来。反正各种案例分析多的是，想找总会找到，不过一天记一个就行了。这些案件引导我去看需要看的书。

困难

我每天记的第二个内容是遇到的困难。无论是工作上的还是生活上的，理论上的还是技术上的，人际关系上的还是事业发展上的，只要是我认为需要解决，凭我的能力应对起来有一定难度的事情，就会记录下来。这些问题一旦解决了，我也会把解决的方法、谁提供了帮助以及相应的感受写下来。

事件

第三个内容是一个具体的事件。一天中发生的事情很多，我会记录一件印象最深的，它必须是一件有人物、有情节、有结果的完整事件。这个事件不一定有多大的意义，也不需要很有意思，只要它能满足记叙文的六要素就可以。这是一个很不错的锻炼叙事能力的活动。因为要用250个字叙述清楚一个完整的事件，并不是一项容易的事情，不信可以试试。你写出来的一定会超字数，然后可以自己修改一下，删去那些没必要的字，变换一下固有的句式结构。

愿望

最后一个内容是愿望。不过与事件不同，我会把一天中脑子里闪现出的所有愿望（包括欲望）都记录下来，无论是正义的还是邪恶的，积极的还是消极的，美好的还是龌龊的，偶发的还是经常的。

上面这四样东西，我每天都会记录在一张黄页纸上，我用的这种黄页纸写满一页大概刚好1000字。所以四个内容平均分配，每部分250字。就算脑子里什么都没有，写这四样东西也不困难。

就自己的经验而言，这个方法极其有效。当我坚持了1年后，我的生活发生了微妙的变化。

今天，当我看到这几年写下的一摞摞黄纸时，内心的想法很复杂：一开始，我做这件事仅仅是希望在一个比赛中取得好的成绩。但当我得到了那些成绩和荣誉后，才发现这些不过都是副产品——我所收获的最重要的东西，是生活的改变、思维的开阔、心情的愉悦。

人生真是奇异，有时候一个很具体的欲望，在实现它的过程中竟然带来了意想不到的生活的本质变化，最终，那个欲望已经不那么清晰，但它的影响却永久性地改变了生活的轨迹。

最后强烈推荐大家也去记录一下自己的生活，用不了多久，你就会发现自己坐拥着一座宝库。

008 读书最好广泛并且以致用为目的

友：最近我咨询了很多写作达人，问他们如何才能写出好的文章来。

我：估计回答都一样，对吧？

友：是。十有八九说的都是：多读多写。

我：对啊，写作还能有什么捷径可言吗？

友：有一个人说了一点我觉得很有道理，他说写作只是读书的孳息。

我：哈，古人所说的："读书破万卷，下笔如有神。"

友：听上去确实是这个道理，但是我也读了不少书。从小学到大学，再到研究生，读的书按说不少了。工作之后也逼着自己看了不少书，但我并没有觉得对于写作而言，我读的书起到了多大的作用。你说这是怎么回事？

我：首先，学生时代的读书目的是考试和升学，你就不要期待着它对写作能有多大的效果了。其次，工作之后的读书大多不再以考试为目的，于是变成了看小说似的浏览，这种阅读看再多对写作也不会有太大的帮助。

友：学生的读书、学习以考试升学为目的，这很正常。成年人的读书、学习不再有考试的压力，那你说应当以什么为目的呢？

我：致用。成年人的读书学习如果不以致用为目的，那就是纯粹的兴趣，纯粹为了兴趣而读书并不是我们讨论的范畴，因为人家也没打算写文章，仅仅就是读书而已。

友：那你在工作之后所读的书，都是抱着学以致用的目的？

我：是，但是也走过弯路。一是我读的面儿太窄，二是一开始我没能真正理解什么叫学以致用。后来我调整了，于是就好多了。写文章一定要阅读面广，并且要求自己学以致用。

……

当我刚刚参加工作时，我坚定地认为只要把刑法、刑事诉讼法的理论弄扎实，把法律规定梳理清楚，再多积累一些工作经验，就能顺理成章地成为一名优秀的公诉人，也能写出漂亮的文章来。

这个天真的想法支持我看了一本儿又一本儿厚厚的法学理论书，一遍又一遍地记忆那些应知应会的法律条文。当然，这种努力给我很大的帮助，它们至少让我脑子变清楚了不少，能把问题想明白了。但是我并没有因此认为自己此变得非常优秀，相反，有些人还说我书看的太多了，有些不切合实际了，有些人甚至说他们非常不愿意听我讲话。更糟糕的事，我写的文章比我讲话更不吸引人。

这是一个很要命的问题——公诉工作有两个阶段，先是审查案件，后是支持公诉；前一阶段要"想清楚"，后一阶段要"说明白"。如果我只能"想清楚"，却说不明白，或者说不能很好地把我的观点"推销"给别人，那么我就做不好公诉工作。当然，既是在所谓的"想清楚"阶段，也需要把一些事情"说明白"，比如，与侦查人员关于证据问题进行沟通。

总之，说服和沟通能力对公诉人而言很重要。但就是这个非常重要的能力，在我当年接受的法学教育中竟然是缺失的。我用大学四年和工作初期的几年学会了很多法学知识，掌握了一套法律语言，但它们并不是说服的语言，它们可以用来思考，但却不能用来说服。

该怎么办呢？

海底捞的收获

在这个问题上给了我重要启示的是一个非常偶然的事件。大约十年前的一个周末，我约了几个朋友去单位附近的海底捞吃饭。由于去早了没事做就开始看餐厅桌子上的《企业文化报》。海底捞是一个服务非常好的餐厅，这一点很多人都有体会，所以它们的企业文化应该搞得不错，这是我当时看那份报纸的原因。

报纸的第一版用了一整版刊登了一篇文章，作者应该是海底捞集团的一个高管。文章题目不记得了，大概的内容是说，这个高管参加了一个关于企业管理的培训班，培训班为期两天半，收费19.8万元。十年前的19.8万元，两天半的时间，这是什么课程？

正当我想要看看这个作者是如何咒骂培训班骗人时，我发现他不仅没有半个否定词汇，反而把那个培训班老师惊为天人。海底捞的高管应该不蠢，他不会那么轻易被洗脑或者诱骗，他为什么对这个高昂收费却极其短暂的培训给予如此高的评价？这个疑问让我完完整整地把文章看完了，因为文章接下来都是对培训内容的回顾。

讲真，这位高管回忆的内容非常精辟，很多观点让人十分信服，可见培训班确实给了学员们真知识。但是我当时总是觉得文章中介绍的这些内容似曾相识，并不是什么原创的观点。我确定我曾经在其他地方见过——确切地说是在哪本书上见过。

回家后，我翻箱倒柜地找，终于把文章中涉及的90%的内容出处找到了——它们来自六本书：

艾略特·阿伦森的《社会性动物》；

吉拉德·伊根的《高明的心理助人者》；

比得·德鲁克的《管理自己》；

亨利·博格森的《时间与自由意志》；

约翰·惠勒的《物理学和质朴性》；

李可的《杜拉拉升职记》。

这五本书加一篇文章，除了《杜拉拉升职记》以外，我都看过，所以有些印象。但是必须要说的是，这几本书，没有一本跟企业管理有关——《社会性动物》是一本社会学书，《高明的心理助人者》是心理学研究生教材，《管理自己》是一篇关于如何自我审视的文章，《时间与自由意志》是哲学书，《物理学和质朴性》是天体物理学家关于量子力学和广义相对论的三篇演讲集。

就是这些跟企业管理没有关联的书，培训班的讲师居然能从中提炼出企业管理的真知灼见，这让我震撼不已。但同时也给了我启迪——或许我的工作也是如此，专业的知识未必能提供充分的养料，需要借助其他学科来完善自身的能力。而以前的我虽然看过这些书，但却没有把它们和自己的工作联系起来，以至于忽略了它们的重要内容。

重要的尝试

于是我做了一个尝试，在上述这些书或者文章中，提炼出与我的工作有关的规律来，并且尝试着按照书里的表述方式，把自己的工作说一说。结果，我在每一本书里都找出了很多值得在工作中思考的东西。这些内容是刑法、刑事诉讼法的理论和法条完全不可能涵盖的。按照这些内容来表述我自己的工作，思路马上就开阔了。我来举几个例子：

● 阿伦森：《社会性动物》

"社会影响分为三种类型：依从、认同、内化。依从：指一个人为了获得奖励或者避免惩罚而做出某种行为。在依从中，最为重要的成分是权力。认同：因为个体希望与影响施加者保持一致，从而得到令自己满意的结果。在认同中，最为重要的成分是吸引。内化：将特定信念内化的动机是希望自己正确。假如施加这种影响的人被认为值得信任而且具有很好的判断力，我们就会接受他所主张的信念，并将它融入自己的价值体系之中。在内化中，最重要的成分是可信性。"

这段文字是在说影响的三种途径或方式。如果用在公诉工作上，我可以这样套用：成功地说服法官有三种类型：依从、认同、内化。如果我告诉法官说："你不这样判，我就提出抗诉！"那么我是在试图让法官依从于我，因为此时我依靠的是（提出抗诉）权力；如果我引经据典，旁征博引从而把自己的理由说得十分清楚，让法官认为这些理由足够支持他作出一份正确无疑，不容否定的判决书，那么我的说服是第二个层次——认同——我的理由吸引了他；如果法官还没有问具体理由，只看到起诉书下面的署名是我，就立即放心于我的结论，因为在他心中我是一个可信的人，无论生活中还是专业上，那么此时我对法官得影响力应该是最高级的内化。可见，一个优秀的公诉人应该培养自己的可信性，而这种可信性是通过每一个案件积累起来的。

● **吉拉德·伊根：《高明的心理助人者》**

"在助人活动的任何互动过程中，助人者都必须自然而然地将各种沟通技能交织在一起。在实际咨询中，有效能的咨询师不断地调整姿态，主动倾听，结合利用探究与神入，协助当事人澄清和理解他们的担忧，排除盲点，确立目标，制定计划，并且将事情做成功。关于分享神入与运用探究之间的关系，这里有一条基本的行为准则：当运用了探究，当事人也给出了回答后，便可以与当事人分享神入要点，以表达和核对你的理解。在一个探究之后如果还要接着再用一个探究，一定要万分小心。这里的道理十分清楚。首先，如果探究是有效的，它将会引出需要给以倾听和理解的信息。其次，如果这个分享的神入是准确的话，就往往向当事人提出了进一步探究的要求，将球又打回给当事人。"

《高明的心理助人者》虽然书名像一本"鸡汤"，但绝对是一部学术著作，非鸡汤类图书所能比拟，里面有关于沟通的真知灼见。上面这段话立的"探究"指的是提出追问、质疑或者新的问题；"神入"指的是把对方的焦虑具体地讲出来，以表示你对他的理解，所以"神入"不是简单地说一句"你说的我能理解"——这是套话——而是要把具体的内容说出来，只有具体的内容才能表达真实的意思。所以，上面这段强调的就是在进一步提出追问或设想或要求前，应当先具体表达出你对他人的理解，才能使沟通一步步推进下去，逐渐深入。

下面是我运用这种方法的一个例子，出自我和经侦侦查员的对话：

侦：这件事办不了了，我们已经跟农行总行客服部门联系了3次，他们回复永远都是系统故障，那段时间的网银交易记录灭失了。所以我们已经尽力了，赃款去向肯定没办法查了。

检：联系了3次他们都不给解决啊！（神入）

侦：是的。他们每次都说非常遗憾，但遗憾完了就没下文了，我看这件事只能如此了。

检：不知道真遗憾还是假遗憾！（神入）农行纪检部门对业务部门有监督吗？（探究）

侦：不清楚。我们一直联系的就是它们的客服部门。

检：确实是应该联系客服，因为这是他们的业务。（神入）我

在想如果纪检部门对业务部门有监督，那能不能和纪检部门沟通一下呢？（探究）

侦：好，那我试试吧。

探究与神入是一个非常重要的沟通技巧，无论在日常谈话还是在写文章上，都适用。我们写的文章，如果知道读者可能会有相反的情绪时，不妨自己模拟一下对话，然后把探究神入的方法运用进去。有兴趣的不妨一试，很不错的方法。可以削减读者对抗的情绪。碍于篇幅问题，我会在后面的篇章中详细介绍这种方法在进行自媒体文章创作时的运用。

● 曹雪芹：《红楼梦》

海底捞的《企业文化报》举了一个《杜拉拉升职记》的例子，我实在没看下去这本书，没法从里面提炼公诉技巧。但是我能从其他小说里提炼出对工作有用的内容来。比如，下面《红楼梦》里的一段对话：

贾母：袭人怎么没来？这些丫头有些拿大了，总指使些小丫头出来。

王夫人：袭人他①妈日前没了，因为有热孝，不便前来。

贾母：跟主子没有什么孝与不孝，倘若还跟着我，这会子也不前头来？

王熙凤：今儿晚上他便没孝，那园子里也须得他看着。灯烛花炮最是担心的，这里一唱戏，园子里的人谁不偷来瞧瞧，他还细心，各处照看照看。况且这一散后宝兄弟回去睡觉，各色都是齐全的。若他再来了，众人又不经心，散了回去，铺盖也是冷的，茶水也不齐备，各色都不便宜。所以我叫他不用来，只看屋子。散了又齐备，我们这里也不担心，又可以全他的礼，岂不三处有益。老祖宗要叫他，我叫

---

① "他"，原文即如此，下同。

他来便是了。

上面这段话是"荣国府元宵开夜宴"中的一段对话。王熙凤的答辩显然是有说服力的。但我们不去管她的内容，因为我们不是在研究红学，我们只看王熙凤语言的形式结构，就能发现她的回答在叙事形式上是完美的：

明确观点：今儿晚上他便没孝，那园子里也须得他看着。

正面论证：（1）灯烛花炮最是担心的，这里一唱戏，园子里的人谁不偷来瞧瞧，他还细心，各处照看照看。（2）况且这一散后宝兄弟回去睡觉，各色都是齐全的。

反面论证：若他再来了，众人又不经心，散了回去，铺盖也是冷的，茶水也不齐备，各色都不便宜。

重申观点：所以我叫他不用来，只看屋子。

总结理由：散了又齐备，我们这里也不耽心，又可以全他的礼，岂不三处有益。

评价其他：老祖宗要叫他，我叫他来便是了。

上面是按照王熙凤所说的话逐句分析出来的表达套路，没有一句是多余的，每一个内容都有着重要的作用。明确观点，论证理由（正面在前，反面在后），重申观点，总结理由，评价或反驳其他观点——这是一个很好的法庭辩论、业务答辩或者回答问题的思路，也是写评论文章的思路。

● 德鲁克：《管理自己》

最后举个和写作关联不大的例子，不过它让我在工作方式方法上有豁然开朗感觉。

"了解自己的工作方式首先要搞清楚自己是读者型（习惯阅读

信息）还是听者型（习惯听取信息）的人。艾森豪威尔显然不知道自己属于读者型，而不是听者型。当他担任欧洲盟军最高统帅时，他的助手会在记者招待会开始前半小时将媒体提出的每一个问题以书面形式提交给他。这样艾森豪威尔就完全掌握了记者提出的问题。而当他就任总统时，他的两个前任都是听者型，喜欢举行畅所欲言的记者招待会。艾森豪威尔可能认为他必须去做两位前任的事。可是他甚至连记者们在问些什么都从来没听清楚过。几年后，林登·贝恩斯·约翰逊把自己的总统职位给搞砸了，这在很大程度上是因为他不知道自己是听者型的人。他的前任约翰·肯尼迪是个读者型的，搜罗了一些出色的笔杆子当助手，要求他们每次进行当面讨论之前务必先给他写通报。约翰逊留下了这些人，他们则继续写通报。可是约翰逊显然根本看不懂他们写的东西。不过，约翰逊以前当参议员时曾经表现非凡，因为议员首先必须是听者型。没有几个听者型的人可以通过努力变成合格的读者型，反之亦然。因此，试图从听者型转为读者型的人会遭受林登－约翰逊的命运，而试图从读者型转为听者型的人会遭受艾森豪威尔的命运。他们都不可能发挥才干或取得成就。"

在读到这段文字前，我也不知道自己是一个听者型的人，并且也不理解为什么有些领导那么喜欢听别人汇报案子，而不看承办人给他的那么详细的书面报告，但有的领导恰恰相反，就算你给他当面说得非常清楚了，他还是不肯下结论，或者向汇报人索要书面材料。读了上面这段之后，我意识到那些喜欢听汇报的领导很可能是听者型的人，而喜欢看报告的领导很可能是读者型的人。

当我把观察范围拓展到法院的时候，发现我常打交道的那些法官中，读者型和听者型的人居然一半对一半。

　　于是，我开始按照读者型和听者型的不同特点决定我说服他们的具体方式——读者型的领导，就算一定要听汇报，我也会提前给他一份详细的；听者型的领导，就算向我要了，我也会争取一个当面（至少是电话）汇报的机会。法庭上亦是如此——开庭前我会把一份公诉意见提纲交给法官，让读者型的法官可以通过文字理解我的意图。

　　说了这么多，其实核心意思只有一句：无论写文章还是做工作，多读书总是对的。只是在看的过程中要联系自己的工作，看看有什么可以在工作中运用上的东西。这是一个很有意思的过程，因为跨学科的方法学习和使用能给人带来更多的思考、意外和挑战，当然更重要的是那些让人惊喜的收获。

009　寻找、实践那些遍地都是的套路

　　同：喂，最近有句话很流行，"多些真诚，少些套路"，你那么喜欢套路，有没有什么感想呢？

　　我：你有真诚吗？

　　同：那是当然，我很真诚。

　　我：如果真诚是100分，你有的真诚有多少分？

　　同：90吧。

　　我：那你有套路吗？

　　同：呃，有吧。

　　我：有几个？

　　同：没数过。

　　我：你数数，自己有多少个套路，经常使用的。

　　同：这个真的不清楚。

　　我：不清楚就是没有多少。

　　同：是。

　　我：就是说你的套路很少，真诚很多喽？

　　同：是。

　　我：那你没这个问题啊，真诚一大堆，套路没几个。担心这个干嘛？

　　同：我是说有些人。

　　我：别人的事儿你就别担心了。再说，没几个人愿意承认自己不真诚。谁都觉得自己真诚的要命，套路少得可怜。只有我，老老实实

地承认自己喜欢套路，也收集套路，更使用套路。

同：那你真诚吗？

我：我都承认自己这么爱套路了，你说我真诚吗？

同：那这句话没什么意思啦？

我：真诚不真诚我不知道，大多数人没套路是真的。不仅如此，人们还很鄙视套路，这真是没必要。

……

"套路"这个词在今天不是一个特别褒义的词语，人们提起它的时候经常带有负面的评价，比如"多些真诚，少些套路"。但是我一直很喜欢这个词，原因很简单——套路使人进步，所有能够学习、可以复制的经验、方法、要领、秘诀本质上都是套路。一个有天资的人和一个有套路的人，我更喜欢后者，因为天资只能遗传，不能习得，这意味在有天资的人面前，我只能叹息命运不公。但有套路的人则不一样，我可以向他学习，把他的套路变成我的。人类文明的延续离开了套路根本不可能实现：语言文字是人类表达思维的套路，总统共和制、议会共和制、君主立宪制、二元君主立宪制是社会治理方式的套路，四要件、三阶层、两要素是刑法学者分析犯罪构成的套路，望闻问切和各种药方是中医大夫给病人看病的套路……我们依靠套路传递文明、繁衍后代、生生不息，没有套路，你的真诚根本表达不出来。当然，套路也有肤浅的和有深度的区别，本节中，我介绍几个高级的套路总结，大家可以用在自己的文章创作过程中。

亚里士多德与四因论

如果我们翻开亚里士多德的《形而上学》，或是任何一本介绍西方哲学观点的书籍——如《牛津西方哲学简史》——翻不了几页就能看到"四因论"，这是亚里士多德哲学思想的重要内容之一。

四因论是亚里士多德提出的一种认识事物的方法。所谓"四因"是指四个方面的因素。在亚里士多德看来，宇宙万物皆有"四因"，无论何种事物都能通过这四因进行描述。这"四因"就是：质料因、形式因、动力因和目的因。

举个通俗的例子，如果要你描述一道菜，比如"宫保鸡丁"，你要如何开始呢？顺着"四因论"我们就能这样说：首先，形式，因此时就是指菜谱，我可以介绍宫保鸡丁这道菜有多少种菜谱，川菜、鲁菜的菜谱有什么不同；其次，质量，因此时就是指食材，我可以说一般情况下宫保鸡丁这道菜都需要哪些主料、辅料；再次，动力，因此时就是指烹饪过程，我可以介绍如何把前面提到的那些食材烹饪成一道菜；最后，目的，因此时就是指价值、目的和意义之类的，比如，我可以介绍这道菜的来历，有什么故事，等等。如此，按照"四因论"的观点，我们就把宫保鸡丁这道菜介绍清楚了。非常全面，对吧？

我们写文章也可以按照四因论的方法去梳理思路。尤其对于与案件有关的文章，我们可以用四因论去寻找可以下笔的点：

● **质料因——证据事实**

事实和证据是一个案件中最基础的部分。很多网评文章脱离事实和证据，甚至在虚构和歪曲的事实上进行法律探讨，这是大忌，没有任何意义。

对证据和事实的阐述最需要注意的就是合理界定隐含事实。这一方面要求写文章的人根据生活常识及社会经验，将那些与显而易见的事实合理地联系在一起却隐含在证据之后的事实引入到文章中；另一方面也要防止他人将不合理的杜撰事实过分渲染。生动的文章应当把显而易见的事实与隐含的事实交织在一起加以利用。举个例子：

乙（15岁）欲乘火车将200克海洛因从A省运输到B省，请求甲陪同其乘坐火车，甲同意。后查明甲始终没有接触过毒品。

上例中，如果检察机关以甲构成运输毒品罪提起公诉，则可以选择的指控思路有两种。第一种思路是将甲乙确定为运输毒品罪的共犯，并引用共犯的限制从属理论作为论据，这是一种常用思路。第二种思路是将甲认定为单独的运输毒品罪，即认为甲就是运输毒品罪的正犯，并引用间接正犯的观点进行论证。这种思路比较难，因为在引用间接正犯观点时，必须对事实进行铺垫，那就需要对显而易见的事实进行深入的挖掘。比如，通过乙"15岁"欲"乘火车"的信息，挖掘出在我国未成年人进入很多场所或实施很多行为都必须由成年人带领的隐含事实，进而提出如果没有甲的陪同，乙不可能独自乘坐火车，所以"陪同"实际上是带领，是运毒成功的关键因素，进而提出甲在运输毒品的过程中处于支配地位，最终得出甲构成运输毒品罪的结论。

● **形式因——法律规定**

形式因是对案件所涉及的法条规定进行纯粹的甄别，包括法律、相关法律解释的条文内容以及对这些内容的理解。此时，为了给自己的观点提供一个强有力的依据而使用的，主要采取的是演绎方法。

举个例子：在某玩忽职守案中，涉及民事法官在何种情况下应当依职权调查取证的问题。我们可以引用《民事诉讼证据若干问题规定》中的相关内容，指出在当事人举证不能时，法官必须依据当事人申请才能调取证据。也可以引用上述规定中的其他相关内容，指出在有可能损害国家、集体以及他人合法权益时，法官依职权调取证据无须当事人申请。然后，我们需要对上述条文中的"其他人"的含义进行甄别。如果认为"其他人"仅指案件当事人以外的第三人，那么在可能损害当事人权益的情况下，法官调查取证就必须依据当事人申请，不能自行决定。

● **动力因——耦合性**

耦合性是指针对案件事实与法律规定是否契合所进行的论证过程，属于判断过程，可通过两种途径进行——法律与情感。

法律途径是站在法律层面上通过逻辑方法论证案件事实与法条规定是否相符。与前文提到的仅仅针对法律条文本身进行甄别的形式因内容不同的是，通过法律途径实现动力因内容需要控辩双方将案件实事、法律规定以及相关法理有机结合，进而对事实与法律之间是否具有同一性进行论证，这是一种专业判断。

以前面提过的运输毒品案为例。如果要证明甲构成犯罪，可以结合共犯理论，引用《刑法》第27条，即"在共同犯罪中起次要或者辅助作用的，是从犯"——作为法条依据，论证甲明知乙运毒却仍陪同其坐火车的行为属于为他人犯罪提供辅助作用的人，进而得出甲属于帮助犯的结论。而辩方则可以提出《刑法》第25条共同犯罪的概念，即"二人以上共同故意犯罪"来强调帮助犯的成立要以共犯成立为前提，再根据"乙未达刑事责任年龄因此不构成犯罪"的隐含事实，得出本案不构成共同犯罪，因此，不符合刑法中关于共犯的规定，故不存在帮助犯的结论。作为反驳，控方此时还可引用《刑法》第17条的内容，强调乙只是不负刑事责任，不是不构成犯罪，再结合共同犯罪与共同追究刑事责任含义不同的法理内容，得出本案符合刑法中关于共同犯罪的规定，甲是共犯之一的结论。

情感途径是进入人情与道德的层面，用朴素的正义理念解释为什么案件事实与法律规定具有相符性，或与之相反。尤其对于自然犯，一般公众通过感性认识也可以得出结论。虽然这是一种非专业判断，但往往能引起共鸣，因此论辩想吸引人，情感渲染不可或缺。举个例子：

某日凌晨，张山驾车将李伟撞成重伤，后拦截王文的出租车欲将李伟送至医院，途中谎称下车取钱趁机逃逸。王文见李伟伤势严重，又怕被误认为肇事者，遂将李伟放在医院门口后离开，一小时候李伟被发现，但因流血过多抢救无效死亡。

上例中，如果仅在情感层面讨论上述案例，我们可以站在李伟的角度上，渲染对处于特定状态人员的义务期待，即如果有救助能力并且排除他人救助可能的人对处于危险状态的生命不管不顾，脆弱的生命必然走向死亡，这是任何人在情感上都不愿意接受的；所以王文构成犯罪。相反，我们也可以站在王文的角度上，渲染王文实属无奈之举，即王文只是一个出租司机，在被肇事者欺骗后出于对生命的怜悯才将李伟免费送到医院；但社会上不断出现的见义勇为被误认为肇事者的事件让他没有勇气成为活着的雷锋，所以才把李伟放在医院门口；所以王文不是道德高尚之人，但也不应成为罪犯。

● 目的因——刑罚价值

跳出事实、法律及情感的层面，在更高的价值层面上为己方观点寻找依据是对案件进行评论的最高层次，体现对刑罚终极目的的理解。很多案件都可以在讨论事实或者分析法条的基础上通过讨论某种具有普遍性问题提出自己的观点，引发人们的思考。因此，价值升华是最体现水平的部分。

价值升华的常用方式有价值反思与价值选择两种。价值反思是指通过文章直接对司法现状的某些理念进行反思，这是最常使用的价值升华方式。价值选择是指在案件中涉及的相互冲突的价值之间进行取舍，实践中以价值选择最为常见。

举个例子：李南持内容为"今借李南人民币一万元，借款人宋涛，2010年5月2日"的欠条向法院提起诉讼。法官陈刚按法定程序独任审理。经查欠条系宋涛所写，但宋涛称这是李南持刀逼其写的。陈刚询问宋涛有无报案，宋涛称没有，而且也没其他人知道此事。陈刚当天判决宋涛败诉。次日，宋涛在法院门前自杀身亡。

在对上述案件进行评论的过程中，我们可以强调司法的能动性。也可以通过价值选择的方式进行最终的价值升华。比如："司法的确需要能动我方不否认。但我们要注意的是，现代司法的基本理念是法官的中立性。我们只能期待法官在保持被动司法所要求的法官中立的基础上发挥能动性，不能要求法官放弃中立性去追求能动性。否则我们的法官就不再是居中审判的裁量者，而是集侦查审判于一身的古代县官。这岂不是历史的退步！"

王熙凤的论证套路

《红楼梦》众多人物里，若论能说会道，恐无人能出"凤姐"之右。王熙凤的语言思路清晰、逻辑严谨、考虑周全。很多她的说话套路都可以直接拿来用于写文章。我写过一些分析她语言套路的文章，在此我举个例子：

● **鸳鸯女誓绝鸳鸯偶**

在《红楼梦》第四十六回，大老爷要讨鸳鸯作姨娘，着邢夫人办理，邢夫人找王熙凤出主意，凤姐儿断然拒绝。凤姐儿的口才固然是好，架不住邢夫人太笨，听不得逆耳忠言，立马拉下脸子，把王熙凤说了一顿：

邢夫人："大家子三房四妾的也多，偏咱们就使不得？我劝了也未必依。就是老太太心爱的丫头，这么胡子苍白了又做了官的一个大儿子，要了做房里人，也未必好驳回的。我叫了你来，不过商议商议，你先派上了一篇的不是。也有叫你去的理？自然是我说去。你倒说我不劝，你还是不知道那性子的，劝不成，先和我恼了。"

邢夫人固然笨，这段话说得倒也清楚，总结起来就是：第一，你说这件事儿难度大，我觉得未必；第二，你让我劝大老爷别这么做，我也没这本事，他不听；第三，我只是让你给出出主意，老太太那边儿自然是我去，又没让你出头，哪儿那么多废话！然言外之意就是：这件事我必须做，容不得你反对，你给我出主意。

那么，王熙凤怎么做的呢？她马上赔笑，说了下面的话——

王熙凤："太太这话说的极是。我能活了多大，知道什么轻重？想来父母眼前，别说一个丫头，就是那么大的一个活宝贝，不给老爷给谁？背地里的话，哪里信的？我竟是个呆子。拿着二爷说起，或有日得了不是，老爷太太恨的那样，恨不得立刻拿来一下子打死；及至见了面，也罢了，依旧拿着老爷太太心爱的东西赏他。如今老太太待老爷，自然也是那样了。依我说，老太太今儿欢喜，要讨，今儿就去。我先过去哄着老太太，等太太过了，我搭赸着走开，把屋子里的人我也带开，太太好和老太太说，给了更好，不给也没妨碍，众人也不知道。"

王熙凤这席话非常有水平（我先把完整过程叙述完，后文再详细分析），邢夫人立即"欢喜起来"。要我说，在邢夫人执意要做的情况下，用凤姐儿提出的方法是最保险的。岂料邢夫人偏要先找鸳鸯说，等鸳鸯同意了，再回老太太，凤姐儿只得附和。邢夫人终于满意了，嘱咐王熙凤：

邢夫人："你先过去，别露一点风声，我吃了晚饭就过来。"

书中暗表，王熙凤心想："鸳鸯未必同意，若她先于邢夫人过去，如果鸳鸯最后同意了还好，如果鸳鸯不同意，邢夫人多疑，必然会认为是她提前给鸳鸯露了风声，迁怒于她。"

所以凤姐儿便借故和邢夫人一起去了老太太那儿。只是到了门口，她又找辙没进去——

王熙凤："太太过老太太那里去，我若跟了去，老太太若问起我过来做什么，倒不好；不如太太先去，我脱了衣裳再来。"

就这样，王熙凤成功脱身，邢夫人自己去老太太那里找鸳鸯说去了。最后的结果大家都知道，鸳鸯誓死不从，老太太勃然大怒，邢夫人臊眉耷眼，大老爷白日做梦。

● **王熙凤的套路**

之所以要把王熙凤之后的行为也说上，是因为收回"覆水"要比泼出去难得多，不仅要语言，还要有行动，以及整体布局。下面分析一下王熙凤的做法中值得学习的地方：

1. 识人善辨，懂得适可而止

请注意这里说的是"辨别"的"辨"，强调的是判断力，我觉得这一点是最重要的。不是什么人都能听得了忠言——魏征碰上李世民才能成为一代名臣，碰上殷纣王早就炮烙成肉干儿了。对不能接受意见的那些人，坚持就是自寻死路，变通才有一线生机。

王熙凤算是仗义的，她知道婆婆的个性，但还是先说了中肯的意见，婆婆不爱听了，凤姐儿虽变了话，但也还是出了退而求其次的最佳主意（直接找老太太要，不当着旁人，免得影响扩大），邢夫人还是不听，凤姐儿才彻底随她去。就凭这一点，我觉得王熙凤在此事上已经仁至义尽了。

2. 自我否定，用例外加举例

再来看王熙凤的那段自我否定的话——不仅否定了观点，而且否定了论证。这是非常重要的，因为只有否定了论证，才具有否定观点的力量。

在《红楼梦》前一回，王熙凤拒绝邢夫人时提出了三点论证：一是老太太舍不得给，二是听说老太太觉得大老爷不该三妻四妾地娶，三是这件事传出去对大老爷影响不好。

王熙凤对前两个论证进行自我否定的方式是"有原则就有例外"——老太太不舍得，那是对别人，对自己的儿子就舍得；听说老太太觉得大老爷不该这样，那是"背地里的闲话"，尽管空穴不来风，但也不能保证有人捏造。之后，王熙凤还举了贾琏的例子以加强对"老太太舍得给儿子"的论证。

这就是"用例外否定原则，再用例子证明例外存在"的套路。对第三个论证，凤姐儿是怎么否定的？看下一点。

3. 提出建议，用行动表立场

王熙凤之前拒绝邢夫人的第三个理由是此事影响不好。为了否定这个理由，凤姐儿出了主意——她去把其他人引开，让邢夫人单独跟老太太讲，没旁人在场自然不会有大影响。可见，凤姐儿是用实际建议否定了之前自己提出的第三点理由。

更重要的是，她这是用积极的行动，表明自己知错能改，已经站在了邢夫人的立场上，以最大程度地消除之前拒绝邢夫人而给自己带来的偏见。

4.未雨绸缪，消除之前芥蒂

截止到上一点，王熙凤其实已经让邢夫人转怒为喜了。但是凤姐儿的高明在于考虑周延。她很清楚自己之前的拒绝会让邢夫人产生偏见，尽管现在转危为安了，可一旦鸳鸯不从，邢夫人难保不会怪她走露了风声。所以凤姐儿提前筹划，和邢夫人一同去老太太处，不给对方生疑的机会。

可见，"覆水"确实难收，不仅得说得周详，还得想得全面。

5.坚持立场，不惹浑水是非

至此，王熙凤收回了"覆水"，然凤姐儿的高明之处还不止于此。因为收回"覆水"的过程有可能导致其他后果——为防止邢夫人生疑不得不陪她一起去老太太那，但如果和邢夫人一起见到老太太，被问起来，她如何表态？若支持邢夫人则老太太不高兴，若支持老太太则邢夫人不高兴，若不置可否则老太太、邢夫人都不高兴。

所以唯一的办法就是——给邢夫人送到门口，自己再脱身。彻底收回"覆水"的同时，坚持了自己最初的立场，还没有卷进是非之中。水平如此之高，令人叹为观止。

● **套路运用**

现在，我们把王熙凤收回"覆水"的套路运用到文章写作上来，这个套路非常适合澄清自己之前的一些不当言论：

虽说（自己之前的第一个理由），但是（理由的例外），比如（举个例子），这不正说明（对方的观点）；虽说（自己之前的第二个理由）……我觉得可以（提出一个具体建议），我可以（提出自己能做的事情）……

亚里士多德在《修辞学》中提出了"或然式证明"的概念，在或然式证明过程中，相互对立的观点很难说哪个是完全错的，无非是更有道理、更没有道理，更能被接受、更不能被接受以及相应的程度问题。与或然式证明相对的概念是"必然式证明"，比如，逻辑学、数学的证明，非黑即白，要么对要么错，不存在哪个更有道理的问题。生活中几乎所有需要论证的问题都是"或然式证明"。司法工作中关于事实的证明以及部分法律适用方面的论证也是"或然式证明"。对于事实问题，我们永远无法说某件事情必然发生过，只需要排除了"合理怀疑"即可认定事实；对于某些定性存在分歧的案件，定此罪和定彼罪都有道理，于是就要看哪一方的论证更能让人接受。或然式证明不是看概率的高低——相互矛盾的观点都有各自的道理——而是看哪一个观点更令人信服。总之，平时工作、生活、学习的时候留一点心，你会发现那些随处可见的套路，记下来并在写作时用上它们，文章会更好。

010　掌握几个轻松又好用的写作工具

友：喂，给你推荐个超级好用的写作工具？

我：好啊。

友：是一个软件，叫"XF"，非常好用，下载到手机上，可以用它写文章。

我：下载到手机上怎么写？

友：这是语音转换文字的工具。你对着手机说你要写的东西，然后它就可以迅速转换成文字，这样你就可以"说文章"了。

我：听上去是一个不错的方法，但是你有想过，说和写是完全不同的两种活动吗？

友：你是指所用大脑区域不同？

我：我不太清楚生理上这两个活动是不是使用不同的大脑区域。但有一种说法你听过没，叫"会说的人往往不会写"？

友：听说过。好像确实是。会说的人往往在写作上不太擅长，会写的人往往口才也不太好。我以前一直认为导致这种现象的原因是，会说的人因为能把事情说清楚，所以不用写了；而不会说的人只能靠写来表达自己的观点，所以就努力写，写着写着就写好了，又因为大部分时间用来写了，所以说的能力就更差了。

我：你看，你也承认这种现象是有的。并且你也不认为会说的人之所以不会写，是因为他们没有使用"XF"软件。那至少说明，说永远是说，就算转成了文字，也是"说"的文字版，而非"写"的文章。文章还是要写，而不能说。对吗？

友：什么乱七八糟的！

……

我几乎不会使用语音转文字的软件，尤其不会用它来写文章。就像上面我和我的同事的对话中提到的那样，我执着地认为，文章就是写出来的，而不是说出来的。

说和写有很大不同，我不知道它们在生理上分别使用那些大脑区域，但可以肯定的是，如果我要完成一篇文章，用说的方式和用写的方式所得到的结果很可能差异相当大。就好像我现在正在写的这章内容，尽管我的文字非常口语化，但仍然是在电脑上写出来的。如果我口述一遍我想要写的内容，相信和各位现在看到的会有很大的差别。

总的来说，写出来的东西更深邃、更有逻辑、更周延。而说的内容即使听上去再严谨，也很难像写出来的东西那样更有体系。这是我的感觉，虽然不明白内里原因，但我相信这种感觉不会有错。

另外还有一点很重要。我发现写东西的时候，总会有新的思路产生，会有新的想法冒出来，但说的时候就很少有这样的现象发生。所以说写作引导思维，这应该是一个真理。

综上，我并不推荐大家使用各种语音转文字的工具，我甚至建议大家使用笔和纸写作。因为每当我提笔写作的时候，总能找到那种思如泉涌的感觉。或许手写的习惯已经经过千百年的传承印刻到了人类DNA中了吧。

当然，我并不是一个抵触科技的人。科技的发展让我们可以更好的写作。我也在平时写作的过程中使用了很多科技感很强的工作，可以给大家介绍一下：

电子记事本

一种既可以满足手写的感觉，又能把手写的结果电子化的工具。很多牌子的电子记事本都很好用。我用的是索尼的一款产品，样子比较好看，识别率也高。可以随时拿出来手写，写完后按一个按钮就自动上传到电脑上去了。每天晚上睡觉前把今天上传上来的电子版文字整理一下，分门别类储存好，以备今后使用。

全能扫描王

很多扫描都叫这个名字。它的作用是随时随地把不错的文字拍下来，然后转换成电子版文字内容。这种软件无论是安卓系统还是苹果系统上都有很多。我使用的是"CS全能扫描王"，一款全免费的软件。使用起来非常方便，可以自动识别所拍图片中的文字部分。这种软件对写文章最大的用处就是积累素材——当看到好的文章、写作素材、资料等的时候，不用再把它们摘抄下来，直接一扫，就可以获得文字电子版，是去图书馆查阅资料时的必备软件。

PAGES

苹果系统专用的一种图文处理工具，类似WIN系统下的WORD。相比WORD，我更喜欢PAGES。因为它的图文排版非常轻松，就算有再多的图片，系统也不会崩溃，图片的位置可以随意调整，和文字相配。这一点是WORD做不到的——我到现在都不太善于用WORD插入图片，总是感觉图片位置不能随心所欲。

我几乎所有的文章、书稿、报告都用PAGES，因为我喜欢图文并茂的感觉。好的感觉会让人们爱上正在做的事情。所以，推荐大家试一试不同的编辑软件。

图2-4　PAGES编辑图片

秀米

做公众号的话，离不开一款好用的排版软件。我一直使用的工具叫"秀米"。这个软件不需要下载，直接在百度上搜索网页就行。注册一个账号就可以进去排版自己的文章了。使用的时候有几个技巧大家可以参考：第一，自媒体文章大多不会每段开头空两行，原因我不知道，不过看习惯了觉得这样也挺好看；第二，因为段首不空格，所以每段结束后空一行，以便于区分段落；第三，每段话不要写太多字，因为大家都是在手机上看公众号文章，如果一满屏看不到段落划分，读者很可能会丧失阅读的耐心。

当然，也有不少人用其他编辑软件，如"135"，但我没有使用过，所以不便评论。就我而言，有个秀米足够了。

叁

你动笔积极吗

——想些办法避免半途而废

小时候，老师语重心长地跟我讲过，如果在未来我见到了有天赋的人，一定不要和他竞争，因为这些人是极少数的能够带领人类进步的人，一旦遇到，就要帮助他们。不过老师也说过，绝大多数人都是没有天赋的，这时候我可以用勤奋把他们远远甩在身后。今天回想这段话更觉得有理。尤其对于写作而言，勤奋和不勤奋有很大的差异。我们需要一些行之有效的方法，让自己养成写作的好习惯。

011 让自己患上写作癖，一切都搞定

同：你每天用多久写公号？

我：不超过两个小时。

同：一篇多少字？

我：3000字以内。

同：你是如何让自己有持续的动力写作的呢？

我：患上写作癖。

……

写作是一项让很多人头疼的事情，我不敢说自己的文章写得比很多人好，但在坚持写作这件事上，我认为自己做得还不错。本文介绍四个经验，这使它们让我成功地患上了写作癖。事先说明，如果你本来就喜欢写

作，或者不为写作而烦恼，不用往下看。

找好动机，要有刺激你的人

别说什么写作的目的就是为了提高自身修养，或者让自己更充实之类的话，你太高看自己的自制力了。当这些高大上的理念遇到好吃懒做的人类天性，分分钟就灰飞烟灭，2008年之前的我就是一个例子。

在写作这方面，我感谢两个刺激过我的人。第一个是我曾经的领导，也是我终身感谢的人。2008年，她给完全不会写文章的我提了一个要求：6年后，得到北京市检察系统调研业务竞赛第一名，理由仅仅是："把今天的弱势变成明天的强项，这是多刺激的一件事。"不得不承认，她太了解我的个性，对我来说，提高水平哪儿有草根逆袭来得有趣。后来这个要求我做到了，但写作已经停不下来了。

第二个要感谢的是一个多年来看我不惯的哥们儿，尤其在写作这事儿上。我得了全市第一，他说我运作评委了；我发了核心期刊，他说我运作编辑了；我说我每天坚持写作，他说你就吹吧。他说如果我开公号，每天发文，坚持半年他就信。于是在3个月前我开了公号，每天把推送的文章再发他一遍。半个月后他老婆成了我的忠实粉丝，每天后台留言。截止到昨天，这哥们已经正式向我表达了敬佩，请我吃鱼头泡饼两次，提出停更或减少发文频率请求N次，然而没有什么作用。

这就是第一个经验：找一个能刺激你，或者你能刺激他的人，别在乎动机为何，这世界上持之以恒的人，多半儿都是变态。

形式主义，培养十足仪式感

小时候学钢琴的时候，老师只给我提过一个要求：钢琴周围要整洁，琴边放个沙发或好看的椅子，琴上不乱放东西，墙上悬挂绘画作品，衣冠不整不要碰琴。她说："爱上一件事最好的方式，就是在做这件事的时候，觉得自己是高雅的。"

写作同样如此，至少对我而言是这样——那些蓬头垢面扎在乱书堆里奋笔疾书的人，是天生的作家，用不着这套。这种仪式感，需要点儿成本，我支付的成本在5000元以内，包括：把家里书房和单位办公室布置得像一个有文化的人，尤其是书桌，再花血本儿买个好看的键盘（尽管不好用）；用好看的黄页纸，写满一页，每个季度胶装一次，一年弄出4本，配个带日期的原子印张，每天在纸上先扣一个，再开始写；用沙漏限定写作时间；用本做统计，包括打算写的、写成的、发表的。我喜欢手写，字不好看，但我尽量写得工整。

这就是第二个经验：把写作变成仪式，别被什么"东西实用就好"的话忽悠了，好多说这些话的人本身就是最没用的。当然如果你有了这些却不使用它们，那你就既没用还贪婪了。

限时记数，脑子没货也开写

好几年前我在区县院交流的时候，一个处长鼓励那些不知道文章写什么内容的年轻人说："你先写，就找到写点了。"当时觉得好笑，他就是不知道写什么，你让他怎么先写。后来发现，这是个真理——就算头脑一片空白，只要开始动笔写，也会很快知道能写啥；如果有一点思路，立即动笔写，就会越写越有的可写。个中原因我不知道，各位不妨一试。

所以，我会给自己设定每天写作的时间及字数。一般都是晚上6点后开始，每天最少2小时，写1000字，这个习惯坚持了7年多。速度越来越快，最近1年来，平均每天能写4000字，但时间仍然是2小时。

如果某一天实在没时间写，我会在纸上写一句："今日时间不够，不能写了。"或者公号里发一句停更文章的信息。这样做的目的不是给别人什么交代，而是让自己有一种破坏习惯的愧疚感，以免形成不好的习惯。

这就是第三个经验：别等有了成熟想法和思路再动笔，那样你的思想永远不会被写成文字，因为思维是立体的，但语言却是平面的，它们要同时发力才能相互融通。

读书赏乐，写作不过是孳息

杨绛先生曾说，大多数人的问题不过就是一拖二懒三不读书。这真是问题的重点，要想持续地写下去一定要读书，不然没有思想来源，没有观点和论据，也拓展不开看问题的角度。换句话说，写作不过就是阅读的孳息而已。

读书在我的生活中和写作一样，充满仪式感。首先，必须是纸质书，用墙纸包上书皮；其次，必须在书桌前读，而且我喜欢朗读，这一点很重要，朗读比默读的效果好得多，因为肌肉会帮助我形成对内容的记忆，印象更深；再次，每天至少读10页，不管什么书；最后，读完把主要观点和内容构架作成PPT，或者写成读后感，记录的过程是思考的过程，有思考书才没白读。

此外，有些音乐适合在阅读的时候听，比如，巴赫、亨德尔或者海顿这些古典主义音乐大师的作品，都够强化阅读的仪式感。

据说，一个好的习惯要想养成，至少需要30天的坚持。我不这么认为，30天远远不够。人天生的惰性足以让很多好的习惯坚持不下来——多少人几十年如一日的做一件事，后来因为很偶然的原因放弃了坚持，再拾起来时难如登天。所以我觉得，一个好的习惯要想养成，一辈子都不能放松。任何好的习惯都不可能在养成之后就不用担心它们会离我而去。从这个意义上讲，好习惯无所谓"养成"，只有"保持"。

012　拒绝拖延，规划精力而不是时间

同：请问您一年有多少个案件呢？

我：20个左右吧。

同：都是一审的吗？

我：对。二审案件我们有专门的处室办理。

同：你知道我一年多少个案件吗？

我：总不可能1000件吧。

同：120件。

我：哦，而且上不封顶对吧？

同：对，取决于当年公安侦查了多少个案件。反正我们就这么几个人，一年来多少件都得我们几个分。

我：很累。

同：岂止是累。我觉得你也就是在分院，才有空写这写那，有空去旁听庭审，一年给你200个案子，我看你能写出什么来？

我：是啊。所以我是何等幸运啊。

同：你自己知道就好。如果我的案子也那么少，那我也能写很多东西呢。

我：那你觉得一年多少个案件，你就能写出很多东西来了？

同：和你一样吧，20个。我一年要是20个案件，那我能写2本书。

我：太好了，你看这样可否，我帮你办剩下的100个，然后你就留20个。一年的时间，你把想写的东西都写出来。

同：怎么可能？

我：怎么不可能，我可以找你们检察长谈啊，我也可以找我们检察长谈，让我到你们院来交流。我需要基层工作经历，所以我们检察长不会有意见。然后你可以写出很多成果，又有人帮你办案子，所以你们检察长也应该能同意。你在一年的时间只要好好写就行了。不过我们得做个约定，一年的时间你要写出2本书，否则的话当年考评你就不称职。

同：你这是什么意思？

我：或者我换种问法，你真的觉得你工作内容变少了就能在学习和调研上更勤奋吗？

同：我觉得是。

我：一般来说，当人的工作变少的时候，他有可能变得更懒，也可能变得更勤奋。你为什么认为自己是后者呢？

同：因为我觉得我只要有时间就可以做到。

我：那要不要试一试？

……

很多人都会把不能持续学习、写作的原因归结为"忙"和"没时间"。就好像如果有充分的时间，他们就一定能认真学习，坚持写作一样。

我承认"忙"是一个很充分的理由，实际情况也确实如此。但我不相信如果不忙，人们就能做那些他们心里想做的事情。事实证明，绝大多数人越是时间充裕就越是懒惰，而不是像他们心里想象中的那样变得勤快。

规划精力而不是规划时间

我不想去讨论导致这种现象的原因，在本章中我只说一个观点：最好的规划并不是规划时间，而是规划精力。

这个观点"逻辑思维"也介绍过，并且举了一个例子：鲨鱼和老虎平时看上去慢慢悠悠，不慌不忙——虎形若病描述的就是这种状体——可一旦发现了猎物，鲨鱼和老虎就可以在最短的时间内迅速抓住猎物。不过，如果有哪个猎物能稍微把自己被追逐的时间延长一点，就完全有可能逃离鲨鱼和老虎的杀戮，因为这两位不会使用太多的精力去追逐一件猎物。这说明，鲨鱼和老虎是擅于管理自己精力的动物，这种管理精力的能力让它们成为海洋和森林中的"王者"。

和鲨鱼及老虎一样，最好的自我管理者，管理的是自己的精力而不是自己的时间。他们集中自己的精力做那些必须要做的事情，并且在其他事情上减少精力的支出。

生存余力理论

生存余力理论是美国成人教育学家麦克卢斯基在1963年提出来的。大概意思是说：一个人总是在他需要的精力与他可提供的精力之间寻求平衡。其中，所有需要消耗个体精力的事情叫做"生存负载"，而处理这些负载所需要的东西叫做"生存力量"。生存余力等于生存力量除以生存负载。无论生存负载还是生存力量，都由外部和内部因素构成。生存负载的外部因素包括工作需要、家庭付出；内部因素包括自身对生活的期望，比如，买房、财务自由等。生存力量的外部因素包括家庭背景、人脉资源、经济能力；内部因素包括个人能力和经验。

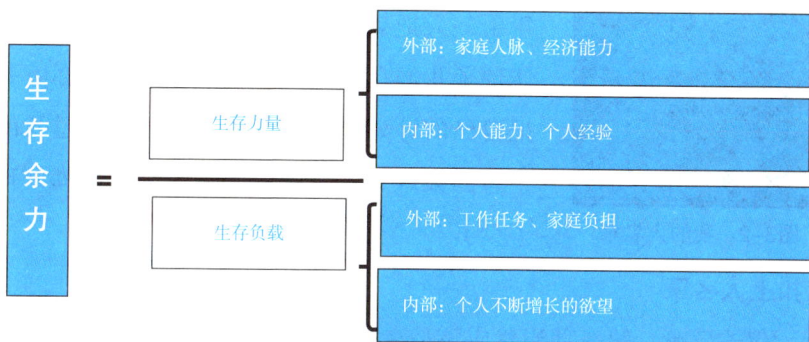

图3-1　生存余力公式

生存力量/生存负载=生存余力。当一个人的生存余力太小时，他很难从事与创造力、想象力有关的工作，很难面对突如其来的危机。而当一个人的生存余力太大时，他很可能会觉得空虚、无聊。

生存余力理论为管理个人的精力提供了非常好的可控模型。生存余力过大时，增加一些工作任务；生存余力过小时，要么减少工作任务，要么减少个人欲望。

我的精力规划

现在我给大家介绍一下我自己的精力规划方法。其实非常简单——用一个本子就搞定了。本子是什么牌子的并不重要。我用过很多规划本，它们的大体结构都差不多，差别无非在于纸张质量、页数以及封皮材质。不管什么类型，只要用得好，效果都一样。

当然，我是一个喜欢仪式感的人，并且迷恋精致的东西，所以我喜欢选那些皮子封面的本儿。而且既然是用来作为奖品的，当然不可能太普通，如果大家喜欢，淘宝上有很多这样的规划本，选择余地非常大。

如何设计规划本是一个因人而异的事情，每个人习惯不同。不过有一些通常的方法，比如，任务分解、设置时间，等等。我喜欢在新

图3-2　我的人名章

年第一天把规划本好好设计一下，这种设计体现了我们在这一年的主要思路与目标。我把自己的计划给大家介绍一下。（不过我的字写的太难看了，所以必要的时候模糊处理了。）

● **扣上人名章**

仪式感嘛，第一部当然应该是在第一页扣上自己的章。我喜欢那种能调节日期的人名章，淘宝就有定做的。我的本子第一页下面扣上的就是17.1.01的日期。

● **一年必须要做的事情**

一般的规划本，最开始的内容页都是当年和第二年的年历，就像上面这样。我习惯在右面第二年的年历上贴一张信纸，在信纸上写下今年必须要做的10件事情，包括工作、学习、生活三方面。

我喜欢复古的信纸（图3-3复古信纸），这种纸淘宝上也有得卖，好像是每张1元钱，我在5年前买了50张，每年就用1张。

图3-3　复古信纸

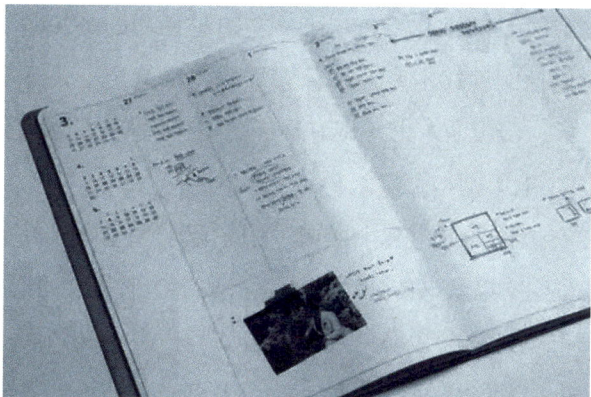

图3-4　规划本月历页与分目标

● 分目标与事件记录页

　　规划本在年历之后的内容是每个月的月历，我选择的这款规划本，在每个月的月历后还有周历；并且大多数本子都会从上一年度的12月份开始，所以对于新的一年而言，上一年最后一个月的月历以及相应的周历是没用的，我喜欢把这几张作为事件记录页——本子上2016年12月一共有5张周历，正好作为五项内容的记录。

　　我的第一页是工作记录。最左边的竖栏里写着我在2017年的主要工作目标，包括计划办理多少件案件，其中预计有多少件属于难度极大、影响力较大的；实现所有案件均在开庭时用多媒体示证，并且保证关键证人到庭佐证；从每一个案件中发现一个以上值得研究的点，深入思考案件中存在的实体与程序问题。

　　目标栏右边的部分被划分成几个区域，用于记录全年办理案件的情况（被告人姓名、案由、收案以及审结时间、判决结果），开庭情况，提讯情况，参加检察官联席会议讨论案件的情况。

我的第二页是阅读与写作记录。左边竖栏写的是2017年阅读与写作的目标，包括阅读10本专业书，并做好读书笔记；公开发表10篇以上的调研文章；出版两本书并做好推广工作；保持公号每周4篇以上的更文；创作1个电影剧本。

目标栏右边被划分为几个区域，用于记录今年阅读的书目、发表的文章、撰写剧本以及书的情况，还有参加学术研讨会的情况。

我的第三页是社会活动记录。左边的竖栏写着2017年社会活动的目标，包括推出1至2个精品课程并设计出更完善的培训方案在更多的高校实践；更多地和媒体合作，把那些对社会大众有启示作用的案件通过媒体传播出去。

目标栏右边被分成几个区域，用于记录2017年去高校、企业以及系统内其他单位讲课的情况，制作模拟法庭培训题目的情况，参加其他研讨会议的情况，以及接受媒体采访的情况。

我的第四页是生活情况记录。左边竖栏记录着2017年生活方面的目标，包括带父母出游10次；重新装潢我的房子；保持规律的运动；演奏德彪西的钢琴曲。

目标栏右边被分成几个区域，用于记录2017年全家出游情况，演奏曲目情况，观看电影、戏剧以及欣赏音乐会及其他文艺演出的情况。

我的第五页是收支情况记录。基本上没有什么目标，因为挣得不多，就算都花了也没多少开支，所以这一页主要是用来贴工资条的。

● 月计划与日记录

做完分类规划，就开始进入月计划了。规划本上每个月都有一页的月历，每周一行，每天有一个空格。我选的这款规划本，在每月月历最上一行有一块空白，用来写月计划；每周最左边有几行空格，用来写周计划；月历最下面有一行空白，用来做月末总结。总结的内容还是分工作、阅读、写作以及生活几方面。

图3-5　月计划与日记录

月历页后面，每一周都有一整页周历，每天有一竖栏的地方，大概能写300多字左右，可以用来记录一天中最需要记住的东西。我习惯在这里记录读书时得到的启示，突然想出来的可以写成文章的话题。

周历最下面有一大处空白，我喜欢在这里记录这周接触到的想要深入研究的案例。如果每周记录一个，一年就能记录50多个案例，这绝对是一笔不小的财富。

013   把需要做的事关进一个个房间里

友：你觉得对写作而言最重要的是什么？

我：专心致志。

友：很多事情都需要专心致志。

我：对。但写作尤其如此。如果你不专心，几乎写不了任何东西。

友：但是我每天有很多很多事情要做。

我：谁都如此。况且，你的事情可能没有一个小学生的事情多，所以不要强调自己忙。忙和不专心并没有直接必然联系。

友：但事实就是如此，当我有很多事情必须要做的时候，我就会心乱如麻，一烦到底。就不会有心情专心致志地做任何一件事。

我：我有一个不错的办法，你可以试试。

……

我们都有事情特别多的时候。尤其是工作之后，可能每天需要做的事情，正事和杂事交织在一起，有时候弄的人不胜其烦。

事情太多的时候容易每件事儿都做不好，抛开时间不够的原因不说（我觉得时间并不是太大的问题），最重要的原因恐怕是不能集中精力。每当想起很多事情要做的时候，就会心烦意乱，然后发怒，狂躁，最后草草地把每件事做一下了事。这样的效果不说也知道，好不到哪里去。

我在这种情况下会使用一下心理暗示的方法，我把它称为"分房静心"的方法。现在介绍给大家，写文章或者做很多事情的时候都可以用：

把所有要做的事情写下来

这绝不是形式主义，是非常重要的一个环节。人在有很多事情没有头绪的时候，一个整理的过程可以让人产生对时间和事件的把控感，进而心里踏实些。所以，把需要做的事情写下来，按照轻重缓急排个序，编上序号，这等于创建了一个秩序，会让自己有一种"事情都可以完成"的感觉，这是秩序感的作用。

这种秩序感可以在很多事件上找到共鸣点。如排队，就算再长的队，只要它有序，人们就能安安心心地等待轮到自己的那一刻，否则如果人群很"粗"，那就算这条队很短，人们也会心烦意乱，因为没有秩序。再如，优秀的调解员擅于说服当事人写"还款计划"，因为这种计划一方面会让债务人感觉到还清债务是有希望的，另一方面也能让债权人产生债权实现有望可循的感觉。所以一份还款计划可能会促成双方的和解。

写下要做的事情，并不是形式主义，也不是增加负担。它会给人心理暗示，这种暗示让我们得以面对复杂的局面，保持冷静的头脑。

把每一件事放进不同的房间里

做完计划之后别着急马上开始，先做一个心理想象游戏——把所有需要做的事情想象成一个怪兽，然后把它们赶进不同的房间里，每个房间上的标号就是这些事情的编号。

之所以要这样做有两个目的。其一是防止自己同时做两件事，因为一心不可能二用，大脑不支持同时思考两件以上的事情。其二是防止这些事情在我们的头脑中互相干扰。我以前经常会在做一件事情的时候忍不住地想还有好几件别的事情没有做，然后就不安定了。在做一件事情的时候不想其他事情是专注的前提。要做到这一点并不容易，心理暗示是比较好的方式，因为这本来就是一个心理问题。用想象中的房间把每一件事"关"起来，暗示自己只有打开门时才能看到它们。这个过程说起来比较可笑，但绝对有用。至少对我来说百试不爽。

按顺序进入每一个房间，做完后出来进下一间

接下来的事情就好办了，按照自己预设的顺序进到特定的房间开始做事。在做之前想象一下自己已经进来了，这间房里没有别的东西，仅这一件事。然后就安安心心得做，做完了再想象着自己走出来，关上门，打开下一间门。以此类推，直到把每一间房都走遍。我一般在一天只开7间房，因为我的极限就是一天处理7件事。除非有特殊情况，否则不会多于7。不过每个人有不同的承受能力和做事能力，大家根据自己的能力做就好。

以上就是我的方法，大家不妨试一试吧。

014 你先写，写着写着就找到写点了

领导：我非常遗憾地告诉大家，上一个季度我们部门发布的"情况反映"的篇数是"0"，上一个季度我们部门干警撰写的调研文章的篇数是"0"，上一个季度我们部门干警撰写的案例分析的篇数同样是"0"。为什么你们的文章写得这么慢？

同事：不是写得慢，是没得可以写。

领导：你得先写，写着写着就能找到点了。

同事：我就是不知道写什么，怎么先写？

领导：不知道写什么没关系，我说了，你先写，写着写着就找到点了。

同事：领导，您是不是被我气糊涂了。我说我不知道写什么，怎么先写？

领导：那也得写，不写永远不知道写什么。

……

这段对话可笑吗？它是一段真实的对话。我刚工作的那会儿在基层院锻炼过，这是当时我所在的部门的领导和部门同事之间的一段对话。我当时笑得不行，觉得这领导太有意思了，同事也好委屈——不知道写什么，但领导非说先写才能知道写什么。

听上去像是个措辞逻辑游戏，但经过这些年的写作锻炼，我现在非常认同这位领导的观点——你先写，写着写着就知道写什么了。

确定好主题就能开始写

其实当人们说"我不知道该写什么"时，绝大多数的含义并非如此——人们并不是不知道该写什么，而是不知道该怎么写。因为主题多的是：如果想写热点事件，那就翻开报纸或者登录网页，甚至看看微信也能找到一大把可以写的事件来。如果不想写热点，那就写工作，绝大多数人每天都要做很多工作，不可能都一帆风顺，疑点阻力没有，有阻力的地方就有写点。就算一帆风顺毫无困难，那也可以讨论讨论为什么你的工作这么顺风顺水。总之，人们并不是因为没有主题而害怕写作，人们真正发愁的是不知道怎么写。

比如，我想写一篇关于"认罪认罚从宽制度"的文章，这个主题并不难找，它是目前司法实务界甚至刑事诉讼理论界讨论得最热的话题。现在我找到它了，准备写它，但我该怎样写呢？

在文章被写出来前，它不存在于任何地方

在我看来，一种最错误的写作方式就是：先在脑子里想，想清楚了再开始动笔。因为思考和撰写还不是一回事，几乎没有人能在一篇文章诞生出来前，在头脑里把它先构思出来。

所以，如果你不动笔，文章永远都不会写出来。

试一试把思维写下来，然后再拼出文章

那么，在不知道如何下笔前，我们怎么开始写一篇文章呢？我有一个不错的方法——把思维写下来，再从思维稿里拼出文章来。

从思维稿到文章，听起来"高大上"，但其实它没那么玄乎。以下是我总结出来的几个要点：

① 想到的问题都写下来。想到哪儿写到哪儿，既不用考虑章法，也不用考虑结构，更不用考虑详略；只要与你想写的这个问题有关的内容，不论是一句话、一个疑问、一个例子，甚至是一些抱怨，都能写下来。

② 每一个独立写下的内容，都编号。最开始的思维稿可以不成体系，用1、2、3……的序号往下编就可以。

③ 不要束缚自己的想法，哪个问题在写的过程中有了新的想法，就立即以这个小的话题为主题写单独的思维稿。

④ 思维稿没有开始，没有结尾，当对于这个问题的所有内容都已经写下来，没有新的内容可写的时候，打住即可。

⑤ 思维稿写完之后，回看一遍，在里面找出能拼成一篇文章的内容。

这种从思维稿到文章的方法最大的特点就是：它和我们从小学习写文章的方法截然相反。小学三年级开始学习文章写作，那时候老师说的最多的就是"文章框架"。每次写作文都要先打提纲，然后再往里面填写内容。这种方式固然好，但问题在于：当头脑里没有关于一篇文章的框架结构时，我们很难写出提纲；久而久之，当然会造成"不知道写什么就永远写不出来"的结果。

所以，思维稿方法好处就是：我们不用一开始就非要写出框架来，这样至少我们可以动笔。此外，我们的思路也不用受到最开始的框架的限制，可以无限发挥。当关于这个问题的所有想法都已经写完的时候，我们才会在这些原始素材里寻找一个能撑起文章的框架来，然后再把文章拼出来。

举一个例子

我曾经写过一篇"公诉人，你凭什么不到庭宣判"的文章，被很多平台转发过。这篇文章是从一个工作中常见得不能再常见的情景中引发出来的。现在我把这篇文章的思维稿展示出来，这篇思维稿没有经过任何修改：

① 徐静涛抢劫案补庭，审判长宣布休庭的时候说："十分钟后宣判。"休庭后我没有走，书记员问我："是要听宣判吗？"我说："为什么不听？"书记员说几乎没有公诉人听宣判，就算当庭宣判的也不听，更不用说定期宣判的案件了。所以他对于我留在法庭听宣判的行为感到很诧异。

② 公诉人到底应不应该听宣判呢？是我多此一举，还是别人的做法不规范呢？如果必须听宣判，那有什么法律依据吗？

③ 法院从来没有要求公诉人到庭听宣判，这是不是说明，公诉人可以不来听宣判？

④ 我注意到，法官在宣判的时候会先敲法槌，然后说："现在开庭！"这说明，宣判是开庭的一部分。既然如此，那么公诉人可以缺席吗？最高检的《人民检察院刑事诉讼规则（试行）》明确规定公诉人应当莅庭支持公诉，那么出庭就应当贯穿整个开庭过程，怎么能有一部分缺席呢？

⑤ 翻查《人民检察院刑事诉讼规则（试行）》第462条规定："出庭的书记员应当制作出庭笔录，详细记载庭审的时间、地点、参加人员、公诉人出庭执行任务情况和法庭调查、法庭辩论的主要内容以及法庭判决结果，由公诉人和书记员签名。"

⑥ 上面这个条文里提到的"法庭判决结果"只有在宣判法庭上才

能听到。这是否说明最高检的《人民检察院刑事诉讼规则（试行）》隐含了公诉人出席宣判法庭的要求？个人认为是这样。

⑦ 那为什么法院会允许公诉人不听宣判呢？我觉得是因为在宣判环节，公诉人没有固定的"节目"，可以一句话都不说，所以法院认为不来也无所谓。

⑧ 但是，真的无所谓吗？不听宣判对检察院有什么不利的地方呢？

⑨ 我觉得首先一个不利的地方就是定期宣判的案件不到庭不能迅速拿到判决。机要送达判决书有一定的时间间隔，一般来说没问题，但如果有被害人申请抗诉的时候，被害人收到判决书的时间很可能和检察机关收到判决书的时间不一致，那样在计算抗诉时限的时候就会出现时间点的混乱（唐来英被骗再审案就存在这样的问题）。

⑩ 此外应该还有不利的地方。比如，公诉人不去旁听宣判，怎么知道法院真的宣判了还是没有宣判？我在看守所见过法院给被告人发判决书的情况，一次发很多人的判决书，以判决书送达代替宣判，这是不对的，但是检察院不知道。

⑪ 为什么公诉人都不去听宣判呢？按说这是最重要的一环，起诉不就是希望得到一份有罪判决书吗？最可能的原因应该是诉讼没有悬念吧，起诉的案件几乎百分百都能判，没有多少悬念当然不会急于知道结果。

⑫ 当然，也和案件当庭宣判太少有关。如果都能当庭宣判，至少我是愿意多等十分钟一并知道判决结果的。

以上就是一篇思维稿，没有什么体系，但是把能想到的都想到了。在写完这篇思维稿后，我整理出了这篇文章的思路。本节的最后，我把这篇最终的定稿附上，大家一定能从中看到思维稿中的内容，以及我整理文章的思路：

公诉人，你凭什么不到法庭听判

赵 鹏

就像眼睛看不到睫毛，我们常常忽视习见习闻的东西——那些本该被质疑的，却因我们意识不到那是个值得揣摩的问题而将其忽略掉；有些我们正在做的事情以及我们应该做的事情，我们未必都真的一一搞清楚了。今天，我想讨论一个被很多公诉人都忽视的问题——烂尾莅庭。

做了十几年公诉工作，有个问题我一直搞不懂：法庭宣判时，被告人在场，辩护人在场，亲属在场，但公诉人却经常缺席。私下问过一些公诉人，他们都说，除了个别当庭宣判的案件，或者出于宣传拍摄的考虑，他们会出席宣判法庭，其他案件都是在开完庭后静等法院送达判决书，似乎公开宣判和公诉人没什么关系，只是法院自己的事儿似的。然而问题在于：刑事案件法庭宣判，公诉人不到庭，妥否？

一、法律上的解读

刑事诉讼法对于宣判环节只规定了公开进行的原则，并未提及公诉人是否应当到场。最高法《关于适用<中华人民共和国刑事诉讼法>的解释》（以下简称《刑诉法解释》）第248条对此问题算是有了明确规定，即"宣告判决，一律公开进行。公诉人、辩护人、诉讼代理人、被害人、自诉人或者附带民事诉讼原告人未到庭的，不影响宣判的进行。"这一规定与实务工作中公诉人不到庭聆听宣判的普遍做法倒是相当契合。但我认为，不能就此得出公诉人宣判不莅庭不违反法律规定的结论。

其一，刑事诉讼法和人民检察院组织法都规定了检察机关依法承担对审判活动进行监督的义务。"审判"一词是"审"和"判"的统一，"审"即审理，"判"即做出和宣告判决。审判过程包含了"开庭、法庭调查、法庭辩论、被告人最后陈述、评议和宣判五个步骤"。可见，宣判活动并非独立于开庭审判之外的游离环节。在缺席的情况下，公诉机关对审判活动的法律监督可能就存在空档。

其二，《人民检察院刑事诉讼规则（试行）》（以下简称《刑诉规则》）第462条规定："出庭的书记员应当制作出庭笔录，详细记载庭审的时间、地点、参加人员、公诉人出庭执行任务情况和法庭调查、法庭辩论的主要内容以及法庭判决结果，由公诉人和书记员签名。"其中书记员记录的最后一部分内容，即"法庭判决结果"只有在宣判法庭上才能听到。最高检的《刑诉规则》隐含了公诉人出席宣判法庭的要求。

其三，上述最高法《刑诉法解释》第248条解决的只是公诉人缺席时宣判是否有效的问题，并不涉及公诉人是否应当到庭聆听宣判的问题，更何况公诉人应当如何具体开展法律监督只能由最高检察来规定，最高人民法院的司法解释无须就此置喙。

其四，"大要案"或者媒体高度关注案件的宣判法庭，往往会出现公诉人的身影，至少说明在司法实践中我们都意识到：这些案件宣判时公诉人到场并非可有可无。

据此，公诉人不莅庭听判，可谓是"烂尾莅庭"。

二、原理上的分析

个人认为，决定公诉人必须莅庭听判的原因还有我国公诉人的特殊任务——法律监督职责。

不是所有国家或者地区的检察官都必须出席法庭宣判,如我国台湾地区在法庭宣判时公诉人就可以不到庭,不仅公诉人如此,甚至被告人也可以不出席宣判法庭。究其实质,当地的检察机关并不承担类似社会主义法系国家所承担的法律监督职责。

我国大陆的情况则完全不同:公诉人不仅承担指控犯罪的责任,还承担法律监督的职责。公诉人出席宣判法庭,不仅出于了解判决结果的目的,更重要的,是要监督宣判活动的合法性。

可见,公诉人在宣判环节中所起的作用与其在法庭调查、法庭辩论等环节中的作用是相同的——都是指控犯罪与法律监督的统一。一方面,作为代表国家提起刑事诉讼的原告人,公诉人有权利、也有义务在第一时间知悉审判的结果并思考是否同意该判决,同时也应当注意了解诉讼另一方即被告人对判决结果的态度。另一方面,作为法律监督职责的承担者,公诉人有责任监督宣判活动是否依法进行,在出现违法情况时依法行使监督权,保障诉讼参与人的合法权益。

因此,从法庭宣判的性质以及公诉职能的内容上看,莅庭听判乃是公诉人必须进行的诉讼活动。

三、不莅庭的后果

个人认为,烂尾莅庭的不利后果相当严重,最重要的有以下几方面:

其一,对超期宣判现象疏于监督。公诉人自认为只要被告人最后陈述完毕,开庭审判即告结束,接下来的宣判活动与己无关,故而对此后的情况不予闻问,忽视了对法院宣判的督促与监督,久而久之,养成对法院超期宣判的绥靖态度。

其二，放任了宣判程序"简化"的问题，甚至与送达过程合二为一。在司法实践中，个别法院直接到看守所向被告人"宣判"，违背了公开宣判的法定要求。如果检察机关对宣判活动的监督到位，上述情况是不会发生的。

其三，导致司法机关"判决后"工作出现混乱。由于公诉人缺席宣判法庭，法院判决书一般采取邮寄或者文件机要的方式向检察机关送达，可能导致因送达疏忽而接受判决迟缓的情况。更为严重的是，被告人在宣判后会立刻收到判决书，公诉人则是在宣判后接收经邮寄的判决书，导致检察机关收到判决书的时间晚于被告人，实践中这一时间差往往在两天以上，严重时甚至相差数十日。有被害人的案件，被告人、公诉人以及被害人收到判决的时间均不相同，导致检察机关抗诉截至日期与被告人上诉截至日期不同，被害人提请抗诉的截止日亦可能晚于检察机关的抗诉截至日，进而造成抗诉期限的计算困难等问题。司法实践中，曾出现过检察机关抗诉时被告人的上诉期已满，法院以上诉期已过且超过10日为由将被告人送监服刑，导致抗诉一时难以为继；比如，被害人接到判决书后要求检察机关依法抗诉，但检察机关收到判决的时间较早且已超过10日而丧失抗诉权，导致被害人申请抗诉权无法有效行使。此外，实践中也出现过法院宣判后发现判决存在实体错误，遂在未向检察机关送达前即找被告人及其辩护人调换已送达的判决书，但检察机关对此竟全然不知。这些情况都与烂尾莅庭有关。

四、更深层的思考

任何一种现象都不是偶然的，往往是埋藏于现实生活表层之下的深层问题的呈现。个人认为，烂尾莅庭现象折射了我国诉讼模式以及司法理念的深层次问题。

其一，刑事诉讼缺乏悬念是最重要的原因。多年来，检察系统一直致力于捕后不起诉率、无罪判决率以及被法院改变指控等比率的降低，这一方面提高了检察机关的办案质量，另一方面也导致诉讼悬念的降低。在检法沟通层面，公诉人与法官庭下交流过多，导致案件结果在宣判前就已经被公诉人得知，加之很多案件是由审判委员会决定的，同级检察长很可能列席该会议，对判决作出的过程及结果了如指掌。如此看来，检察官对起诉至法院的绝大多数案件胸有成竹，且在宣判前就已经大概获知判决的最终结果，当然没必要期待宣判程序以获知判决结果，烂尾莅庭的现象之蔓延也就不难理解了。

其二，缺乏悬念的诉讼过程反映出的是"大侦查"诉讼模式的弊端。案件进入审查起诉阶段后，案件涉及的主要事实已经确定，当然会降低捕后无罪的可能性。这也必然导致法庭对抗程度的降低，使庭审流于形式。

其三，审判行政化色彩过于明显，导致大量案件不能当庭宣判。合议庭的自主权受到了较大限制。大量案件无法当庭宣判，必须向审判委员会汇报并由其作出决定后才能宣判，刑事审判呈现出非常明显的"审而不判、判而不审"的特点。正是这种诉讼状态致我国刑事审判的悬念缺乏，也促使了烂尾莅庭现象的产生。

其四，重实体偏程序的诉讼理念问题。多年以来，我们的实务工作忽视程序价值，过于强调"实体正确"的重要意义。在这种诉讼理念之下，公诉人莅庭听判被划归为纯粹"程序性"工作，得不到足够重视，烂尾莅庭甚至被认为是"对定罪量刑没有实质影响的问题"。

久而久之，很多程序规定在"为了实体正确"的旗号下被违反，又出于"不影响定罪量刑"的原因而在司法实务部门获得"可接受性"。

然而，程序本身的价值不因人的主观意志而改变；忽视程序是"实体正确"的最大威胁。刑事诉讼是一个确认事实、确定刑事责任的过程。我们的目的是实体正确，我们的方法体现为各种程序性规定。可以这样说：程序是我们获得实体正确的方法。方法得当与目的实现的关系正如照镜子的例子——在没有镜子的情况下，人们当然可以从水中看到自己的影像，然而水中之影怎能同镜子中清晰的影像相比呢！我们获得的结果不可逆转地受到观测手段的影响——采用何种手段，获得何种结果。程序被恣意违反，实体又安能毫发无损？程序的价值不正在于此？

烂尾莅庭，看似很小的程序问题，引发的不良效应却不可忽视。解决此问题的关键不仅在于明确相关规定，更在于更新和改良诉讼模式和司法理念。作为从事公诉工作的司法实务工作者，我们应当共同期待这种革新与精进。

后记：这篇文章发出后，有一位基层院的公诉人留言说："如果作者在基层院，每年100多个案子，就不会写这篇文章了。"还有一些人指责我不接地气儿，大概意思都是说，基层公诉人的工作非常忙，实在不应该再要求他们去听宣判。这些留言并没有超出我的预料，并且我也非常理解他们——常年处于高强度的工作状态中确实无暇顾及那些对被告人定罪量刑没有实质影响的工作。不过话虽如此，我们还是不能因为实然状态下的各种客观原因就放弃对应然状态的研究和期待，否则一个"忙"字足以让我们把所有不属于正在忙着的事情彻底忽略掉。至少，我们应该知道哪些事情是应该做的，但我们却没有做。

015　找一个论敌，彼此刺激彼此激发

友：你想减肥吗？

我：你觉得呢？

友：我觉得你可能不需要。

我：那你还问。

友：想找个伴儿啊。

我：两个人一起减，能减得快一点还是减得多一点？

友：都不是，但可以让我坚持下去。

我：自己坚持不下去？

友：很容易就放弃了，遇到点困难先习惯性地给自己找一个停下来的理由，然后就没有然后了。

我：有一个伙伴可以相互鼓励，相互比较，所以习惯能坚持下来是吧？

友：是的。以前也不这么认为，觉得自己的意志力足够，但后来发现别高看自己的毅力，人还是应该接受现实——我们都是意志力极差的！！！

……

我以前是个喜欢孤军奋战的人，因为自控力很好，很少拖延，除非极其不想做的事情。但我也认为对于保持良好的习惯而言，找一个伙伴是十分有效的。人会在互相鼓励的情况下坚持一些靠自己难以坚持的事情。这一点大家都明白，我也不多说了。

不过就写作而言，一个好的伙伴还能起到"论敌"的作用。我所

谓的"论敌"并不是真正的敌人，只不过是不同观点的持有者。在前面的篇章中我提到过，绝大多数文章都在进行"或然式证明"，这是亚里士多德提出的概念，与那种以逻辑学、数学为代表的"必然式证明"不同的是，或然式证明并没有绝对的对和错，只有更有道理和更没道理，更能接受和更不能接受，以及相应的程度问题。也就是说，任何一篇文章都能有相应的反对"檄文"，对观点进行逐一反驳。

找一个这样的论敌对我们的写作很有帮助。比如，当一个事件发生了，你想写一篇文章，但又无从下手时。最好的方法莫过于找一篇已经很火的文章，然后从反面去批判文章中的观点。这就相当于有了个"靶子"，你可以有的放矢。

当然，如果你找到的这篇文章的作者作为你长期以来的固定论敌，那就更好了。你们可以就一个问题，约定好分别从不同的角度去写文章，然后再相互辩论。这种做法不仅仅是保持写作习惯的问题，更重要的是可以让我们从不同的角度去看待同一个问题。事物都是多方面的，靠自己的力量未必能全面看待它，这时候有个伙伴和你一起看，你们再相互讨论各自的角度，深入的见解就是这样形成的。

如果你没有这种固定的伙伴，那就像我刚才说的那样，找一个已经发表出来的文章，然后试着从不同的角度去反驳它。只是由于这篇文章的作者并不是你的固定伙伴，所以需要稍加谨慎些。我觉得在以下三个方面注意一下即可：

讨论观点，但切忌人身攻击

观点讨论，如何激烈都不为过。但有一点是大忌讳，即通过观点对人进行攻击。这种现象非常普遍，人们往往在讨论观点的时候不由自主地把观点本身和观点持有人联系在一起。比如，"你抱有这样的观点，我觉得说明你是非不分……"这样的文字一定会发生不必要的争执。人身攻击是不好的，千万不要把对观点的讨论转变为对人的攻击。

写完之后，可以给对方先看

可能的情况下，把写完的文章发给对方看一下，征求一下他的意见。这样做的好处有两点：一是可以给对方一个心理准备，重要的是让他知道你对他的尊重，避免之后的矛盾；二是他可能会指出一些你的问题，比如，哪些地方歪曲了他的意思，或者没有真正理解他的意思，这样的话你改正过来即可。

文章推出时先引用对方原文

如果你是针对一篇文章写的反驳，那最好的方式就是先把对方的文章全文引用过来，这样做最大的好处是防止别人指责你断章取义，也可以让读者更好地了解你写文章的背景，以及观点的针对性。当然，这也体现了对原文作者的尊重。

最后，还是建议大家可能的话找一个固定的论敌，这样真的可以起到伙伴共同成长的作用。并且，在写作的过程中还会有一些额外的收获，比如，新的伙伴会加入进来，要么反对你，要么支持你反对你的论敌。这是一个非常有意思的过程。

下面是一篇我和我的伙伴们围绕一个极其八卦的话题写的文章，给大家看一看：

千万不要接受那个追求你很久的人

小丸子

说来惭愧，长这么大从来没有被哪个男孩子追很久过。可能是我比较果敢、狠心，不想吊谁胃口，也从不搭理他们，所以总能扼杀在摇篮里。当然更可能是我太没魅力了，哈哈。

然而，我觉得我还是有资格谈论这个话题的。没吃过猪肉，还没看过猪跑吗？我见过无数个"女生接受那个追自己很久的男生，最后惨痛收场"的例子。但是目前为止，视线范围内还没有成功的先例。总结那些失败的教训，我认为不要接受那个追你很久的男生有以下几点理由：

第一，舍得让他追那么久，你一定没有多看得上人家吧？至少开始，你是看不上他的。

要么他不符合你在择偶上设定的硬件标准；要么他有你无法接受的习惯、无法将就的缺憾；要么他只是长得没那么好看；又或者他什么错都没有，但你心里有人了，他对你的吸引力跟你心里那人相差太远。

总之，要让他追很久你才狠得下心接受的人，肯定没让你有多满意。可能在你内心深处还暗暗觉得人家配不上你。我就没听说过谁因为觉得自己配不上人家要让人家追很久最后才勉为其难地接受的。

如果是你特别认可特别欣赏特别崇拜的男神追你，他表白的瞬间估计你就在心里咆哮了一万遍：我愿意啊！！！生怕自己抓不住这千载难逢的机会被人截了胡，眼睁睁看着煮熟的鸭子飞了。你怎么舍得让人家追，还追很久？

第二，让一个人追很久才接受他，更多的是出于习惯、感动或者内疚吧？而非心动。

你又不是瞎子。如果对方让你觉得有魅力，他身上有让你心动的闪光点，除非他隐藏得太深，应该不用多久就能发现，然后就被他吸引。

要让他追很久才接受的，要么就是你已经习惯了这么个人在身边嘘寒问暖、跑上跑下，然后觉得这样下去也挺好。要么就是你被他的辛勤付出彻底感动，觉得除了亲爹再不会遇到第二个男人像他对你这么好，然后泪流满面地接受。要么就是他的付出让你感到愧疚，你觉得无以为报，唯有"以身相许"（指的是接受，没有鄙视的意思）。这样的感情其实很不牢固。因为不是以互相喜欢互相吸引为前提，所以你对他很难死心塌地，一旦出现让你真的心动的那个人，你也许就会摇摆不定、纠结万分。哪怕那个人永远不会出现，因为你不是真的喜欢身边的他，你只是习惯他对你的好，喜欢他围着你转的感觉，所以你也很难做到去理解他、包容他。你们之间的感情是失衡的，所以很难长久。

第三，他追你过程中透支了过多的热情和耐心，追到手后感情容易降温太快。

前几天看到个"好有道理，无言以对"的段子。

问：为什么男生追到女生之后就冷淡了？

反问：你考完试还看书么？

是啊，谁考完试还看书啊，是有多热爱？原本是你高高在上，喜欢你的男生跪求你接受他的追求。一旦追到手，他自然而然就觉得你们的地位平等了，慢慢就不会跟追你时那样永远笑容可掬、热情洋溢了。这也正常。那些付出感比较强烈的，甚至可能觉得他现在逆袭了能耐了，应该换你像飞蛾般扑向他了呢（罪过，我竟然把他们想得那么坏）。你一脸懵逼、目瞪口呆。突然不适应这画风了。然后作死作活希望他对你跟从前一样爱，或者继续高冷、转身离开。总之不会太完满。

假设换个对象，你们的感情本来就比较健康，一见钟情、干脆利落、直接互撩，或者由三观相似、兴趣相投、志同道合发展而来，没有一方委曲求全、苦苦追求，那么在一起后，你们之间的感觉就不会有太大落差。

所以，千万不要接受那个追你很久的人，除非你没得选了又耐不住寂寞。不能忍受一个人。

你也许会问：有人不是说"没有追不到的女生，只有一追就到手的和追了很久才到手的女生"么？你让我不要接受那个追我很久的人，那我怎么才能挺住不被追走呢。

答案是：那人说的是对的。你无法做到被追很久还追不走。

不过也不是没有破解之法。你别让人家追不就结了？喜欢不喜欢不应该是一件很明确的事情么？凭直觉就能回答出来的问题，似乎没有必要花很长时间对你自己的内心进行审视啊。

如果确信不是自己喜欢的人，那就早点把话挑明了，从此保持距离。这样既不会耽误人家，也不用浪费自己的时间，两全其美。

这世界上最不能将就的就是感情了（虽然写段子的时候我说，还有吃）。感情不是交易，真的没有必要退而求其次。你的@Mr.Right也许暂时还未上线，但是请你相信，他正在朝你狂奔而来的路上。

在他到来之前，请你过好一个人的精彩。

千万不要拒绝那个追你很久的人

赵 鹏

鸡汤丸从三个方面论述了她的观点：一是舍得让一个人追求自己那么久，说明你并不怎么喜欢他；二是接受一个追求你很久的人，更多的是出于习惯和感动，而不是心动；三是一个追求你很久的人一旦得手，将会迅速降温。

我认为，上述三点均不能成立。

第一，能容忍一个人追求你这么久，说明你并不十分讨厌他，或你根本摆脱不掉他。

从逻辑上讲，之所以出现一个人追求了你很久的现象，无非是两个原因：要么你一直没有明确地拒绝，以至于对方始终心存幻想；要么你多次拒绝，但对方锲而不舍。

如果是前一种情况，那说明你从一开始就并不排斥人家。人的第一感觉不一定是最对的，但一定是最真的。既然以前不排斥，一直不排斥，干嘛现在要排斥呢？更何况，一个长期追求你而你一直没有拒绝的人，至少说明他身上没有你不能接受的缺点。所以在这时候，你最应该做的其实不是拒绝他，而是考虑考虑他，毕竟在今天这个社会，能找到一个不让你烦的人已经不错了。

如果是后一种情况，那你更不能拒绝。因为多次的拒绝都没有效果，再多一次也是一样啊。而且，对于一个历经拒绝痴心不改的人而言，越多的拒绝反而会坚定他的信心，让他更执着地追求你。所以这时候千万不要拒绝人家，免得适得其反。

综上，一个追求了你很久的人，要么你并不反感他，要么你甩不掉他。无论哪一种情况，你都不能拒绝他。

第二，习惯和感动恰恰是我们接受一个人的最好理由。

首先，我必须指出鸡汤丸的措辞问题：她认为接受一个追求你很久的人并不是出于心动，而是出于习惯和感动。但何谓"心动"？我认为，内心受到了感动也叫心动。

其次，习惯和感动足以让我们接受一个人。习惯是意味着你已经适应了有这个人在你的生活中，感动意味着这个人的行为让你的内心产生了共鸣。"适应"意味着舒服，"共鸣"意味着有心灵交流，一个能让你舒服又能跟你进行心灵交流的人，有什么理由拒绝人家？

当然，我也理解鸡汤丸的意思，她所说的"心动"是见到一个自己喜欢的人后的那种内心的狂喜与不安。真不好意思，我不得不指出，这种所谓的心动其实不过是人类荷尔蒙反应的结果，是一种化学现象，这种感觉会随着激素的回调而消失。接下来你还是要面对和这个人相处是否舒服的问题。

第三，只有追求你很久的人，他才会珍惜；而拒绝这样的人，很可能造成悲剧。

鸡汤丸的第三个理由是我最不同意的。如果你认为一个追求你很久的人，一旦得到了你，就会迅速降温，那只能说明你从来没有追求过一个人。

得之不易，倍感珍惜，付出才是珍惜的最坚实的基础。这是一个很简单的道理。一个小孩子，当他失去了自己日夜照顾的宠物时，他一定会悲痛很久，但当日夜照顾他的外婆去世时，他未必会同样的难过。原因不是因为孩子无情，而仅仅是因为他在宠物身上倾注的精力远远多于他在外婆身上倾注的精力。换句话说，在不考虑其他因素的情况下，追求你越久，得到你之后越会珍惜。

相反，如果断然拒绝一个追求了你很久的人，很可能会刺激到对方，让他想起了对你付出的种种，从而勾起了对你的不满。当爱变成恨的时候，要么他伤害自己，要么他伤害你。这种案例不胜枚举。

综上所述，鸡汤丸提出的三点理由违背常理、没有事实和法律依据，不能证明其"千万不要接受一个追求你很久的人"的观点。而从这三方面出发，恰恰能够证明我方观点——千万不要拒绝一个追求你很久的人。

对反驳的反驳

张　洋

能容忍一个人很久，很多时候并不是因为讨厌他或者摆脱不掉他。

首先，对被追求的人而言，她所喜欢的可能仅仅是"被别人追求"这件事情本身（我也多次听过这种论调）。女生与男生相比本就有许多天然的弱势和不便（无歧视女生的意思），如果自己没有男友或男友不在身边，在需要时有个备胎，就算没有什么好感，也没必要拒人千里之外。而仅仅享受这种被追求的感觉和真正成为他的另一半，显然是两码事。

再有，摆脱不掉多数时候是因为被追求人没有及时且明确地释放出"NO WAY"的信号，让追求者抱有幻想，再加上偶尔还能体验一把"被需要"的感觉，自然不容易摆脱掉。

习惯和感动可以成为接受一个人的理由，但很难有好结果。

心动、习惯和感动是恋爱中常见的三种心理感受，但是它们出现的时间往往有先后之别。按照一般的恋爱发展规律，多是因心动开始，在相处中的点滴感动，最后成为习惯。有人说恋爱最美妙的时刻是说破之前的一瞬间。在一段恋爱关系真正确立之后，你会逐渐发现最真实的对方，以前那个完美无瑕的她原来也有缺点和毛病，这也就是为什么恋情刚建立之初反而更脆弱而容易崩坏。心动因荷尔蒙分泌引起不假，但它可以有效抵御发现真实对方之后的落差感，帮你们更安全地渡过危险期，让感动和习惯成功"接班"。我身边有不少因为被感动而接受对方的例子，无一例外都在确立关系后的短时间内转身离开，留给旁人"海鸟和鱼相爱"之感。

追求的时间过长，得到之后可能真的不是"珍惜"那么简单。

反驳文章认为追求越久到手后反而更加珍惜，并且举了小孩子失去爱狗的例子。首先，这个例子中孩子是"失去"狗而非"得到"狗。现实是人就是对得不到的东西更有兴趣。相信很多人都有这种经历，小的时候看到邻居小朋友的玩具觉得无比羡慕，但父母给自己买了之后没多久就扔在角落。

最怕的是另一种可能，追求者在长时间的追求中产生了一种较劲的偏执心理，觉得自己付出那么多时间和精力，不达目的不甘心。现实中这种情况往往还不是少数。对于这种人，如果真的将就在一起，想想就觉得恐怖。

所以反驳文章提出的三个论点或多或少脱离实际，值得商榷。

肆

你的思路多吗

——让灵感源源不断的秘诀

思路，思路，在我看来不过就是"思维的套路"。所有事情都有套路可循，思维也不例外。写作的套路满地都是，如果我们要总结，单这个问题就能写出厚厚一本书。不过，总有一些经典的、放之四海皆准的套路，我们需要对它们了如指掌，以备不时之需。

016 追溯过去的经典问题——为什么

友：我总是找不到写作的思路。

我：怎么会呢？每天那么多新闻事件发生。

友：对啊，可是一看到报道，就感觉能写的别人已经写了。我没啥可以再写的了。

我：为什么别人写过的你就没啥可以写了？

友：因为该说的别人已经说了啊。

我：那别人说的对嘛？

友：有的对，有的不对。

我：对的为什么对，不对的为什么不对？

友：那就得具体问题具体说了。

我：这不就是写作的思路吗？一个最简单的问

题——"为什么"，对任何话题追问为什么都能有新的思路诞生。

友：什么意思？问为什么就可以有新的写作思路？

我：当然。不信我们可以试试啊。

友：好，你问我答。

我：我们为什么要进行"以审判为中心"的诉讼制度改革？

友：因为要避免冤假错案。

我：我们现在的诉讼制度不能避免冤假错案吗？

友：不太可能。

我：为什么不太可能？缺点在哪里？

友：庭审不实质化。

我：现在的诉讼制度导致庭审不够实质化吗？

友：是的。

我：为什么会这样？

友：因为证人不出庭，审者不判，判者不审。

我：这是我们的诉讼制度里规定的吗？

友：当然不是。

我：那你为什么说它这和我们的诉讼制度有关？

友：呃……

我：或者说，我们的诉讼制度排斥证人出庭，禁止审判者对案件进行独立决断吗？

友：当然不是。

我：那你为什么说诉讼制度导致了庭审不够实质化？

友：我也说不清楚。

我：你说不清楚，但如果能写清楚，可以试着写写啊，这是一篇很好的文章。

......

向已经发生和必将发生的事情追问"为什么"是一个开拓写作思路永不过时的方法。"为什么"是对过去的追问，问的是原因、来源、背景等。这个问题能够帮助我们很好的理解和面对目前遇到的问题。

"为什么"有很多具体的分支问题。比如，在主体上可以问"为什么是这个人，而不是哪个人……"在时间上可以问"为什么是现在而不是其他时间……"在方式上可以问"为什么用这样的方法而不用其他的方法……"在地点上可以问"为什么这件事在这里发生而不是那里……"在次序上可以问"为什么这件事先发生而不是那件事先发生……"在社会反应上可以问"为什么人们如此在乎这件事而不是其他的事情"；等等，不胜枚举。

所以，当我不知道该写什么的时候，我会选择翻开报纸，然后对上面的每一个新闻事件问"为什么"，然后一一作答，最后看哪个问题最有意思，就写哪个。

在问为什么的过程中，有几个需要注意的问题：

用笔写下你的回答

之所以这样，是因为写作引导着人们的思维。把疑问写下来，然后认真回答，我们就会对这个问题有更深入的考虑。但是这种回答尽量要简短，因为我们是在开拓思路，而不是漫无目的地写随感。

对回答再问为什么

回答完之后一定要对自己的答案再次提问。这样做的目的是让思

115

路开拓下去。一般情况下，越是提问越能接近真相。对每一个问题的追问应自以无法再用更清楚的话解释为标准。

写下提问回答过程

把上述提问—回答过程记录下来，本身就是一片不错的文章。如果在这个过程汇总你可以找到一些突破性的点，那就更不愁没有灵感了。

下面是一篇最高检向我约稿的网评文章，背景是当时舆论备受关注的"辱母"案进入二审程序时，最高检察院宣布提前介入，但最高法却没有作出此决定。于是上述经典问题——为什么——就派上用场了。我用这个问题构思的下面的文章，题目就是：为什么最高检介入而最高法则按兵不动。

于欢案为何最高检介入而非最高法

赵 鹏

于欢故意伤害一案，最高人民检察院于2016年4月26日权威发布称"已派员赴山东阅卷并听取山东省检察机关汇报，正在对案件事实、证据进行全面审查。对于欢的行为是属于正当防卫、防卫过当还是故意伤害，将依法予以审查认定……"这是一个让很多网民为之一振的消息，因为于欢已经提起上诉，案件将进入二审阶段，最高人民检察院的介入对于案件最终得到公正处理无疑有着积极的作用。随后，山东省高级人民法院也宣布已经受理该案二审，将会依法处理。于是有人由此提出了一个疑问：为什么最高人民检察院宣布介入，但最高人民法院却"无动于衷"？只出来个山东省高级人民法院来告知一下程序节点？

这其实是一个很有意思的问题。本文不谈于欢案的实体，这有待于司法机关进一步审查，在此我只讨论"两高"在是否介入此案的不同做法背后的原因所在。

一、法院层级独立，不能介入

首先，我们先解决最高法为什么不介入审查的问题。原因很简单：法院系统依托审级制度保证审理的公正性，全国四级人民法院应当保持相对独立，上级法院非因法定原因不能干预下级法院正在办理的案件，否则审级制度就会形同虚设。从这个意义上说，法院内部上下级之间针对一个正在办理的案件进行请示和指导是错误的（尽管实践中可能存在这样的情况）。

因此，在案件由山东省高级人民法院进行二审审理期间，最高人民法院尽管作为上级法院，也不能听取山东省高级人民法院的汇报，不能对案件作出指导意见，这既是对山东省高级人民法院作为二审法院能够独立行使审判权的重要保障，也是对最高人民法院日后一旦作为再审法院审理该案时能够不受此前指导意见干扰，公正作出裁判的重要保障。

二、检察上下一体，可以介入

那么，为什么最高人民检察院却可以在案件二审期间介入呢？有人提出这是因为检察院具有法律监督职能。的确，检察机关有权对国家机关工作人员涉嫌渎职犯罪直接立案侦查，但本案最高人民检察院的介入，内容不仅仅是调查是否有渎职行为，还包括听取山东检察机关对案件的汇报，以判断是否构成犯罪和是否存在法定量刑情节，这显然已经不仅仅是诉讼监督的范畴。

最高人民检察院能够在此阶段介入的真正原因是"检察一体化"原则。这一原则是指全国检察机关作为一个整体对外独立行使检察权。它衍生出两个重要原则：其一，上下级检察机关之间是领导和被领导的关系，即所谓上命下从；其二，全国检察官之间，可以相互替代行使职权。世界上的大多数国家的检察机关都遵从"检察一体化"原则。

我国法律制度中虽然没有明确规定检察机关遵从"检察一体化"原则，但是相关的条文规定和制度设计已经明显体现出一体化的倾向。正如最高人民检察院权威发布中所提到的，"根据法律和人民检察院刑事诉讼规则的规定，最高人民检察院领导地方各级人民检察院和专门检察院的工作，上级人民检察院领导下级人民检察院的工作。上级人民检察院对下级人民检察院的决定，有权予以撤销或变更；发现下级人民检察院办理的案件有错误的，有权指令下级人民检察院予以纠正"。

由此我们可以判断，最高人民检察院介入于欢案后，下面的情形都是完全可以出现的：

1.最高人民检察院决定检方二审意见。如果本案在二审期间开庭审理，那么山东省检察院根据刑事诉讼法规定有1个月的阅卷期限，此后应该派员莅庭发表意见。最高人民检察院此时介入本案，听取山东省人民检察院的意见后，可以直接决定如何发表检方意见。这是检察一体化之下的"上命下从"原则决定的。

2.最高人民检察院派员出席二审法庭。因为同样是基于检察一体化原理，检察官的职责可以相互替代，最高人民检察院的检察官也是全国检察官中的一员，完全可以替代山东省人民检察院的检察官，出席本案的二审法庭。当然，这种情况可能没什么必要，在具体程序应当如何操作上也存在分歧。我在此提出只是强调理论上是可行的。

三、为何法院独立但检察却要一体？

最后，可能有人会问：为什么法院系统上下级要保持相对独立，但检察系统上下级却奉行一体化原则？难道让检察院上下级之间也保持相对独立，也用审级制保障案件处理的公正性不是更好吗？

这是一个涉及检察基础理论的问题。很多观点试图为此提供解释。有人认为检察一体化有利于打击犯罪，还有人认为检察一体化有利于统一国家法令，也有人认为检察一体化有利于"统一便宜追诉基准"。但这些观点我觉得都不足以说明这个问题。

在我看来，检察机关上下一体但审判机关上下独立的真正原因在于，检察权和审判权的运行方式有本质不同。在现代刑事诉讼过程中，一级审判机关行使权力的公正性有三个重要保障：一是有双方当事人的对抗保证审判者的中立性；二是有合议制度保证决策过程的民主性；三是有公开审判制度保证权力运行的透明性。但这三个重要保障在检察权的运行过程中都不存在。一体化原则就是为了弥补这种"先天缺陷"而产生的，它的目的就是保证检察权正确行使。

综上，于欢故意伤害案，最高人民检察院介入，最高人民法院无声，这恰恰是两种国家权力运行特点的具体体现。

017 预言可见未来——接下来会怎样

同：除了问"为什么"以外，还有别的万能的开阔思路的方法吗？

我：当然。另一个万能问题是——接下来会怎样！

同：为什么这是万能的问题？

我：因为人们除了对过去好奇以外，更对未来有兴趣。任何一件事情发生后，都会引发一连串新的问题，如果你能预测这些未来的问题，那当然会有人看你的文章。

……

但是和"为什么"有点不同的是，对未来的预测要比对过去的追溯难度大，因为预测总需要一定的想象力才行。所以，我们需要一些"模板"。

站在法律的角度，我觉得以下几个方面可以用来作为预测未来的"模板"：

法律层面

我把事件在法律层面的影响放在第一部分，不仅仅是因为我本人就是从事法律工作的，更重要的是法律是一个普遍联系的领域，几乎能和任何一个社会事件相连。也就是说，绝大多数事件都可以在法律领域去寻找相应的影响。

我们随便举个看上去和法律不着边儿的例子就可以说明这个问题。比如，国家放开了"二胎"政策，这是一个政策事件，跟法律似乎没有直接关联。但仔细想想就能发现问题——已经过惯了"唯我独尊"生活的老大，会不会因为嫉妒弟妹而产生杀机？如果真有这样的事情发生，父母应不应当承担刑事责任？这就是法律领域的问题，对吧？

专业层面

很多事件都涉及一些特定专业层面的问题，这也是可以讨论的点。我之所以把这一点写出来，并不是建议大家都去做那种"博学者"，事实上，我们的知识结构很有限，术业有专攻，不应该过多涉足那些不熟悉的领域。我在这里所说的"专业层面"，并不是深入某一专业领域去做深入的研究，而是站在外行的立场上对相关的专业领域提出一些问题，或者作一些畅想。

举个例子，我在写这一章的时候偶然看到了一个新闻："国内冷冻人目前没有一人复活。"这是一个关于液氮冷冻技术的新闻，说的是有一些国内机构提供将死者放在零下一百多度的液氮中冷冻，以保持肌体完整，待医学发达时再让他们复活，然而到目前为止，尚未出现一例成功复活的"冷冻人"。这个事件就可以用"接下来会怎么样"的构思方式：人冷冻起来了，接下来会怎样呢？等待医学发达，这是一个很笼统的回答，如果说要等待医学发达到足以将他复活的程度，那么谁来做这个医学上的判断呢？如果那时候冷冻人的家人已经死了，或者同样也被冷冻起来了，那谁来决定将冷冻人"解冻"呢？医生还是律师，或者法官？如果医生判断错误，解冻后没救回来，他是否要承担医疗上的责任呢？这些问题都不是纯粹的医学问题，但属于和医学有关的疑问。

伦理层面

伦理层面很少被人们注意到，但绝对是一个写文章的好思路。很多事情都能和伦理挂钩。并且，伦理也是一个范围很广的概念，与人类社会道德、人伦、人性有关的问题都能放到这里来。这是一个拔高的层面，可以让文章更有深度。

举个例子，最近看了一则新闻。晨跑团占用机动车道进行锻炼，最终被一个莽撞司机撞了进来，一人当场死亡。这是一个悲剧事件，它的主要的问题肯定是法律问题。但在法律之后是否有伦理道德层面的问题呢？我觉得有。我们对于安全的教育，一直以来都是利己初衷。比如，"斑马线是我们的生命线""遵守交通规则，安全上班下班"，等等。这些教育的总体逻辑就是：遵守交通规则是保障自身生命安全的前提。但问题在于，遵守规则从来都不仅仅是利己的，另外一个层面的理由——利他——几乎很少被提及。乱穿人行横道的人会让其他人无所适从，不守规矩的人会让旁人心烦意乱……这些从另一个角度说明，遵守规则不仅仅是为自己，也是为他人。而我们的规则教育从来都只强调利己的层面，缺少利他层面的渲染，这从安全教育中就能看出来。上面这一套反思，是道德教育层面的内容，属于伦理问题。

哲学层面

哲学是解决大问题的学科。所谓的大问题，就是我们生活中那些无处不在但却没有统一答案的问题。比如，人生的意义是什么？美和丑是客观的还是主观的？简单地说，只要是不能靠归纳和演绎两种人类已知的获得知识的途径得到答案的问题，都属于哲学问题。

法律上很多问题都可以上升到哲学层面来讨论，因为大多数法律问题并不是简单的归纳或者演绎的问题。比如，什么叫公平、正义，什么叫"罪责刑相适应"，什么叫"量刑无明显不当"……

下面是一篇检察日报自媒体向我的约稿，我用的就是上面这种预测未来的构思法。

换头术真的来了，但你还是你吗

赵 鹏

我有个遗憾——没能长到180cm，并且这有可能会是我终生的遗憾，因为身高问题恐怕无法通过后天努力来弥补。但是，或许在不久的将来，一种神奇的外科手术能让我不再遗憾，这就是——"换头术"。

据外媒报道，俄罗斯人瓦莱里多年来深受肌肉萎缩症的折磨，他将接受换头术，意大利主刀医生会把他的头安在一名脑死亡捐献者的躯体上。

医学界对换头术的成功可能性提出了质疑，但来自意大利的主刀医生却认为这些都不用担心。太过专业的内容我不懂，不过如同克隆技术一样，换头技术也不是单纯的医学问题。

一、换头之法律问题

先说法律问题并非因为我的专业是法律，而是因为这个问题非常现实，如果不解决，那么换头术恐怕没法实施，即法律上如何界定死亡。

从上面提到的报道内容看，明年要接受换头术的瓦莱里，其头部将会接在一个脑死亡捐献者的躯体上。"捐献者为脑死亡之人"这一点应该对换头术非常重要——只有脑死亡人的躯体可供换给别人，因为这种人的心脏仍在工作。若果真如此，那么法律上认定人死亡的标准必须采用脑死亡标准——医生不能把一个未被认定死亡之人的头割下来，把躯体给别人换上，那等于谋杀。

不过，在法律上将脑死亡作为死亡标准的国家并不多。长期以来，包括我国在内的很多国家一直把"心跳停止""呼吸消失"和"血压为零"作为死亡的标准。随着医学发展，人的心跳、呼吸、血压等生命体征都可以通过一系列药物和先进设备长期维持，唯独脑干发生结构性损伤破坏是不可逆的，所以从20世纪70年代以来，相继有80多个国家将脑死亡确立为判断死亡的标准，因为他们觉得与心脏死亡相比，脑死亡显得更科学、更可靠。也有国家采用的是脑死亡和呼吸死亡标准并存方式。但是，更多的国家仍然延用心跳、呼吸、血压"三合一"判断标准，如我国。

因此，若换头技术真的可行，恐怕法律上界定死亡的标准要调整适当，否则换头水平即使再高，也没法应用于实践。

二、换头之医学问题

我不懂医学，我在这里提到的医学问题指的不是医学技术，而是换头术的手术定位。

换头和换器官不一样，后者一定是救命的手术，但前者有可能从一开始就与救命无关。比如，报道中提到的明年要接受换头术的俄罗斯小伙子，他的生命并没有受到现实的威胁，反倒是换头术本身可能会让他提前死去。这似乎意味着，在一开始，人类已经把换头术定位为"改善生活质量"的手术了。

然而，如果这项技术在将来可以推广，那需不需要给接受换头术的人设定一定的条件？比如，是否一定要患有某种疾病（如瓦莱里患有的肌肉萎缩症）才可以申请换头？

然而，问题恐怕不是设定标准就能解决的，因为一旦设定标准，不论它是什么，都会遇到一个"如履薄冰"问题。比如，如果设定下半身因病不能行动的人可以换头，那么对于下半身只能小幅度活动或者不能像正常人一样活动的人是否可以换头的问题将会面临决策困难；进而，对于那些下半身虽能正常活动，但却因为形态异常而备受精神折磨的人能否换头的问题也会陷入决策困境……

可是如果不对换头术设定条件限制，那恐怕我们将会看到下面的场景：某人因不喜欢自己的身材而申请换头到一个模特捐献者的躯体上，某人因为要改变自己的性别而申请换头到一个异性捐赠者的躯体上，某夫妻为了"你中有我，我中有你"而申请互相换到对方躯体上……

当然，如果技术条件允许，那么人们想怎么换就怎么换，类似整容手术一样，不限定条件也无不可。但是问题在于，资源总是有限的，总要有个"需要程度"的高低划分，以公平分配捐赠资源，那就还是需要设定条件，这样就又回到了"如履薄冰"问题。这有点类似"安乐死"问题——很多国家至今不允许安乐死，就是出于"如履薄冰"问题的考虑。

三、换头之伦理问题

换头术意味着整个躯体的移植，这必然涉及伦理问题，毕竟人类还是一种道德动物。

拿网上报道的一起“换阴茎”手术为例，据某海外媒体报道，2005年我国某省曾成功完成世界首例异体阴茎移植手术，接受手术男子因妻子拒绝其新“命根”导致严重心理问题，被迫忍痛割掉新接上的阴茎。

这件事如果报道属实，那换头术所面临的伦理问题恐怕比它还大，因为不仅接受捐赠的人要考虑家人的感受，捐赠者的家人恐怕在此时也会有巨大心理负担。在伦理上，婚姻关系意味着彼此拥有对方身体的“排他享用权”，如果换头术成功，意味着捐赠者的身体将继续被人享用，只不过享用人不再是其原来的配偶。这样产生的第一个问题就是：在你决定要捐赠自己的躯体时，是否必须得到配偶的同意？此时，配偶需要想一想，能不能接受自己爱人的身体在今后继续去抚慰另一个人，不再“属于”自己？

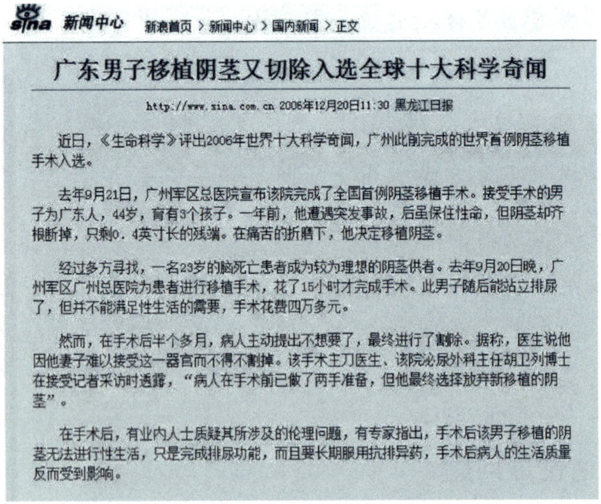
sina 新闻中心 新浪首页 > 新闻中心 > 国内新闻 > 正文

广东男子移植阴茎又切除入选全球十大科学奇闻

http://www.sina.com.cn 2006年12月20日11:30 黑龙江日报

近日，《生命科学》评出2006年世界十大科学奇闻，广州此前完成的世界首例阴茎移植手术入选。

去年9月21日，广州军区总医院宣布该院完成了全国首例阴茎移植手术。接受手术的男子为广东人，44岁，育有3个孩子。一年前，他遭遇突发事故，后虽保住性命，但阴茎却齐根断掉，只剩0.4英寸长的残端。在痛苦的折磨下，他决定移植阴茎。

经过多方寻找，一名23岁的脑死亡患者成为较为理想的阴茎供者。去年9月20日晚，广州军区广州总医院为患者进行移植手术，花了15小时才完成手术。此男子随后能站立排尿了，但并不能满足性生活的需要，手术花费四万多元。

然而，在手术后半个多月，病人主动提出不想要了，最终进行了割除。据称，医生说他因他妻子难以接受这一器官而不得不割掉。该手术主刀医生、该院泌尿外科主任胡卫列博士在接受记者采访时透露，“病人在手术前已做了两手准备，但他最终选择放弃新移植的阴茎”。

在手术后，有业内人士质疑其所涉及的伦理问题，有专家指出，手术后该男子移植的阴茎无法进行性生活，只是完成排尿功能，而且要长期服用抗排异药，手术后病人的生活质量反而受到影响。

图4-1　换头术新闻

四、换头之哲学问题

最后，谈谈无所不包的哲学问题。换头术的确涉及这样一个哲学问题：何谓"人"，我们如何保证自我的同一性。

最简单的状态就是报道里说的那样：A的头换到B的躯体上，这应该算是高级的"科学怪人"。那么，新组合的这个人底是A还是B？这种情况并不复杂，恐怕大多数的人还会认为他是A。

然而，下一种情况可能就复杂一些了：如果换头术取得进一步的发展，A的大脑直接移入到B的大脑中，那么手术后的这个新人到底是A还是B，抑或AB？再复杂一些的情况是：如果有朝一日，人类获取不了足够的供体，但却在电子科技上却取得了长足进步，于是A的头部被接到了一个钢铁材料做成的电子躯体上，那么A还是不是一个人？（如果你认为此时的A是人，那么传说中的美人鱼是否也应该是人？）如果科技再进一步发展，足以将大脑储存的所有信息植入到芯片上，那么当A的大脑信息芯片插入到一台电子计算机上时，这台拥有了A的全部记忆，并能像A一样思考的计算机，是不是人？

上述这些问题都涉及哲学上如何界定人的问题，细思恐极。

说句实话，我对换头术并不抱太大希望，所以我认为瓦莱里如果真的要接受换头术的话，恐怕成功可能性不大。当然，如果他真的成功了，哪怕只有一年的生命，那我都会替他感到高兴。

018　换一个角度——假如……会怎样

友：你觉得毕加索的画好看吗？

我：你指的是毕加索的那些抽象画？

友：是的。

我：那些画不是为了好看才画的。你肯定是觉得从美学上并不好看，才问这个问题。

友：对，但绘画作品不是为了视觉好看，还能是为什么呢？

我：阐述观点。

友：什么观点？

我：那可多了，并且人们的看法也不统一。我觉得他阐述的是：不同的角度的画面不能在同一角度展示，否则再好看的事物也会变得奇丑无比。

友：不太明白。

我：简单地说，同一个事物，需要站在不同角度去观察，才会看到全面的美。

……

一般来说，一篇短文只能支持一个角度，就算变换角度，也最多是同一时空背景下的不同角度。但文章还有另一个变换角度的构思方式，就是从不同的时空背景去变换角度。这也是一种万能的构思文章方法。同一个事件，在不同的主体、不同的时间、不同的空间可能会有完全不同的结果。所以，善于进行"假如……会……"的假设，对于开拓写作思路而言非常有必要。

下面几个角度是我经常用的：

假如（换一个主体）会怎样

我经常做这样的假设："假如是我，这件事情我会这样去做……"用这种假设的方式，可以构思很多文章，尤其是认为别人的做法有些不妥的时候。这种写作思路是一种很好的锻炼思维和表达的方法，不仅仅用来写作，更可以用来锻炼自己的其他能力。举个例子：

李斯特到广州开办公会，问拉拉："要是由你来做上海办这个装修项目，你会申请多少预算？"

拉拉沉思了一下，说："750万。"李斯特大吃一惊，忙问依据，拉拉分析道："上海办目前的装修风格是5年前的，这次装修新的设计估计风格会变不小，大部分间隔要重做，布线和天花板上的机电消防都要重做；上海办的家具大多已经使用8年，交换机体统使用了10年，不动还好，一动肯定出问题，这样家具和交换机都要更新；现在的面积是4500平方米，再签租约，比较可行的做法是在现有面积上多加10%的面积，综合上面几条，每平方的理论价格会达到1500元，总预算应在750万左右。"

李斯特追问工期，拉拉说："按公司操作流程，总部地产部对此类项目会参与很深，加上中间还牵涉到很多部门参与，如法律事务部、采购部、IT部、财务部。正常情况下工程本身的工期应是3个月左右，用于前期的分析和协调的时间大约是6个月。"

上面这段文字是李可的职场畅销小说《杜拉拉升职记》中的一个片段。在这段内容中，杜拉拉表现出了很专业的能力，分析得头头是道。但如果我问一个问题："假如你是杜拉拉，你会怎样回答这个问题呢？能不能比她做得更好呢？"

我觉得，杜拉拉的回答缺了两个内容——在提出了自己的观点，并给出了充分的理由之后，还应该在此基础上提出相应的建议，以及自己的建议中存在的风险。也就是说，我认为一个完整的回答应当包括四部分内容：观点、理由、建议、风险评估。而杜拉拉只说了前面两部分，后面的建议和风险评估并没有提及，这是她不足的地方。我们完全可以就这个问题写一篇文章。

就是这样的"假如"练习，不仅开拓写作的思路，更能锻炼我们的思维。

假如（换一个时间）会怎样

穿越剧之所以那么受欢迎，就是因为它借用了时间的概念。我们也可以像穿越剧一样，借用时间的概念去构思文章。

"假如包青天穿越到今天，他能成为一名优秀的法官吗？"这是一个很有意思的问题。因为我认为，包大人十分不注重人权保障，并且有些做法也谈不上铁面无私。比如，他曾经在上任途中遭遇船夫高额索取渡船费，结果等上任之后，他就把那个黑心的船夫用大锅烹了。这故事听着解气，但从现代司法的角度，显然是滥用职权，徇私枉法。

同样的事情，在不同的时间发生，效果和评价完全不同，这种不同点吸引眼球，也引发思考。

假如（换一个空间）会怎样

和时间相对的是空间。不同的事件在不同的空间发生，结果也可能有很大不同。尤其对于法律事件而言，由于不同国度的法律制度不同，同一个事件在不同的地方的法律处遇相差很大，这种差异本身就值得研究。

比如，同样是嫖娼行为，在我国是违法行为，在某些国家就是合法行为，在某些国家的某些地区是合法的，但在其他地区就是违法的。再如，同样是种植罂粟的行为，在我国是制造毒品的犯罪行为，但在有些国家却是受政府保护的生产行为……为什么会出现这种差异，有什么背后的原因，这些内容都可以写成文章。

很多热点事件可以用这样的思路去写评论文章。并且这是一个很好的宣传法治的机会。比如，周立波因涉枪犯罪被抓后没几天就见到了法官，但这在我国是不可能的，因为我国的刑事诉讼制度和美国不同——我们采用"阶段论"模式，公安机关、检察机关、审判机关在前后三个诉讼节点上，使用相同的标准判断同一个案件，如果三个主体对同一个案件所做的判断是相同的，那么这个案件就是铁案；如果后一主体的判断和前一个主体的判断不同，那么它可以纠正前一阶段的错误。这种模式下，犯罪嫌疑人会在诉讼的最后阶段才见到法官，但这并不意味着他的司法处遇更不公平，只是诉讼模式不同罢了。

"假如……会……"是我最常使用的文章构思方式，我用这种方式写了不少我认为还比较有意思的文章。下面是两篇用这种思路构思的文章，供大家参考。

被告人说"公狗上母狗，不算犯罪"，如何应对

赵 鹏 张 洋

1999年4月14日，当年刚满18周岁（日本法律规定20岁为成年，故18岁属于未成年人）的被告人福田孝行乔装成排水管检查工人，进入被害人本村弥生（女，殁年21岁）的家中，先将被害人掐死，后又对其尸体奸淫。随后，福田又用绳子将被害人仅11个月大的女儿勒死。和大多数凶残的命案被告人一样，福田孝行对自己的犯罪行为丝毫没有悔意。检察官当庭宣读的被告人案发后写给他人的信件中有这样一句话：

"不过就是一只公狗走在路上，碰巧遇到一只可爱的母狗，公狗自然而然地就骑上去了……这样也有罪吗？！"

就在所有人都对被告人的这句话感到惊诧无比的时候，由民间自愿组成的辩护团（21人）又在法庭上针对检方指控的福田杀害被害人、奸污被害人尸体以及杀害被害人女儿这三个行为发表了一系列骇人听闻的辩护观点。我们来看一下这些难以让人接受的观点：

"被告人福田的母亲是自杀身亡，被告因为渴望母爱，希望被母亲拥抱的欲望过于强烈，才会在见到被害人时情不自禁地抱紧被害人，最后造成被害人死亡的遗憾。被告人并非是强奸目的而侵入民宅，而是想求取失去的母爱。"

"被告人福田认为，只要将精子送入被害人的体内，被害人就会起死回生。所以死后对遗体的性行为并非侮辱遗体，而是一种起死回生的仪式。"

"被告人福田用绳索勒毙小妹妹也不是心存杀意。因为夕夏妹妹一直哭泣，福田被告想让其停止哭泣，所以在她的脖子上绑上蝴蝶结而已。"

　　我想，没有人会认为福田及其辩护人在法庭上所提出的观点是正常的，他们都在使用及其低劣的诡辩术。这种诡辩虽然不会为被告人带来实质的好处，但却绝对可以难住法庭上的公诉人——想要迅速、有力并且不失法庭礼节及公诉人应有风度的回应这些辩解，并非易事。

　　但是我很喜欢研究这种诡辩的应对，因为我们保不齐哪个被告人或者辩护人会使用这种方法。所以平时做一下这样的训练还是有好处的。

　　对上面这几个诡辩观点，我和我的助理张洋都依次回答了一遍。我和他的思路是完全不同的，这种思路上的不同没有好坏之分，只是体现每个人的思维方式不同。

● **张洋的应对**

　　张洋上学的时候是人民大学的辩论队的优秀辩手，他喜欢直接面对问题，破解诡辩。所以他对诡辩的应对基本上遵循两个思路：要么正向反驳，即正面指出对方逻辑或事实中存在的漏洞；要么逆向反驳（归谬），即沿着对方的逻辑思路进行扩展和放大，得出明显无法被常人接受的结论，让对方观点不攻自破。下面是他对这几个问题的应对：

　　1. 公狗母狗诡辩

　　被告人："不过就是一只公狗走在路上，碰巧遇到一只可爱的母狗，公狗自然而然地就骑上去了……这样也有罪吗？！"

　　张洋：按照被告人的逻辑，强奸就是简单的公狗遇见了母狗的本能反应，那么抢劫就是动物见到食物的本能反应，伤害就是动物争夺配偶或地盘的本能反应，所有的犯罪行为都可以简单地用动物性来开脱，那人和动物的区别又在哪？我们只需自然法则即可，又为什么制定法律？

2. 起死回生诡辩

辩护人："被告人福田认为，只要将精子送入被害人的体内，被害人就会起死回生。所以死后对遗体的性行为并非侮辱遗体，而是一种起死回生的仪式。"

张洋：本案被告人虽未成年，但已满18周岁，心智发育已趋于成熟，对人死不能复生等基本常识应当有概念和认知，如果依照辩护人的逻辑，那么在被告人的世界里，就不应该存在死人，因为死人都可以通过向体内注入精子的方式复活，那么被告人最应该去的地方明显不是被害人家里，而是医院的太平间。

3. 系蝴蝶结诡辩

辩护人："被告人福田用绳索勒毙小妹妹也不是心存杀意。因为夕夏妹妹一直哭泣，福田被告想让其停止哭泣，所以在她的脖子上绑上蝴蝶结而已。"

张洋：首先，如果想让孩子停止哭，肯定是堵住嘴，不可能在脖子的位置采取措施；其次，如果单纯想扎蝴蝶结，一个装饰性的处理，力度也绝不会大到勒死被害人。

● **我的应对**

从张洋对三段诡辩的应对方式看，他受过规范的辩论训练，也是一个很认真的人。但他的这种训练不是我给的。我应对诡辩的思路完全不同，因为我不太善于现场组织复杂的逻辑回应。所以在面对诡辩时，我的做法通常都是：换个方式把自己的观点再说一遍——不进入对方的话题，仅仅在己方的立场上换一种表达方式把指控观点重申。

这样比较稳妥又不怎么费脑子，下面是我的回应方式：

1. 公狗母狗诡辩

被告人："不过就是一只公狗走在路上，碰巧遇到一只可爱的母狗，公狗自然而然地就骑上去了……这样也有罪吗？！"

赵鹏：法律当然不处罚狗，但一定会处罚按狗的思维实施犯罪的人。

2. 起死回生诡辩

辩护人："被告人福田认为，只要将精子送入被害人的体内，被害人就会起死回生。所以死后对遗体的性行为并非侮辱遗体，而是一种起死回生的仪式。"

赵鹏：奸污尸体是为起死回生，恐怕全世界只有辩护人相信这一点。

3. 系蝴蝶结诡辩

辩护人："被告人福田用绳索勒毙小妹妹也不是心存杀意。因为夕夏妹妹一直哭泣，福田被告想让其停止哭泣，所以在她的脖子上绑上蝴蝶结而已。"

赵鹏：为了停止婴儿哭泣而用绳子在其颈部打结，致命的死结在辩护人眼中成了美丽的蝴蝶结，对这种独特的审美我不做评价，但它绝不可能否定福田显而易见的杀意！

我和张洋回应的差别就是，他始终在反驳，而我始终在重申。还是那句话：方式只体现思维差异，但并无好坏之分。

由于被告人福田作案时尚未成年，一审、二审法院均对其判处了无期徒刑。面对这样的结果，被害人的丈夫本村洋及办理案件的检察官都表示难以接受，经过他们的不懈努力，该案最终在最高裁判所（最高法院）得到改判，被告人福田孝行最终被判处死刑，他也由此成为了日本现代第一个被判处死刑的未成年人。

留学生绑虐同胞，回国刑恐更重

赵 鹏

2016年2月17日，在中美两国华人圈中引起轰动的洛杉矶中国留学生绑架凌虐同胞案宣判。该案3名被告人与被害人均系中国女性留学生，案发之前因琐事引发矛盾，3被告人起意对被害人进行报复。2015年3月，3被告人纠集多人（至少6人以上）将被害人用汽车强行载至某公园后，在该公园内对被害人进行肉体及精神折磨。其间，3被告人与其他被纠集者共同或分别实施了扒光被害人衣裤并将衣裤扔到垃圾箱里，向被害人身上泼冷水，用烟头烫其乳头及臀部，用高跟鞋猛踢被害人头部并把鞋脱下来殴打其全身，强迫被害人吃沙土并将其埋到沙土中等行为。上述过程持续5小时，导致被害人全身多处软组织损伤。

根据判决结果，3名主犯被判处6年到13年的监禁，刑满后将被驱逐出境。

自该案被曝光以来，很多人将中美两国法律进行比较，有观点认为如果该案发生在中国境内，则无法对施暴者处以刑罚。这一问题涉及以下三方面内容：

1. 中国司法机关对该案有无刑事管辖权？

2. 依据中国刑法，被告人行为如何处理？

3. 已在国外服刑，能否免于再次被判？

我认为，3名被告人服刑完毕，被驱逐出出美后，在理论上仍有可能因此案被我国法院处以更重的刑罚。

一、我国刑法对该3名被告有刑事管辖权

《刑法》第7条：中华人民共和国公民在中华人民共和国领域外犯

本法规定之罪的，适用本法，但是按照本法规定的最高刑为三年以下有期徒刑的，可以不追究。

如上法条，无需多解释。3被告人均属中国公民，即使身在境外，只要所实施的行为符合我国刑法规定，即可被追究；即使所犯之罪依据我国法律规定最高刑在三年以下，依法也只是"可以"不予追究，而非"应当"不予追究。

二、被告人的行为依法应负刑事责任

为方便阐述，我仅针对第一被告人的行为展开讨论，该人因绑架罪、严重人身伤害罪、攻击罪以及使用暴力工具攻击罪4罪，被判13年监禁。

我认为，该被告人的行为触犯了我国《刑法》第237条、第238条，构成强制猥亵、侮辱妇女罪以及非法拘禁罪，应当以强制猥亵、侮辱妇女罪定罪处罚。

1. 被告人的行为构成强制猥亵、侮辱妇女罪

《刑法》第237条：以暴力、胁迫或者其他方法强制猥亵、侮辱妇女的，处五年以下有期徒刑或者拘役。聚众或者在公共场所当众犯前款罪的，或者有其他恶劣情节的，处五年以上有期徒刑。

对上述法条说明三点：其一，条文并未限定犯罪主体，故即使是女性，也能够成为强制猥亵、侮辱妇女罪的直接正犯、间接正犯或者狭义共犯；其二，对该罪中"猥亵""侮辱"的含义，学术界尚存争议，我认为二行为并无本质差异，任何侵害妇女性羞耻心的行为均可认定为该罪中的"猥亵""侮辱"行为；其三，"聚众"在实践中一般指纠集3人以上，"公共场所"指允许不特定多数人出入之场所，

"公然"的含义有争议，我认为只要有第三人在场，即可认定。

据此，被告人将被害人强行带至公园，并在该地使用暴力对被害人进行殴打，并强行扒光被害人衣裤、用烟头烫其隐私部位等行为，严重侵害了被害人的性羞耻心及人格尊严，完全符合强制猥亵、侮辱妇女罪的犯罪构成要件。

并且，被告人纠集多人在公园内共同对被害人实施强制猥亵、侮辱行为，其情节既属于"聚众"，又属于"在公共场所当众"，对被告人依法应判处5年以上有期徒刑。

2. 被告人的行为还构成非法拘禁罪

《刑法》第238条：非法拘禁他人或者以其他方法非法剥夺他人人身自由的，处三年以下有期徒刑、拘役、管制或者剥夺政治权利。具有殴打、侮辱情节的从重处罚。

另根据最高人民检察院《关于渎职侵权犯罪案件立案标准的规定》，下列情形之一的，应予立案：（1）非法剥夺他人人身自由24小时以上的；（2）非法剥夺他人人身自由，并使用械具或者捆绑等恶劣手段，或者实施殴打、侮辱、虐待行为的……

对上述法条及解释说明一点：刑法条文并未规定非法拘禁他人多久构成该罪，实践中一般参照最高人民检察院关于渎职侵权犯罪立案标准的规定，在没有其他情节的情况下，以24小时为立案追诉标准。

据此，被告人非法剥夺被害人人身自由5小时，但其间对被害人有暴力殴打及侮辱行为，故被告人行为符合追诉标准，构成非法拘禁罪，应当判处3年以下有期徒刑、拘役、管制或者剥夺政治权利。

3. 对被告人的行为应从一重罪论处

被告人的一系列行为同时符合强制猥亵、侮辱妇女罪以及非法拘禁罪的犯罪构成，但行为之间有重合、牵连之处，若对二罪均予认定，有重复评价之嫌，故应当选择处罚较重的强制猥亵、侮辱妇女罪对被告人判处5年以上有期徒刑。

《刑法》第45条：有期徒刑的期限，除本法第五十条、第六十九条规定外，为六个月以上十五年以下。

结合上述规定，被告人犯强制猥亵、侮辱妇女罪，应对其判处5年以上15年以下有期徒刑。

三、尽管在外已受刑罚，仍可再被我国追究

《刑法》第10条：凡在中华人民共和国领域外犯罪，依照本法应负刑事责任的，虽然经过外国审判，仍然可以依照本法追究，但是在外国已经受过刑罚处罚的，可以免除或者减轻处罚。

如上条文，我国刑法对域外刑事判决采取消极承认态度。因此，被告人服刑完毕被驱逐出美后，仍可依照我国刑法，对其强制猥亵、侮辱妇女的行为追究刑事责任，其已经受过外国刑罚处罚的情节不必然导致对其免除或者减轻处罚的结果。

综上，被告人在美服刑结束后，在理论上仍然可以依据我国法律对其判处5年至15年的有期徒刑，这一处罚可能重于其现在被判处的13年监禁。当然，是否会被追究以及追究程度，司法机关有权裁量。

019　把无关的连在一起，再解释诧异

同：你不觉得现在的自媒体，越来越多的标题党了吗？

我：是的啊。

同：我最烦这些标题党了，骗我点进去，结果是空洞的文章。

我：我也不喜欢，但有一种标题党的标题思路可以用来构思出不错的文章。

同：哪一种标题思路？

我：标题把风马牛不相及的事情联系在一起，让人产生诧异，然后用文章去解释它们之间的联系。运用得当的话，是一个很不错的文章构思方式。

……

我们经常有这样题目的文章：《她美貌无比，但却被新郎遗弃》《她生下了孩子，结果住进了监狱》《他无微不至，最终被女友捅了37刀》……

你看到这种标题后什么感觉？应该有点进去看的冲动，对吧，这是正常的反应。因为美貌的人不应该被遗弃，生孩子和进监狱也没有必然联系，无微不至的人被捅37刀是难以想象的，这些都是我们的正常生活逻辑。当我们看到这种反生活逻辑的标题时会诧异，然后想知道原委。

一般来说，这种文章看完后不会给你太多的印象，因为它们很可能就是标题党的策略。但是也不完全如此。有些文章却是把这些看似

不相关的事物之间的关联找了出来。如果是这样的文章，那么它不仅有个博眼球的标题，还有很不错的构思。我在这章里要说的就是这种文章构思方法。

简单地说，这种方法就是把事件中某些因素之间独特的逻辑关系找出来，让看似不可思议的、反生活常识的事情能够得到理解。这种情况在很多事件中都存在，因为决定事物发展方向的因素往往不是那些显而易见的、浮于生活表面的东西。真正影响事件发生、发展的因素有时候恰恰是被人忽略掉的。比如，我在前面的篇章中提到过的，口香糖销量的下滑的重要原因之一竟然是智能手机的普及。

文章是思维的体现。这种在看似不相关联的因素中寻找因果关系的做法从本质上说是一种思维方式，随后的文章只不过是思维的外化成果而已。

在使用这种方法构思文章时，请注意不要把确实无关联的因素强加因果关系，那样要么会显得文章牵强，要么会让读者认为你是标题党。

下面是一篇方圆公号的约稿，我用的就是这种差异解释的构思方法：

杀了一条狗，被判犯有杀人罪

赵　鹏

杀了一只狗，被判故意杀人罪。这是我国某基层法院的一个真实案例。在这个案例中，既有刑法理论上关于犯罪预备的解读，又有司法实践中关于庭前证据采信的原则，还有争议很大的自动投案认定问题。因此，此案绝对值得我们关注并将其中的法律问题一一细数。

一、案情回放

根据一审判决审查查明的事实以及相关报道，被告人杨某是一个有过两次犯罪前科的43岁贵州籍男子，前两次犯罪都是因盗窃罪被判处了有期徒刑。2015年被刑满释放后，杨某交往了一个同居女友陈某。但是不久，杨某就开始怀疑女友劈腿，于是对"情敌"吴某怀恨在心。

2015年5月6日晚9时许，杨某携尖刀到吴某位于龙湾永兴街道一厂房内的住处，准备伺机杀死吴某，然后自杀。但吴某当时不在家中，于是杨某给吴某打了电话，得知吴某身处外地后，杨某对吴某威胁一通后准备离开，岂料在下楼时被一只狗咬了一口，气急败坏的杨某便随即把狗掐死。

随后，杨某用刀将狗头砍下，放置在吴某的床上，并留下字条贴在墙上："你跟狗一样""杀不（了）你，不代表一辈子杀不（了）你""我老婆不是好勾引的，要生命代价"。此后，杨某还多次发威胁短信给吴某，要求处理他们两人之间的纠纷："那（天）晚上狗替（你）死，不知下次你有没有这么好的运气""早晚要面对，朵（躲）了一时朵（躲）不一世的，跑了和尚跑不了庙""陪你玩，要你跟那个死狗一样，就算你童强（铜墙）铁壁我一样杀得了你"。

只是，无论杨某怎么威胁，吴某就是不现身。于是，杨某竟然想出了一个办法：报警。

二、诉讼进程

2015年8月31日，杨某来到龙湾公安分局永兴派出所，要求公安机关处理他和陈某、吴某之间的感情纠纷。但他不知道的是，吴某早在5月6日杨某把狗头放到他床上并打电话威胁他时，就已经向警方报案了。于是，杨某当场被民警抓获归案，并承认自己因感情纠纷于2015年5月6日准备杀死吴某后再自杀。

2016年5月10日，龙湾区人民检察院以故意杀人罪，对杨某提起公诉。开庭时，杨某推翻了之前的有罪供述："我主观上没有杀人故意，写纸条、发短信，都是为了吓唬对方。在侦查阶段所做的认罪供述，是在万念俱灰的情况下乱说的。"

龙湾法院审理后认为："经过调查，杨某在侦查阶段多次稳定供述其欲杀害吴某，其留下的字条和发送的短信，也能证实其具有剥夺他人生命的主观故意，而且多项证人证言和证据之间能相互印证，足以认定其剥夺他人生命的主观故意。杨某的辩解意见，不予采信。杨某为剥夺他人生命，准备工具、制造条件，其行为已构成故意杀人罪，属犯罪预备。杨某有前科，仍不思悔改，再次犯罪，酌情予以从重处罚，但此次属犯罪预备，依法可以比照既遂犯从轻、减轻处罚。"据此，法院一审判决杨某犯故意杀人罪，判处拘役5个月。

三、法律问题

1. 什么叫作犯罪预备？

法院判决书认定，杨某属于"犯罪预备"，这是本案适用法律的关键，需要简单说明一下。

一般认为，犯罪形态分为准备阶段、实施阶段和完成阶段。行为人为了犯罪准备工具、制造条件时，是准备阶段，此时叫作"犯罪预备"，诸如准备犯罪所用工具、到犯罪现场"踩点"、尾随被害人等行为都属于犯罪预备；行为人着手实施犯罪行为到犯罪结果发生前，属于实施阶段，此时由于犯罪行为已经开始实施，如果犯罪得逞，属于既遂，未能得逞属于未遂。

举个例子，行为人意欲杀人，为此开始准备尖刀，并尾随被害人时，属于为犯罪准备工具、制造条件，此时行为人处于犯罪预备的阶段；行为人开始用刀刺扎被害人的行为，属于着手实施犯罪行为，此时行为人已经进入犯罪实施阶段。

在犯罪预备阶段，尽管行为人没有实施犯罪行为，但不等于没有实施任何行为——诸如准备工具、熟悉作案地点、尾随被害人等行为都是具体的行为，并且这些行为都对行为人意欲实施的犯罪行为起着重要的铺垫作用，因此，仍然具有社会危害性。是故，犯罪预备也要承担刑事责任。当然，由于犯罪预备毕竟没有对法益造成实质侵害，故而可以从轻、减轻或者免除处罚。

2. 杨某为何会被判刑？

基于上述报道的事实，我认为，杨某可能触犯的罪名有两个：

其一，故意杀人罪。正如法院判决书所认定，杨某的行为构成故意杀人罪，属于犯罪预备。首先，杨某客观上实施了为了杀人准备刀具，并前往被害人吴某家中的行为，这属于为杀人行为进行准备、铺垫的行为，是预备行为。其次，杨某主观上具有杀害吴某的故意，其动机是出于泄私愤。需要说明的是，对于犯罪预备，依法可以免于处罚，实践中也经常有不按犯罪处理的情况。但杨某被提起公诉并被判处有罪，是因位其此后还多次用贴纸条、发信息的方式威胁吴某，这些行为反映其主观恶性较大，人身危险性较高。因此，法院对杨某从轻、减轻处罚但未免除处罚，是合理的。

其二，非法侵入住宅罪。我认为，杨某在得知王某未在家中后，进入吴某家中，将之前杀死的狗头放在吴某家中并贴纸条对吴某威胁的行为，还构成非法侵入住宅罪。在司法实践中，非法侵入住宅罪的行为只有达到了情节较为严重时，才会被按犯罪处理。我认为，杨某将动物尸首放置在他人床上，并在墙上贴纸条对他人人身安全进行威胁的行为，已经严重侵犯了他人居住场所的安宁，属于情节严重，其行为构成非法侵入住宅罪。然而法院判决并没有认定杨某构成该罪，个人认为可能是出于以下两个原因：其一，吴某居住的地方属于工厂的职工宿舍，不属于刑法上的"户"，故而不符合该罪的犯罪构成要件；其二，法院认为非法侵入住宅的行为被故意杀人行为所吸收，故而按照处罚较重的故意杀人罪一罪处理。

3. 当庭翻供为何没用？

一个值得注意的证据问题是，被告人杨某当庭推翻了原来的有罪供认，辩称其没有故意杀死吴某的意图，只是想吓唬对方，但这一辩解没有被法庭采纳。

在刑事案件（尤其是命案）中，被告人翻供并非罕见之事，庭前有罪供述在认定犯罪事实上的作用不容忽视。然而如何判断有罪供述的真实性？很多国家通过在诉讼法中确立"自白任意性"规则以解决这一问题。即只要确认被告人庭前有罪供述系出于自愿做出的，便判定该供述具有"任意性"，进而直接确认该供述的真实性。我国虽未确立"自白任意性规则"，但相关司法解释也对庭前有罪供述的采纳进行了规定。一般而言，如果不存在非法取证的情况，且被告人庭前有罪供述能够得到其他证据的印证，则该有罪供述可以采纳。

4. 有无其他量刑情节？

我认为，本案有两个值得注意的量刑情节问题。

其一，杨某是否属于自动投案？本案被告人杨某前往派出所的行为确实属于自愿，但是否构成自动投案还要看其有无投案的意思表示。但报道对这部分事实并不很清晰，我们分情况讨论一下：如果杨某到派出所后，在要求警方调解其与吴某关系的同时，将自己意欲杀害吴某的事情亦向警方说明，则其行为属于自动投案；但如果杨某到派出所后，仅仅要求警方出面调解其与吴某间的纠纷，则不能认为其具有投案意思，不成立自动投案。

其二，杨某是否属于累犯？我国《刑法》第65条规定：被判处有期徒刑以上刑罚的犯罪分子，刑罚执行完毕或者赦免以后，在5年以内再犯应当判处有期徒刑以上刑罚之罪的，是累犯，应当从重处罚，但是过失犯罪除外。本案中杨某曾因故意犯罪被判处有期徒刑，刑罚执行完毕后5年内又故意犯罪。但因其最终被判处拘役，故不构成累犯。

020 发挥专业优势——××是犯罪吗

我：我今天的推送您看了没？

妈：早上我听你电话里跟谁说要发一个专业的文章，所以我就没看。

我：为什么不看？专业文章也挺有意思的啊。

妈：你那几个套路我已经知道了，要是专业文章，八成就是"××是犯罪吗"。

我：你说的不对。应该说四成是"××是犯罪吗"，另外四成是"××一定是犯罪吗"，合起来是八成。

……

法律人是很难把生活和工作分开的，尤其是做刑事法律工作的。所以遇到某个事件后，第一反应就是"这件事是犯罪吗"。

不过，这也恰恰是法律文章的大众卖点。因为很多看似没那么严重的行为，确实是触犯刑法的行为。从这一角度讲，写这种类型的文章还能起到普法的作用。

比如，前面一篇我引用了一篇自己写的约稿文章，文章的核心卖点是"杀了一条狗会不会被判处故意杀人罪"，我们可以把范围再扩展一些——杀狗是犯罪吗？这个问题看上去简单，但回答起来没那么容易。首先，如果行为人是以杀狗的目的而实施了杀狗的行为，那如果被杀害的狗有主人，且狗的价值不菲（如纯种狗或者得过奖的狗），那行为人的行为可能构成故意毁坏公私财物罪；如果被杀害的狗是野生动物，且属于国家珍贵、濒危的保护动物，则行为人的行为可以构成猎杀国家珍贵、濒危野生动物罪。其次，如果行为人是以杀人的目的错杀了狗，则行为人的行为可能构成故意杀人罪（未遂）。可见，很多事情不能想当然，杀狗有可能犯罪，这就是文章的意义。

当然，这种思路还有一种"配套"的相反方式，即"什么什么一定是犯罪吗"和上面的"什么什么是犯罪吗"不同的是，这种思路是对那些看上去明显是犯罪的行为进行质疑，去揭示例外的情况。比如说，把一架正在飞行中的坐满了乘客的飞机击落下来，导致数百人死亡的行为一定是犯罪行为吗？这个问题同样不好回答，如果这架飞机当时已被恐怖分子劫持，将要撞击潜在被害人人数更多的居民楼，在这种情况下一名士兵为了拯救更多的人，擅自将这架飞机击落下来，他的行为一定是犯罪吗？有没有可能不认定他的行为构成犯罪呢？这是一个存在很大争议的问题，即使是在"9·11"之后，这种行为是否构成犯罪仍然有不小的争议。

这种构思文章的方式很适合写影视评论。对于那些正在热映的影片，大家往往更关注情节的发展，而不太在意可能存在的犯罪问题。这时候如果我们把这些问题指出来，那既吸引眼球又有普法的作用。更重要的是，很多影视作品因为夸张程度较大，其涉及的法律问题往往比现实生活中的事件更多、更广。

《云中行走》是我近年来看过的还不错的片子，影片讲述了这样一个故事：一个非杂技演员但对走钢丝有特殊偏好的法国无业男青年，某日突发奇想打算在100层高的纽约双子座世贸大楼（就是拉登看中的那个建筑）之间拉一根钢丝，然后不系安全带地在上面行走，他认为这是行为艺术，自己是艺术家。显然，他需要帮手，并最终赢得了几个人的帮助——有教他架钢丝的，有为他买工具的，有帮他扛设备的，有给他布现场的，有协助引开保安注意的，还有用身体和爱给他激励的……最终他成功了，当然也被抓了。不知道起诉的罪名是什么，反正法官判他再走一次——在公园里离地面3米高的钢丝上表演给孩子们看。

现在我们不去讨论这个艺术家的行为性质，单说那几个帮手：假如艺术家失败了（被风吹走了、被鸟啄了下眼睛掉下去了、走着走着突然觉得人生不过如此跳下去了断残生，凡此种种），那些帮助他拉钢丝、摆现场、提供慰藉的死党们是否构成犯罪呢？生套构成要件的话，恐怕是构成的。客观上用行为或者精神帮助艺术家实施了一个高度危险的行为，这种行为与杂技那种有安全保障的职业行为完全不同，是法律不允许的高危险行为；主观上明知自己的帮助行为可能导致艺术家死亡的结果，但是出于各种动机，放任结果发生（或者至少是相信艺术家的水平和运气而选择性地认为他不会是个倒霉蛋）。主客观相统一，那些死党要么构成（间接）故意杀人罪，要么构成过失致人死亡罪，反正不能什么事儿都没有。但如果说这些人不构成犯罪，那么哪个理论可以帮忙？我能想到的是"自陷危险"。这个理论有点复杂，放到影片中的语境中，就是说当一个人基于自己的意愿参与到别人设置的风险中，或者让别人为自己设置一个风险，然后主动陷入其中，之后又因为这个风险而伤亡，那么他应该对自己的损害结果承担全部责任。通俗点说，就是"自己作，自己扛，别拉别人当陪葬"。不过自陷危险是有条件的。首先，行为人必须明确地知道风险的全部内容；其次，行为人必须支配着风险现实化的进程；最后，行为人必须基于自愿，而没有收到强迫。三个条件，缺一不可。影片中的主人公就符合上述三点：全程设计风险，自己走上钢丝，就算掉下去死了，也是自己负全责。以上，我们的文章思路就出来了。

总之，"什么什么是犯罪吗"和"什么什么一定是犯罪吗"都是很不错的构思方法，都能写出不错的普法文章或评论文章。下面，我对这两种构思方式各举一例。

若真有美人鱼，捕杀它们犯罪吗

赵　鹏

关于美人鱼的电影有很多，绝大多数讲的都是人和人鱼相恋的故事。不过讨论捕杀人鱼是否犯罪的想法，确实是在看周星驰这部片子时产生的。因为该片有个与以往人鱼电影不同的情节——不止一个人鱼，且好多非主角人鱼被掉钱眼儿里的白富美，以及神叨叨的科学疯子捕杀了。

我知道有人会说这个话题没讨论必要，因为美人鱼只是传说。我回应两点：首先，你怎么知道美人鱼不存在？彻查过海底多少万里，还是询问过造物主？没见过不等于不存在。其次，就算真的不存在，世界上肯定有人类尚未发现的物种，这些物种至今未进入我们的科学知识体系，我可以用"美人鱼"泛指那些尚未被发现，但极为稀少甚至濒危的物种。

对象确定完，我还要确定具体的情景。首先，我讨论的是非国家行为——国家行为的价值总是不同寻常的，比如，国家挖掘古墓叫"考古"，个人挖掘叫"盗掘古墓葬"；其次，我讨论的是明知情形下的故意行为，不明知以及过失行为不在讨论范围。可见，影片中"白富美"的行为完全符合我的情景：明知是人类尚未发现的濒危物种，而对其猎捕或杀害——构成犯罪吗？

这种行为有可能涉及的罪名大家并不陌生，它在2014年因一则名为"大学生掏鸟获刑十年"的新闻而被广为关注，即"非法猎捕、杀害珍贵、濒危野生动物罪"。何谓"珍贵、濒危野生动物"？司法解释的原文是"包括列入国家重点保护野生动物名录的国家一、二级保护野生动物、列入《濒危野生动植物种国际贸易公约》附录一、附录二的野生动物及驯养繁殖的上述物种。"

问题来了。"掏鸟案"之所以被认定为非法猎捕珍贵、濒危野生动物罪，是因为行为人所猎捕的"燕隼"被上述"名录"列为国家二级保护野生动物。但无论是国家的名录，还是国际的公约，都只能列已知物种，"美人鱼"（或未知物种）就算客观上再珍贵、再濒危，在没被人类发现前也不可能写入名录。猎捕、杀害它们构成非法猎捕、杀害珍贵、濒危野生动物罪吗？

这个问题很纠结，但纠结的原因恐怕更多的是对美人鱼的感情因素，毕竟绝大多数人在心里都认为美人鱼就是人（甚至是神仙）。摒除这种感情因素，该问题涉及的唯一一个刑法障碍就是罪刑法定原则——哪怕一个行为再恶劣，只要刑法没有明文规定，就不能认定其构成犯罪，否则将使得国民丧失对行为后果的预测可能。罪刑法定原则是现代法治的基本原则之一。

不过我觉得，定罪也不是一点理由没有。我能想到的理由是：司法解释规定"珍贵、濒危野生动物，包括……"，用词是"包括"，而不是"是指"，包括有两种解释，一是包含，二是总括，如果理解为"包含"，则并不排除没有被写入名录，但同样珍贵、濒危的物种；所以，白富美的行为认定为该罪不违反司法解释的规定。当然，这个理由太矫情，能算诡辩了，你说呢？

最后说点观影感想吧：挺不错的电影，值得一看；只是我觉得，女主角的尾巴还能更好看一点，比如，向人鱼奶奶那样的；不过，我还是喜欢红色尾巴的美人鱼，可能小时候看的第一部人鱼电影中，女主角的尾巴就是红色的。

刑讯逼供有可能是合法的行为吗

赵 鹏

恐怖分子在城市的某些地方安装了足以毁灭整个城市的小型原子弹，然后被警方抓获。恐怖分子拒绝说出炸弹安放位置，警方的寻找如同大海捞针。炸弹很快就会爆炸，城市危在旦夕，唯一消除危险的方法就是恐怖分子亲自说出安放炸弹的地点，然后警方立即拆除。但是，恐怖分子决心与城市同归于尽。此时，政府能对恐怖分子刑讯逼供吗？

这是影片《战略特勤组》讲述的故事。2010年上映的片子，现在仍然记忆犹新。因为影片不仅在讲故事，更让人思考一个问题——有没有合法的刑讯逼供？

我知道肯定有人会说"No"。影片中的FBI反恐女探员就是如此，她希望使用心理战术感化恐怖分子，让他说出炸弹位置，但她不仅没有成功，反而中了圈套，让几十名警察丧了命。然而她依然反对刑讯，当听到"如果炸弹爆炸，我们都会死，你的孩子、父母、爱人也会死"时，她哭着说出了最经典的一句台词："那就让它炸吧！"

反对者的理由很简单：打人是违法的，国家不能做出违法行为，不能因为恐怖分子做了违法的事情，国家就对他做违法的事情。

　　我相信肯定也会有人说"Yes，of course！"影片中由塞缪尔·杰克逊扮演的受政府和军方指派参与审讯的谈判专家就是如此，他不顾其他人反对，对恐怖分子进行了残酷的刑讯，场面惨不忍睹。

　　赞成者的理由应该也比较多，但我要讨论的是有无"合法"的刑讯逼供。所以，必须在法律和法理上找到依据。

　　我能想到的理论是正当防卫。"为了使国家、公共利益、本人或者他人的人身、财产和其他权利免受正在进行的不法侵害，而采取的制止不法侵害的行为，对不法侵害人造成损害的，属于正当防卫，不负刑事责任。"

　　正当防卫针对的是正在进行中的不法侵害，不法侵害既可以是积极的"作为"，也可以是消极的"不作为"。影片中，恐怖分子安装炸弹的行为属于积极的"作为"；安放成功后，虽然"作为"停止，但其先前行为给社会造成的现实、紧迫危险仍然存在，因此，他有解除这种危险的义务——亲自摘除炸弹或者告知安装位置以便警方摘除；恐怖分子拒不说出炸弹位置的行为属于消极的"不作为"，这使得现实、紧迫的危险没有被消除，故而这种"不作为"也属于正在进行中不法侵害。既然不法侵害正在进行中，那么包括警方在内的人就可对他实施伤害行为，直到不法侵害结束——恐怖分子说出炸弹的安放位置。

　　如果上述观点能够成立，那么在影片中的情形下，代表政府的谈判专家对恐怖分子实施的一系列残忍行为就可以被合法化。那么，这种观点能为刑讯逼供提供合法解释么？

　　也许有人会说："现实生活中，根本没有影片中的情形。"我同意，我们确实遇不到影片中的情况。但是以下情况我们完全可能遇到：绑匪将一个孩子绑走，囚禁在一个只有他自己知道的地方，被抓获后对绑架事实供认不讳，但对孩子的下落只字不提，警方动用全部警力搜索，但仍然不能保证在孩子饿死前找到他。此时，能否对绑匪刑讯？

尽管我想到了正当防卫，但我还是对此纠结。因为这个问题涉及太多的内容——情感、价值、道德、法理等，不是一个单纯的法律问题。

最后回到影片，没看过此片的人一定想知道，对恐怖分子实施刑讯的谈判专家最后有没有承担刑讯逼供的刑事责任。

很不幸，刑讯未能成功……不过，电影很好看，推荐观看。

伍

你会讲故事吗

——有效引导最简单的方式

会讲故事的人总是有很多的机会。人们都喜欢听故事，从小孩子到成年人，不论年龄、性别和职业。因为人是依靠故事来记住大量无关联信息的，所以会讲故事的人，意味着有更强的沟通、表达以及推销观点的能力。不过故事不是谁都会讲的，讲好一个故事有时候很难。

021 为什么成功的宣传一定要讲故事

司：您是第一次来我们省吗？

我：是的。

司：那您可以好好玩玩啊。

我：你们这里有什么好玩儿的地方吗？

司：有啊，我们这里真的是要山有山，要水有水，特别美。

我：看出来了。但是好像出名的不多。

司：谁说不是呢。要说我们的山水，可不比全国其他地方差，可是我们的旅游业要比那些旅游大省差远了。也不知道为什么会这样，大家就是不认这里。

我：我觉得，是因为缺少故事。

司：怎么讲？

我：关于你们的山，你们的水，你们的所有风景，你能讲出几个故事来？

司：没几个。

我：所以，没有故事的地方，很难让人们产生兴趣。

司：那没办法，我们就没有故事。

我：宣传的问题，成功的宣传就是要好讲故事，讲好故事。

……

无故事，没人气

上面这段是我去年去某省讲课时和出租车司机的对话。具体哪个地方我就不说了，不过确实是山清水秀，风景宜人的地方，可就是哪座山也不出名，哪条河也没名气。

我至今都很确信我和出租司机所说的那个观点：没有故事，就很难被人记住，讲出好的故事就是最成功的宣传。

几乎所有的领域都能印证我的这个观点。风景名胜就不用提了，你去长城一定会听到"孟姜女"这个名字，你去庐山一定会看到《庐山恋》这部电影，你去广西一定会有人给你讲刘三姐的故事，甚至前不久我听说有两个地方在争"潘金莲的故乡"……

再看看美食领域。宫保鸡丁有故事，过桥米线有故事，门钉肉饼有故事，甚至连"它似蜜"都有故事……

不管处于什么目的，上面这些都出自一个原因：有故事，才有人气。好的宣传就是把故事讲好。

人类通过故事记住事件

为什么要讲故事？因为故事就是叙事，而叙事是人类信息的最基本组织原理，人们依靠故事记住信息，并在故事的基础上进行价值评判；如果你只是提供了一大堆未加工的信息，而没有给出一条叙述它们的主线，那么听者就会自己组织出一条主线用来以记住这些零散的原始信息；然而一旦他们心里的那条叙事主线（即他们自己生成的故事）形成之后，绝大多数情况下，他们都会沿着这条固有的主线思考为题，并且对你之后再给出来的不同版本的故事充耳不闻。当然这还不是最糟糕的情况，最糟糕的是你没有给出叙事主线，但你的对手却给出了他的叙事主线，然后事实裁判者接受了这样的一条叙事主线，试想一下，结果会如何？

会讲故事的人，往往能顺利地"推销"出自己的观点。就算是在法庭上，会讲故事的公诉人或辩护人，往往也能在法庭调查阶段就赢得了审判者的支持，根本不用等到辩论开始，因为他们能把法庭发问、法庭举证都变成"讲故事"。

其实，讲故事的方式可以用在很多事情上。不仅仅写文章，发言、沟通、谈话都能用故事进行下去。下面是一篇我在"北京市检察教官任命大会"上的发言，这个发言稿只有1400字，但大部分的篇幅都用来讲故事：

讲课让我成为亿万富翁

赵　鹏

尊敬的各位领导、各位同事：

今天我的心情非常激动，更重要的是高兴，并且这种高兴是层层叠加的。第一，能够成为北京市检察教官，这对一个检察官而言既是荣誉，也是肯定，我当然由衷的高兴；第二，市院能办这样一个任命大会，这对于喜欢仪式感的我来说，更是期盼已久的；第三，能在这样一个隆重的大会上作为代表发言，这对我而言更是莫大的荣耀，甚至我的父母都为此而激动。有这三层叠加的意义，今天必将成为我生命中永远不会忘记的一天。

我从小有过好多的梦想，但唯独没有当老师这一项。因为我既不喜欢小孩儿，也没有多大的耐性。更重要的是，我不喜欢一个内容无限重复地讲来讲去。所以直到工作的最初几年，我对讲课这件事没有多大兴趣，当然那时候也没人请我讲课。

在这一问题上改变我看法的是两件事情：

第一件是我有生以来头一次站在课堂上给在校研究生讲课。那是2010年，一个跟了我2个月的中国青年政治学院的实习生，在实习结束后请我去给他们班的同学讲一堂课，内容是检察实务，时间是3个小时。我不好拒绝，但我又实在不知道讲什么好。一拖再拖，到最后硬着头皮去讲了半天，自己感觉完全没有条理，想到哪儿说到哪儿。但神奇的是，讲完之后我居然发现很多习以为常的东西是值得反思的，很多平时没有深想的问题是非常复杂并且值得研究的。当我试图把他们弄明白的时候，我发现我需要学习和深入思考的太多了。这件事情让我意识到一个道理：对于有工作经历的人而言，最好的学习方式就是把别人教会。

第二件是2012年和台湾的陈佑智法官的一次交谈。陈法官当年已经七十几岁高龄，但却坚持在台湾大学兼任教授。他夫人说，老头子经常夜里两点突然从床上下来，到电脑上做ppt。陈法官说那一定是他突然想到了一个白天遇到的问题，然后就要立刻做成ppt，否则第二天会忘记。他的电脑里有4000多张ppt。陈法官最后跟我说过一句话："从事司法实践的人，等于坐拥一座金矿，但从金矿到金子，需要经历一个开采、打磨的过程。这个开采、打磨的过程，凭一己之力是不行的，最好的方式就是你把矿石的位置指出来，再和别人一起干。这些人可能是你的学生，可能是你的同事，不管他们是谁，在共同开采的过程中，你们都会有收获。所以，千万不要错过成为司法界亿万富翁的机会。"

正是这两件事让我开始喜欢讲课。给我深刻印象的案件，我把它做成课程；困扰我工作的问题，我把它做成课程；我不懂但却想要了解的知识，我同样把它做成课程。

最初听课的都是我的徒弟、我的父母，实在找不到人听的时候，我爸妈养的一条宠物狗熊熊也当过我的听众。在这几年里，我开发了六七种课程，它们涉及证据审查、法庭辩论、文章写作、侦查引导等多方面的内容，几乎涵盖了我工作的方方面面。我所在的一分院，以及市院的领导也给了我很大的支持和鼓励，为我搭建了各种平台，让我先后成为了清华大学的法律硕士导师，北京师范大学、中国政法大学、外交学院等十几所高校的客座讲师，成为了国家检察官学院的特聘教师。我对每一次讲课也都会有记录，从2014年至今，我在全国各地检察机关以及高校讲授课程共计139次。有些案例讲了十几次，每一次都有新的发现，我感觉我真的坐拥一个宝库。

如今，讲课不仅是我的一个重要的工作内容，更是我反思工作、学习新知、调研创新的最大的促进力。我感谢为我搭建了平台、给予了鼓励和信任的领导们，感谢所有听过我讲课的同事们。今天，我成为了北京市检察教官，我会珍惜这个称呼，也会继续努力，为我们所坐拥的这座司法宝库能够闪耀出更加耀眼的光芒贡献自己微薄但持久的力量。

我的发言结束了，谢谢大家！

022 如何把自己的观点蕴含在故事里

友：你说最好的传播观点的方法就是讲故事？

我：是的。

友：但是观点是需要论证的，不是吗？

我：是啊。

友：但论证是说服的一种手段，需要用议论的方式，而讲故事是叙事的一种手段，需要用记叙或说明的方式。

我：没错。

友：那理论上，传播观点难道能靠讲故事就搞定吗？

我：当然可以。我觉得你对记叙、说明的理解并不全面，它们的作用可不只是简简单单地把事情说清楚了。很多时候叙事本身就是说服的过程。

友：我不这么认为，我觉得叙事就是叙事，不能夹杂个人观点，应该先把事情写清楚，再去用议论的方式论证你对这个事件的看法或评论，这样才客观。

我：好，那我们举个例子看看。比如，你现在要读历史著作，你会选择哪一本？

友：《史记》或者《左传》。

我：这两本再选一本呢？

友：那还是《史记》吧。

我：为什么是《史记》或者《左传》？为什么不是《中国通史》？

友：感觉更精彩一些吧。

我：如果是我，我也这样选。《史记》的成功之处，就在于它不同于以往那些纯粹描述历史事件的编年体的史书，而是在叙述朴素历史事实的过程中夹杂了个人对历史事件的评价，他欣赏的人，你看完这些人的传记后也会欣赏他们；他鄙视的人，你看完这些人的传记后也会鄙视他们。是不是这样？

友：好像是这样。

我：我觉得没有几个人喜欢读编年体的史书，除非那些专门搞研究的。因为人喜欢看故事，而故事必须要蕴涵了作者的观点，才会精彩。

友：比如，《格林童话》，读完一个故事，你会觉得"好人终会有好报"？

我：是的。这是作者的高明之处，让读者自动得出他想让读者得出的观点。

友：但是这种方式写童话故事可以，反正都是瞎编的，但是写新闻、法评也可以吗？

我：没什么不可以的。事实上，我在法庭上叙述的案件事实，也都是我想给法官呈现出来的事实。当然，优秀的辩护人，也会给法庭呈现出他想呈现出来的事实。我们呈现出的事实往往是不一样的，尽管我们依据的都是相同的卷宗。

……

为什么要把观点蕴含在故事里

心理学家按照作出决策的方式把人分成两类：一类被称为"情感

型"决策者，另一类被称为"认知型"决策者。这两类决策者在判断事物以及得出观点的过程上有非常大的不同之处。

情感型的决策者喜欢在最快时间作出决策，他们往往会在尚未全面了解事物全貌时，就在支离破碎的信息基础上通过发挥想象力勾勒出事物的全貌，然后再根据这个想象中的"全貌"作出各种判断，哪怕是非常重要的判断。而一旦这个决策作出，情感型决策者几乎不会改变他们的看法，即使事后发现了有悖于这个决策的其他信息——情感型决策者善于在作出决策后忽略那些与最终决策方向相反的事实，这使得他们不会承认自己的决策是错误的，相反的观点在他们的头脑中被认为是绝对错误和不可取的。

与情感型决策者相反的是认知型决策者。这类决策者并不喜欢过早地下结论，而是尽可能地收集关于事物的全部信息，再根据这些信息小心地作出判断。并且，认知型决策者在作出决策后仍然会全面收集信息，一旦发现有相反的信息出现便会立即反思决策的正确性。这类决策者也会坚定自己的决策方向，但并不代表不会改变它们——只要发现有错误便会对决策作出调整。

我们都希望自己属于认知型决策者，我们也都希望自己遇到的人属于认知型决策者。但是非常遗憾的是，心理学家普遍认为，绝大多数人都是情感型的决策者，认知型决策者在这个世界上少之又少。

这意味着什么？当然意味着我们面对的大多数人都是情感型的，你所谓的完整的、朴素的、不夹杂任何个人观点的事实还没有说完他们就已经没有耐心了，这时候他们会根据你已经说出来的一些信息去想象完整的事实，然后根据这个想象的事实得出自己的判断。一旦他们的判断形成之后，你的与之相反的结论在他们的头脑中根本不会再有存活的可能性。简单地说，你的故事还没讲完，就已经没有人愿意看了，因为故事要得出的结论和他们想象中的不一样。这就是讲朴素的不夹杂任何观点的故事的危险所在——失去大量的听故事的人。

所以，当我们去讲一个故事的时候，从一开始就要预设好我们的观点。并且让故事的发展时时刻刻朝着这个方向去迈进。就算偶尔出于情节和技巧的考虑需要让故事走一些"弯路"，也一定要有足够的把握让故事合情合理地回到原路上来——并不是所有的"反转"都能让人相信，有些故事走太远，没有人相信它们真的能回来。

蕴涵了观点的故事是歪曲事实吗

我记得在微信里看过一组漫画。第一张画中，一把砍刀正在砍向另一个人。第二张画则是第一张画的更大范围图，原来那把砍刀实际上是一个正在奔跑的人的后脚跟，而这个人之所以跑，是因为后面的那个人（也就是第一幅画里"被砍"的人）正在拿一把砍刀追砍这个人。两幅漫画反映的都是事实，但是所讲述的故事却完全不同。

这组漫画说明一个很普遍的道理：任何事实都是更大一个事实中的一个组成部分，视角不同得到的事实就不同；并且任何事实都是由一系列细节组成的，关注的细节不同得到的事实也不同。很多反转的新闻事件就是因为一些被发现了更大的事实，或者被发现了以前没有发现的细节，才使得人们对事件本身的看法发生了"180度"的大转弯。

我举个例子说明上面的这个观点。比如，这样一个杀人的故事：

外地来京人员贾某日下班回家走进所居住的小区时，被迎面跑来的邻居家五岁的小男孩王某撞倒，贾某心怀不满，遂将王某骗至自己家中，用铁丝将王某勒死。

在这个故事中，作为主人公的贾某一定给人一种冷血、无情、罪不可恕的感觉。因为故事中蕴含的观点就是如此。但如果我换一种方式讲述这个故事，同样的事实感觉就会有很大的不同：

外地来京人员贾某在北京某建筑工地务工，因老板拖欠工资，贾某已经5个月没有收入。某日，贾某向老板索要工资时被老板殴打，在回家途中又因为疏忽大意将一辆奥迪车的反光镜碰坏，车主将贾某身上仅有的150元索去。贾某进入小区时，被邻居家五岁的男孩王某撞倒在地。王某见贾某倒地，并未道歉，而是冲贾某做鬼脸。贾某要求王某向其道歉，王某称贾某："臭外地人，滚出北京。"贾某听后恼羞成怒，将王某骗至自己所住单元房后，用铁丝将王某勒死。

如果故事按照上面这样讲述，贾某是否有一丝值得人们同情的地方呢？同样的例子还有很多，我不再多举。其实，每一个事实都有很多情节，这些情节由讲故事的人去取舍，取舍的标准就是让故事中所蕴含的观点符合自己预设的内容。当然，我们不能在讲故事的过程中故意隐瞒那些非常重要的信息，也不能对重要的信息作出不符合真实情况的解读。但这并不意味着我们只能原原本本地讲述乏味、冗长、没有详略的故事。因为讲故事的目的从来都是传播观点，而非单纯地告诉别人一些朴素的事实。

023　如何在讲故事同时进行普法宣传

友：你觉得什么样的文章最容易写？

我：当然是普法文章了。

友：为什么这么说？

我：因为普法的点无处不在，并且都非常有意思。

友：我没觉得，我觉得普法类的文章都很枯燥，让人看不下去。

我：那是因为作者为了普法而普法。记得我曾经写过一篇文章，叫做"利用专业，但不要滥用专业"，在那篇文章里我提到过，我们的专业是自己的最大"卖点"，可一旦用"过头"，就适得其反了。

友：你的意思是说，普法文章的重点不应当放在普法上？

我：我觉得是这样，或者形式上法律一定不要作为重点。

友：那什么是重点？

我：看情况啊，看你依托的内容是什么。如果是一个娱乐头条，那你的重点就是八卦；如果是则国际新闻，那你的重点就是介绍新闻内容。总之，普法只是其中一个非常小的部分，尽管这个部分是你写这篇文章的全部初衷。

……

很多人一提到"法制宣传"或者"普法文章"，头脑里浮现出来的就是大段大段的说教，或者通篇的法律点提示。我觉得这样的文章早就过时了，或者说它们从来没有真正起到过普及法律知识的作用。

人们为什么看微信、微博？因为生活节奏太快，工作太累，需要放松。既然是要放松，就不会再想看到那么大段大段的枯燥文章。没有几个人在下班后还会继续看业务类的文章或书籍。即使有，他们也不会在微信、微博上去看这样的内容。所以，适合自媒体的文章一定要轻松、不给人们压力。哪怕是进行法制宣传和普法教育，也需要依托在轻松自在以及人们愿意看到的那些内容上，才能发挥出理想的效果来。

说起来好像比较难做到，但实际上这是一个非常简单的事情。如果今天必须写一篇公号文章，而我又没的可写，那我十有八九会选择写一篇法宣文章，因为非常好写，素材多的是。当然，比较有传播力的法宣文章，一定要依托于一些大家愿意看的事件才行。下面是几个我经常能找到"法宣点"的地方，和大家分享一下：

法治新闻

这就不用多说了吧，每天的法治新闻很多，随便找来一个都能做为写普法文章的素材。不过我一般不会写那些"太热"的点，因为写的人太多了。我一般会在热门事件中找稍微"冷"的点，关注的人不多，但写出来也会有很好的传播效果。更重要的是，这些冷门的知识点同样很有意思，可以作为普法的重点。

比如，曾经有过一则新闻，说是某刑事案件的被害人的尸体被亲属披露到网络上以后，有关机关对披露照片的人进行了批评，并称被害人尸体照片属于"国家秘密"。这就是一个很有意思的话题，为什么被害人照片属于"国家秘密"？它是否应当保密，不能被任意传播？借助这个热点事件对这个问题开展讨论，可以把关于国家秘密与刑事案件证据的保密性很好地分析一下。于是我写了下面这篇文章：

被害人遗体属于国家秘密?

赵　鹏

推送遗体照片惹祸

一切都要从网上曝出的一张身首异处的被害人尸体照片说起（为尊重死者不再配图）。相信很多人对那张照片并不陌生，上周我们都被这张照片吓了一跳。

照片是死者哥哥在公安机关辨认尸体时拍摄的。随后，他把这张照片发到了微博上，并表示对凶手的强烈谴责。

让他没想到的是，微博推送没多久，他被有关机关要求提供微博登录密码，还要写一封"致歉信"，理由是泄露了国家秘密。要求者为自己的做法找到了充分的依据：在侦查阶段，案件证据属于国家秘密，被害人尸体属于案件证据，故将尸体拍照后在网上传播的行为，属于泄露国家秘密行为。

死者哥哥写了"致歉信"，但让他想不通的是：如果将弟弟的尸体照片在网上发布属于泄露国家秘密，那么弟弟的遗体，岂不是成了国家秘密？

国家秘密所谓何物?

"国家秘密"在法律上有特定的含义，这一含义来源于《保守国家秘密法》以及其他与之相关的规范性文件。概括来说，国家秘密具有以下特征：

1. 事关国家安全及利益

国家秘密之所以要保守，是因为一旦泄露，将会对国家安全和利益造成威胁。从这一点看，能够成为国家秘密的信息，必须与国家安全和利益密切相关。《保守国家秘密法》中规定了七大类国家秘密，分别是：国家事务重大决策中的秘密事项；国防建设和武装力量活动中的秘密事项；外交和外事活动中的秘密事项以及对外承担保密义务的秘密事项；国民经济和社会发展中的秘密事项；科学技术中的秘密事项；维护国家安全活动和追查刑事犯罪中的秘密事项；经国家保密行政管理部门确定的其他秘密事项。

2. 有明确等级且需标明

根据《保守国家秘密法》的规定，国家秘密分三个等级：绝密、机密以及秘密，被确定为国家秘密的，不论属于哪一等级，都必须明确地标明，以起到提示作用。这是国家秘密在形式上的重要特征。

3. 范围等级有具体规定

根据《保守国家秘密法》的规定，国家秘密及其密级的具体范围，由国家保密行政管理部门分别会同外交、公安、国家安全和其他中央有关机关规定。也即如果一个信息属于国家秘密，一定会有相应部门出具具体的规范性文件予以确定，任何公民和其他组织都无权自行规定国家秘密的范围和等级。

刑案证据是国家秘密吗?

公安司法机关在刑事案件侦查过程中取得的证据，确实不会完全对外公开，但这并不意味着刑事证据在侦查阶段必然属于国家秘密。

首先，"刑事案件证据"并未被公安机关以及其他相关部门的规范性文件确定为国家秘密，绝大多数刑事案件的证据也没有秘密等级的标识，故根据上述对国家秘密的分析，刑事证据并不当然地属于国家秘密。

其次，个别刑事案件的证据属于国家秘密，是因为这些证据的内容本身涉及国家安全及利益，被依法确定为国家秘密。也就是说，这些证据并不是因为成为了刑事案件证据才属于国家秘密，而是因为它们本身就是国家秘密，只不过被作为了案件证据而已。

再次，刑事案件的证据在侦查阶段不对外公开，最主要原因是侦查行为的秘密性。在侦查终结前，案件事实尚未查清，侦查机关业已取得的证据如果过度公开，可能影响案件的侦破，但也要视情况而定，并非所有证据都不能公开。

最后，有人可能会提出疑问：既然《保守国家秘密法》中规定了"追查刑事犯罪中的秘密事项"属于国家秘密，那这些事项如果不是指的案件证据，那究竟指的是什么？这个问题看看公安部制定的《公安工作中国家秘密及其秘密范围的具体规定》便可明了。

家属做法是否不当？

现在回到案例中被害人哥哥的行为上来，其将弟弟的尸体照片在微博上推送，是否有不当之处？

通过前文的分析，个人认为，如果被害人尸体照片属于国家秘密，则应当由相关法律规范予以明确，并加注秘密等级标识，否则将尸体拍照后发布上网的行为就不属于泄露国家秘密行为。但是应当注意的是，本案被害人属于遇害死亡，尸体不完整，将照片在网上推送的行为对死者有失尊重，对看到照片的网民也可能产生不良影响。因此，尽管家属心情可以理解，但其做法确有不妥，不应效仿。

明星轶闻

我不是一个喜欢看明星新闻的人，但有时候很多明星都会遇到困扰他们的法律问题。这时候普法就有了大众喜闻乐见的依托点。

比如，曾经有个男明星自己和娱记曝料说上学的时候曾经"偷"过学校的电脑。不过他随后描述的偷并不是法律意义上的偷，于是我们就可以分析一下刑法意义上的"偷"和生活意义上的"偷"究竟有什么区别。并且还可以讨论一下一个人很多年前实施的行为如果真的构成了犯罪，那么在多年之后被发现时，是否还应当承担刑事上的责任？两个问题都是很有意思的法律问题，都可以作为普法点来写。

再如，很多明星都有过被偷拍的经历，个人明星还遭遇过狂热粉丝闯入家中拍摄的事情。这也是一个很有意思的话题——刑法上有一个罪名叫作"非法侵入住宅罪"，这个罪名平时很少遇见。闯入明星家中强行拍摄的粉丝是否构成这个罪？如果借助这个事件去讨论这样一个冷僻的罪名，也是一篇不错的法宣文章：

明星家遭偷拍，闯入者构成犯罪？

赵　鹏

闯入者只为偷拍照片？

前不久，网上曝出了明星"赵某某怒斥网友"的消息。原来，有人闯入她的家中，偷拍了两张赵某某儿时的照片，并发布到网络上。赵某某在微博中要求其删除，并说这是不礼貌的行为。随后，很多网友纷纷支持赵某某，指责闯入并偷拍的人。一时间这件事情成为了舆论热点。

　　有人说中国文化注重的那个"家"，是一个综合的概念，而不是具体的实体，因为我们对住宅的不可侵犯性似乎并没有那么强烈的主张——在有些国家，主人甚至有权对非法闯入者开枪射击。这个观点涉及太多文化层面的内容，我不多谈，但翻开《刑法》，我们确实可以找到专门为闯入住宅者制定的罪名——非法侵入住宅罪。

何谓非法侵入住宅罪？

　　《刑法》第245条：非法侵入他人住宅的，处三年以下有期徒刑或者拘役。

　　上面这条规定就是我国刑法对非法侵入住宅罪罪状的全部描述，除此之外，对该罪的规定、解释再无其他。这条规定不难理解，我们通常把"非法侵入他人住宅"理解为"违背住宅内成员的意愿或无法律依据进入公民住宅，或进入公民住宅后经要求退出，没有合理理由而拒不退出的行为"。

　　现在问题来了，按照上面的法律条文以及学理解释，赵某某家的闯入者，完全符合非法侵入住宅罪的要求。如果赵某某报警，闯入者是不是一定会被判决有罪，进而接受刑事处罚？答案是否定的，因为认定犯罪不仅要根据《刑法》分则，还要根据《刑法》总则。在《刑法》总则中有一个著名的"但书"条款，它为一切犯罪划定了一个最基本的界限。

　　《刑法》第13条……但是情节显著轻微危害不大的，不认为是犯罪。

　　这个被我们称为"但书"的条款，给犯罪行为定了一个基调儿——犯罪是一种有相当程度社会危害性的行为，显著轻微不行。所以司法人员在判断犯罪的时候，会把那些情节显著轻微的行为，排除在犯罪之外。比如，尽管《刑法》规定了盗窃后当场使用暴力的行为构成抢劫罪，但在果园里摘一个桃儿，为逃跑踹了果农一脚的行为，不能按犯罪处理，理由就是情节显著轻微。

然而，"情节显著轻微"有时候是一个价值判断，尤其对于那些并不要求有特定结果发生的犯罪行为而言，更是如此。当你在家里休息，突然有个陌生人夺门而入，用照相机对着你或者你的家里拍照，然后消失，第二天你在网上发现了被闯入者拍摄的照片，这个情节显著轻微吗？不同的人回答未必相同，因为每个人判断的标准不一样。

不过从司法实践的习惯看，赵某某家闯入者的行为，尚未达到犯罪的程度。此类案件既往判例并不多（可查范围内近二十年全国不超过300件），大概翻阅后可以发现，实践中被认定这一罪名的案件大概有两种情况：其中占绝大多数的是闯入者进入住宅后还有殴打住户的行为，但并未造成被害人轻伤以上结果（如果是轻伤以上结果则构成故意伤害罪）；另有个别案件闯入者在住宅内还实施了比较恶劣的行为，如破门而入后将尸体停放在他人家中长达数个小时，导致住宅主人异常恐惧。可见，闯入者在住宅内所实施的行为，也是司法实践中认定该罪时需要考量的重要内容。闯入他人家中拍照的行为，如无其他恶劣情节，则很难被认定为犯罪行为。

顺便说一句，偷拍的行为有可能违反《治安管理处罚法》：

《治安管理处罚法》第42条：有下列行为之一的，处5日以下拘留或者500元以下罚款；情节较重的，处5日以上10日以下拘留，可以并处500元以下罚款：

……

（六）偷窥、偷拍、窃听、散布他人隐私的。

可见，赵某某家闯入者偷拍的行为，如果所拍到的内容涉及个人隐私，那即使不是犯罪行为，至少也是违法行为。

为何鲜有被定此罪者？

前文提到了非法侵入住宅罪在实践中很少被单独定罪，原因可能有两方面：

1. 行为被重罪吸收

大多数非法侵入他人住宅的行为，都是实施其他更严重犯罪的必要准备。比如，入户盗窃、入户抢劫、入户实施强奸行为、入户绑架他人，等等，非法侵入住宅是一个必经过程，在认定犯罪时会被行为人之后更严重的犯罪所吸收。当然，被吸收不等于不被评价。有些罪名专门把非法侵入住宅的行为作为法定刑升级的条件，如抢劫罪，如果有入户的情节，则起刑就在10年以上。对其他罪名，如果有"入户"的情节，则法官在量刑时也会酌情考虑予以从重处罚。

2. 未进入刑事程序

除了上述原因之外，肯定还有很多非法侵入住宅的行为，只是因为没有后续的严重行为，故未能进入刑事程序。导致这一现象的原因可能比较复杂，比如，相关部门的调解起到了作用，或者当事人事后达成了和解，抑或根本没有报警。

家有闯入者该怎么办？

尽管单纯的非法侵入住宅案件在司法实践中不常见，但不等于实际生活中这种现象不多发。可能很多人的家中都曾闯入过不速之客，多数情况下还是主人认识的人，比如，前夫、前妻、前男女朋友、反目成仇的朋友等，有些闯入者的行为已经严重干扰了家的安宁，让主人不胜其烦。但是很多人却认为，没偷没抢没打伤人，警察也不会管，所以也就忍了。

个人认为，住宅的安宁必须捍卫，否则还谈什么安全感。如果闯入者是我们认识的人，甚至都没有必要惊动公安机关，就可以拿起法律武器保护自己以及自己的家——打开手机全程录音录像，或者找个邻居当目击证人，实在不行还能拨个朋友电话让他听着全过程，然后把这些证据整理好，写一份刑事自诉书，连同上述证据送到法院，直接提起刑事自诉即可。这样免去了被侦查机关、检察机关反复询问做笔录的麻烦，而且刑事自诉也不收费。至于能不能判定有罪，交给法官去抉择。这样至少可以警示一下对方。

八卦趣闻

在今天的消息圈里最不缺乏的就是八卦趣闻，各种新鲜事件层出不穷。这些故事的主人公并不是明星，但由于故事太精彩，太吸引眼球，娱记们从来不会放过那么好的机会，我们也完全可以在里面找到可以进行法制宣传的点。

比如，我国台湾地区的报纸曾经报道过一则"车震通奸"的新闻，两个已婚人士在车里暧昧，被行车记录仪把声音录了下来。听到录音的妻子起诉丈夫"通奸"，一审法官根据记录仪的录音认为不能排除车内二人只是调情，没有发生性关系行为的合理怀疑，二审法官却认可记录仪的内容，并认定二人通奸，改判有罪。这是一个多好的平民八卦，既有通奸罪这种罕见罪名，又有排除合理怀疑这种法庭上才遇到的问题，还有"捉奸"这种能够吸引眼球的内容。充分加以运用，可以写成一篇很好的法宣文章：

车震通奸案——行车记录仪化身"捉奸"神器

赵　鹏

只因未关行车记录仪

据我国台湾地区《联合报》2016年8月2日报道，台湾籍已婚男子吴某与一刘姓女子于某日白天在吴某车内偷情。但在此过程中忘记关闭行车记录仪，导致记录仪将该时间段内吴某与刘某在车上的对话以及其他声响记录了下来。此后，吴某妻子发现了行车记录仪上的记载，认为丈夫与他人通奸，遂报案。

我国台湾地区"刑法"第239条："有配偶而与人通奸，处一年以下有期徒刑。其相奸者，亦同。"

我国大陆地区刑法并不处罚通奸行为，台湾地区的通奸罪，是指"婚姻关系外，男女双方自愿进行的生殖器相接合的行为，又称和奸，区别于强奸。该罪有两个特别要件：一是主体为有配偶之人；二是与他人有性行为"。

因此，本案认定事实的关键，就是吴某和刘某在车上是否发生了性行为？对这样一个事实，最直接的证据莫过于当事人的承认，但吴某和刘某均对此否认，强调双方有暧昧互动，但绝无生殖器接合。于是，法官只能通过行车记录仪记载的声音进行判断这一关键事实。

两级法院的经验判断

播放记录仪，可听到疑似吴某与刘某交替发出的呻吟声、接吻声，另有车辆座椅摇晃的背景声音。最重要的是，录音中还有二人情欲对话，关键内容有：

吴某：这个动作很难脱衣服……有深吗？有爽吗？

刘某：好深，受不了了，好硬。

对这些对话，吴某和刘某都承认是自己所说，但仍否认双方有发生性关系，其中吴某辩称这是他们在暧昧互动过程中臆想出来的。问题来了，这一证据能否证明双方有性行为。

一审法院认为："记录仪中双方的对话虽有情欲内容，另有呻吟及座椅摇动声音，但大白天（事发在当天下午1时许）在车内性交不是常态，不能以想象、猜测推断两人性器官接合。"据此判决刘某、吴某二人无罪。

案件判决后，检察官提出上诉。二审法院认为："双方对话有不少情欲用语，并有男女交叉呻吟声、亲吻声及椅垫摇晃声不断，明显可见两人进行性行为。"据此改判吴某、刘某二人有罪，分别判处四个月、三个月徒刑。

排除合理怀疑？

时至今日，"排除合理怀疑"标准已经被广泛应用到很多国家的刑事审判实践中了。但这一标准其实本身就有暧昧性，尤其当案件事实需要借助经验法则去证明的时候。

从事司法实践工作的人都会有这样的感触：诸如密室杀人、性犯罪等案件，往往缺乏直接证据，此时需要结合各种间接证据，依靠经验判断有没有其他合理的怀疑。

尽管人们普遍认为："据以作出无罪判决的合理怀疑不能太微弱

或太不确定，这种怀疑必须是一个正直的人在冷静地分析了全部证据之后所出现的有理性的怀疑，必须是不受诉讼双方影响、不存在先入之见、不受恐惧干扰的一种良心上的怀疑。"但是，由于每个人的思维方式和经验观念不同，所以不同的司法官基于同样的证据很可能会得出相反的结论。

比如，这个"车震"案件。吴某关于双方之间的情欲对话是主观臆想的说法并非没有道理，因为人类在情欲冲动时所说出的话，很多都是夸大甚至臆想虚构的，而男女之间的暧昧互动也足以制造出那些被记录仪记载下来的声音。这恐怕是一审法官判定无罪的主要理由。然而再深想一步，如果吴某所说的辩解成立，那么二人之间的那些对话、呻吟就很可能属于性关系的"前戏"，在前戏已经做到那么充分，干柴烈火烧到那么浓烈时，如无意外，性关系是不是也必然会发生？当然，没有听到记录仪中的完整的录音，谁也不能臆断。

司法工作的难点往往不是法律适用争议，而是事实认定的分歧，但事实认定往往又不是法律问题，任何心智健全的人都有判断事实的能力，并且这种能力据说是无法通过努力训练就能提高的。那些采用陪审团制的国家，大概就是出于这样的原因，把事实判断的权力交给社会大众，并要求一定数量的人得出一致结论时，法律上才会判定事实成立。

影视作品

我在公号里有一个专门的栏目叫做"观影论法"，就是讲那些影视作品中的法律问题。很多人笑话说"法律人注定不能好好看电影"。确实如此，职业病也好，天生敏感也罢，总之我总是能在影视作品中发现可以拿出来讲的法律问题。这些问题涉及的面非常广泛，从实体到程序，从证据到法律价值……

下面这篇文章是我在看电视剧的时候突然想到，然后只用了1个小时就写出来的，请各位看一看：

逼供针是如何让人"屈服"的？

赵 鹏

昨天，老爸最爱看的抗战电视剧里出现了这样一个情节：鬼子抓住革命党人后严刑逼供未果，于是就给她打了"逼供针"，然后轻松得到了想要的信息。老爸说这太假了，我说不假，"逼供针"确实曾经有过……

真话药水为何物？

"真话药水"这种经常在小说、电影儿里出现的东西，其实一点儿不神秘，它真的在现实生活中出现过，而且估计到现在为止也没退出历史舞台。不过要说它的由来，那得回到100多年前。

20世纪初（具体时间无据可查，故不确定），西医用吗啡或者东莨菪碱来减轻病人在手术中的痛苦。那时候就已经有人发现，当这两种药物混合在一起时，病人会晕晕乎乎地描述很多生活上的琐碎细节，有些细节是他们清醒时记不起来的。

1916年，一个叫豪斯的美国医生在给产妇接生时，也发现被使用了东莨菪碱的产妇，在药物镇静的状态下竟然能准确地回答问题，而且所言与实际情况完全相符。于是豪斯医生开始研究这种神奇的现象。1922年，豪斯医生在《达拉斯晨报》上将他的研究成果公之于众——"使用药物并控制好剂量，让人进入昏昏欲睡的状态，可以使说谎变得困难。"

这一神奇的发现在当时引起了巨大的轰动，因为千百年来，人类一直致力于如何让同类说真话，但收效甚微。这一发现如果能被运用到侦讯、辨识真假精神病、考察信用程度等事项上，将给人们解决多少麻烦事。于是，警方、犯罪学家主动与豪斯医生联手，使用东莨菪碱开展实证研究。在这一过程中，豪斯发现硫喷托纳、戊巴比妥等药物也有相同的功效。于是他给这些特殊药物起了一个别名——"Truth Serum"，这应该就是最初的"逼供针"。

20世纪二三十年代，真话药水在美国大行其道。不过也开始有越来越多的科学家开始质疑它的效果。直到50年代，美国大多数法院已经不再认可麻醉取供的合法性。于是，这种药物便退出公众视线了。不过不知道，现在它是否还在某些领域发挥着作用，比如，情报部门。

科学依据是什么？

其实所谓的"真话药水"，不过就是麻醉剂而已。比如，东莨菪碱，其实是一种生物碱，能够麻醉、镇静，还可以止咳平喘。有传说称中国古代的麻沸散，主要成分就是这种东西。此外，被豪斯医生发现具有同样功能的巴比妥类药物，现在也都是西医外科常用的镇静药。比如，人们熟悉的几种安眠药，都是这类药物。

若说麻醉药使人说真话，无非出于两个原因：其一，表达是一种行为，行为受大脑控制，说谎作为一种高级的人类行为，需要大脑的高度配合，即处于"假装模式"下，但在镇静催眠的状态下，大脑对行为的控制力减弱，导致撒谎不易成功。其二，一定剂量的麻醉药物会刺激神经，导致兴奋，让人多说话，说得越多信息越多。很多麻醉师都说，有些人在全麻手术刚刚醒过来时，会不停地说话，所说的内容很多是他们平时不会说的东西，至于是否真实那另当别论。

其实，麻醉药的这种作用和酒精差不多，所谓"酒后吐真言"，背后的原理大致如此。

为何现在不能用？

在今天，包括我国在内的绝大多数国家都不允许在审讯过程中使用麻醉的方式提取供述或者证言。其原因除了麻醉药物对人体有损伤之外，还有两个重要因素：

1.真实性无法保证

尽管麻醉药品（包括酒精）可能产生"吐真言"的效果，但由于大脑对行为控制力的下降，故很难保证作为行为结果的内容的真实性。尤其重要的是，麻醉药品以及酒精对神经的刺激，还有可能导致出现幻觉，这就更难保证麻醉状态下所取得证言的真实性了。

2.保护意志的自由

禁止麻醉取证的另一个理由是保护人的意志自由。因为强行让一个人进入麻醉状态的行为，属于控制意识的行为，这种做法在伦理道德上广受诟病。现代刑事诉讼中的很多制度，都不是为了发现真相，而是保护被人们认为比某个事件的真相更重要的价值。刑讯下的口供尽管真实，也会被排除，同样是这个道理。

最后回到电视剧，个人认为，尽管"逼供针"确实曾经有过，但如果鬼子有这种东西，何不直接使用，还费劲刑讯干嘛。可见，抗日神剧的剧情还是应该多推敲推敲。

道听途说

还有一些事情是道听途说的，未必是真的，但足够刺激，也有很大的传播空间。这类事情真假不明，一般不能来写文章。但也不一定，有时候我们明知是假的事情，只要里面有可以讨论的问题，也可以拿出来写一写。当然写的时候要小心，最好在文章里首先说明一下消息来源未经查实，消息内容可能不属实，仅仅作为纯理论探讨使用。如下面这篇文章就是根据一则微博上传得很广的"新闻"写出来的，说的是中东国家审判恐怖分子的法庭上，警方为证明手榴弹的爆炸原理，当场引爆了炸弹。这个消息我至今都不相信，但是这则消息的叙事内容，有我感兴趣的法律点，于是我写了这篇文章：

警察当庭引爆炸弹，审判人员被炸受伤

赵　鹏

上周看了一个国外法庭的奇葩事件报道，虽是悲剧，但很搞笑。更重要的是，报道的内容与司法实务有关，尤其涉及平时人们很少讨论，但却极为重要的法庭出示物证环节。

法庭上的奇葩意外

消息是公号上看到的，未必属实，大概意思说：巴基斯坦卡拉奇反恐法庭上，一个警察出庭作证，法庭出示了在恐怖分子家中搜查到的一枚手榴弹，法官问警察手榴弹如何引爆，警察没有用专业知识解释，而是直接拔出了安全栓，手榴弹当庭爆炸，包括审判人员和作证警察在内的5人受伤住院，庭审中止。

有个朋友说，这警察如果不是恐怖分子同伙，那就一定是个二缺。我觉得，也有可能是他太紧张或者太投入了。在法庭上混迹了十几年，我虽然没碰到过这样的事情，不过也曾看到类似的情节：一个杀人案件，被害人趴在地上，被告人骑在被害人背上用双手掐其颈部，导致被害人窒息死亡。辩护人提出，从人的身后掐颈，拇指不能用上力，很难导致死亡，所以被告人是伤害行为。辩护人边说边模仿被告人的方式掐自己的助理，眼看助理的脸就憋红了，审判长赶紧让法警制止。助理"获救"后还咳嗽了半天。我当时就想，这位辩护人想必就是紧张或者投入得过头，只顾表达观点，忘了手上的行为。

法庭上的物证出示

回到报道的事件上来，报道内容不多，但仔细想想，这事件可引出法庭示证中的几个常见又非常重要的问题。

1. 炸弹上庭——最佳证据原则

手榴弹被拿到法庭上，因为它是物证。法庭上出示的物证，原则上应当是原物，只有在特殊情况（如原物难以移动、不宜长期保存或提取有较大困难）下，才能以照片、录像的形式出示。这就是"最佳证据原则"，其目的是保证法庭能够对物证的真实性加以判断。

在我国，类似手榴弹之类的危险品肯定不会被带到法庭上，但会以照片的形式向法庭出示，所以不会出现证据爆炸意外。从这一点看，巴基斯坦反恐法庭为了坚持最佳证据原则，代价相当惨痛。反观我们在司法实践，对于有些完全可以也应当带到法庭上来的物证，偶尔也会用照片代替原物，忽略的恰恰是最佳证据原则。

2. 警察出庭——物证合法证明

手榴弹应该是检察官出示的，警察也应当是控方传唤的证人。那么警察证人在法庭上与物证同时出现，最有可能的情况就是：警方需要证明物证的来源合法——来源不明或者取证手段不合法，可能导致物证被作为非法证据而排除。

香港电视剧中也经常有这样的情节：检察官在出示一份物证前，先传警察到庭，警察会说他在哪里调取到一份物证，法庭确认取证行为合法后，检察官再将物证向法庭出示。大陆司法实务一般不采取上述做法，公诉人在出示物证时往往将扣押手续等证明程序合法的材料一句带过。个人认为我们的法庭应当借鉴上述做法，提高物证合法性证明的重视程度。

3. 质证误区——物证的关联性

说到了合法性和真实性，索性再说一句关联性。模拟法庭比赛时，经常见到有人对物证提出异议，称该证据不能证明被告人实施了犯罪事实，因此不具有关联性。这实际上是混淆了证据的关联性与直接证据的区别。

直接证据对应间接证据，评判标准是能否独立证明待证事实，能则为前者，不能则为后者。证据的关联性，指的是证据具有某种属性，使得待证事实因该证据存在而更有可能，侧重的是证据与待证事实之间形式上的关联。除极少数物证是直接证据（如某些持有型犯罪中，从犯罪人身上起获的违禁品）外，绝大多数物证都是间接证据，必须与其他证据共同证明待证事实，但这并不等于该物证不具有关联性。

有人死亡该怎么办

最后再联想一下，如果巴基斯坦法庭因为此次爆炸有人死亡了，将会对诉讼产生什么样的影响？这个问题很有意思，因为不同的人死亡，对诉讼进程的影响不一样。域外法律不清楚，仅以我国法律规定作为依据。

如果被告人被炸死，那么法庭应当作出终止审理的裁定，但如果依据已经确认的证据可以认定被告人无罪，则应当判决被告人无罪。

如果检察官被炸死了，则检察长可以再指派一名检察官接替前任的工作，因为基于检察一体化原则，检察官的工作可以相互衔接、替代，且不对诉讼进程产生影响。

如果法官被炸死了，那么法院也需要换人来审，但法庭审判必须重来，之前法庭确认的证据全部要重新质证，不能像换检察官那样由换来的人继续审理，这叫作"不间断审理原则"，因为法官是最终裁量者，只有不间断地审理才能确保其形成自由心正，进而作出公正裁决。

024 学习讲故事最好的方式：听评书

友：我最近也觉得讲故事很重要。

我：嗯，是的。

友：但是我从小就不会讲故事。所以我准备去参加一个讲故事培训班。

我：为什么要浪费这些钱？不便宜呢。

友：是的，主要就是不会讲。有朋友去了这种培训班，说老师会告诉学生如何开展情节，如何搭建结构，如何润色语言，然后让每一个同学都上台去讲，这样既可以锻炼胆量，又可以训练讲故事的能力。

我：听上去不错，尤其是训练胆量。但是如果单就讲故事的方法，我还真不觉得这种培训班值得，至少有更简单方便的方法去学讲故事。最重要的是——省钱。

友：什么方法？

我：听评书！

……

一种渐渐被人忽视的文艺形式

在我成长的年代，评书还是一种非常受欢迎的文艺形式，尤其是电视评书。小的时候，电视台没有几个频道，我记忆中有相当长一段时间，家里的电视只有3个台。当年也没有多少文艺节目可看，评书算是我爸爸很喜欢的一类节目。受他的影响我也跟着看了不少电视评书，袁阔成、单田芳、刘兰芳、田连元……这些名家的作品我大多看过。

评书其实就是讲故事，一个人讲一个非常长的故事。评书表演者手里的道具不多——一块惊堂木、一把扇子、一块手帕。但是他们必须时刻抓住观众或听众，否则人家一换台，节目就没人看了。

正因为此，评书表演者一定要把故事讲好，并且是每一句话都要讲好，不能让人感到厌烦、无趣。他必须勾起人们的兴趣，让故事生动有趣、扣人心弦，并适当制造悬疑，哪怕是虚假的悬疑。

小时候我对评书的感觉不深，只是觉得很有意思。长大以后我慢慢才发现，再没有哪种形式比听评书更适合学习讲故事了。我试着分析过很多评书表演者的书稿，发现了一些讲故事的诀窍。

跟着评书学讲故事

评书里有什么讲故事的诀窍？我们随便在网上找一段袁阔成的长篇评书《长坂雄风》来看一看：

巨鹿郡长街卖马

摘自百度"袁阔成吧"长篇评书《长坂雄风》帖

大家都知道，在隋唐时代有个秦琼秦叔宝被困天宝县当锏卖过马，实际历史上卖马的不只是秦叔宝，在秦叔宝以前很多年，还有一员大将也卖过马。谁呀？三国时期的名将，赵云赵子龙。

赵子龙在哪儿卖过马？在河北省巨鹿郡。东汉末年，河北省巨鹿郡是个繁华之地，商贾云集，整日车水马龙。在太平桥西侧有个大市场，嗬！这地方人山人海！在市场的北头，里三层外三层围了一大群人，拥挤不动。这些人在围观什么呢？原来是一员大将在卖马呢！只见这员将生得是上中等身材，面似敷粉，剑眉朗目，唇似涂朱。身上穿素罗袍，白云缎的兜裆滚裤，五彩的虎头战靴，胁下佩剑。这宝剑白沙鱼皮鞘，银吞口，银兽面，银饰件，素白色的灯笼穗三尺多长，随风飘摆。这员将往那儿一站，银装素裹，就像一尊玉雕的神像，潇洒英俊，凛凛威风。在这员将身边站着一个小马童，生得是宽脑门，尖下颏，细眉毛，大眼睛，身穿墨绿色紧衣，腰扎豹皮裙，胁下别着一条三尺长的镔铁棒。马童手里牵着一匹白马，这匹白马就像一块白缎子一样，浑身上下没有一根杂毛。这马真漂亮，可惜在马鞍子上插着一根草标，原来这马是卖的。

卖马的人是谁呀？正是赵云赵子龙。那小孩是他的马童赵亮。这马要卖多少钱？一千两银子。看热闹的一听说要一千两银子，都觉着挺新鲜，虽然听说过千金买马，可谁疯了真的拿千金去买一匹马呀？！所以不少人在这儿围观。其实这些人不懂，赵云的马确实是匹宝马，叫"玉兰白龙驹"。这匹马头至尾一丈二，蹄至背八尺多，大蹄腕儿，细七寸，竹签耳朵刀螂脖，干棒骨，开前胸，就像欢龙一样。为什么叫"玉兰白龙驹"呢？因为这匹马和普通马不一样。马的左耳朵里边有一块记，就像一朵玉兰花一样，其实这不是记，是角，犄角。马肚子一边有四个旋儿，其实这不是旋儿，是鳞。头上长角，肚下生鳞，都说那不是马，是龙，起码是龙种。这匹玉兰白龙驹还有一个美名，叫"赛龙雀"。龙雀，就是传说中的风神。赛龙雀是怎么回事？这要从汉武帝时说起。当时西域有个乌孙国，乌孙国的大宛马非常出名，远近各国没有不知道的。大宛马跑起来比风神还快，所以都叫牡马超龙雀。这种马也叫天马，"天马行空，独往独来"，就从这儿来的。汉武帝派张骞出使乌孙国，乌孙国王知道汉武帝爱马，就送给汉武帝十几匹大宛马。赵云的这匹马，就是纯种大宛马超龙雀。看热闹的人不知道这是一匹宝马，听说一匹马能卖一千两银子，觉得奇怪，都在这儿看热闹，看看到底有没有人来买马。

这时从外面走进一个人来，前后左右看这匹马，一会儿看看马头，一会儿看看马尾，最后蹲在那儿看。看热闹的人都乐了，心说："你趴那儿看你也买不起，也不怕踢着？！"

这个人仔细看过马后，站起来走到赵云面前："将军，这马是您的？您要多少钱？"

"纹银千两。"

"什么？纹银千两？唉！"

大家伙一看又议论起来了："怎么样？给吓住了不是？直叹气。他和咱们一样，买不起，白在那儿瞎看！都说宝马值千金，那是说，谁能真的拿一千两银子去买一匹马呀？"

"别说了……咱看这位到底要干什么！"

只见这位上下打量赵云，打量完了冲着赵云一拱手："将军，您要少了！"

这一句话把看热闹的人全都说乐了。怎么了？卖马的是犯了神经，张嘴要一千；买马的是发魔症，人家都说要得贵，他倒嫌要少了。哪有这么买东西的？也许这人要拿这位卖马的开心。买马人听大家议论，瞪了这些人一眼，这些人不敢笑了。"诸位，我说的都是真话，这匹马确实是匹千金不换的宝马良驹。这位将军肯定有难处，要不然给他两千两银子他也不会卖！将军，这马我买了！但是我有个条件。"

赵云看这人象是真要买马的，便问道："什么条件？"

"我买了你的马，你反悔不反悔？会不会过几天再从我这儿买回去？"

赵云暗暗吃了一惊："真有懂眼识货的，真是卖金的遇上买金的了。"

赵亮一听这话，灵机一动，"我说这位老客，您真的要买我们将军的马？"

"是啊，一手钱一手货，做买卖的怎可戏言？"

"嘻！我实话告诉您吧!我们将军眼下是有难处，迫不得已才长街卖马。这么办吧，我们这马不算贵，就算租给您吧，过十天半月的我们用一千五百两银子再把马买回来，您看怎么样？"

看热闹的人一听，又议论起来："嘿，我说这可合算，几天工夫就挣五百两银子，可惜咱们拿不出这么多钱来，要是能拿出来咱们就买了！"

这位买马人笑了："怎么样？我断定将军不会是真心卖马。卖马如断将军的双足，我劝你还是别卖了。"

这几句话说得赵云差点没掉下眼泪来："唉！我是万般无奈才忍痛卖马。"

"将军，有什么难处您要卖这宝马？不能想想别的办法？这匹宝马，您卖了可再也买不回来了！"

……

这下看热闹的人群可乱套了：胆小怕事的转身就往外挤，怕惹事的赶快离开这是非之地。胆大的使劲往里挤，心说：这位小将军可为咱百姓出气了！宰了这个赖貔貅才好哪！咱们得进去看看！

就在这时，只听人群外有人大叫一声："子龙贤弟，这马卖不得！"

众人回头一看，只见人群闪开一条道，从外面进来一个人，这人满脸泪痕，一把就拉住了子龙。

哎哟！大家一看都认识，来人是巨鹿郡太守司马直。看热闹的百姓和董休都不知道，赵云长街卖马，正是为了他！

……

这段是《长坂雄风》的第一回。在这里我不先不谈内容，因为内容上的事情我会专门在后面的篇章中详细说。这里我们只看形式，从形式上，这段文字给我们什么样的启示？我觉得至少有以下几个方面：

● **篇幅较短**

这是评书中的一回，文字稿连同标点符号和空格一共3500字，说的话在15分钟之内完成。曾有心理学家对人的注意力做过研究，研究认为人类在听人说话时的注意力有几个时间上的极限，分别为3分钟、8分钟、12分钟、15分钟和1小时。这几个极限正是人容易走神的时候，把握不好就会失去听众。所以，一件事情如果要讲，最好视其复杂程度选择合适的篇幅，能用较短时间说完的不要浪费时间。我觉得写文章同样如此，大多数人喜欢读短文，3000字可能就是极限。

● **句式简单**

口语化的写作风格现在越来越受到欢迎，因为读起来比较轻松。评书的文字稿虽然用文字写成，但也会顾及口语的特点——短句子。我们从上面的文字稿里几乎找不到从句，即使是复杂句，也都是独立短句的集合，放在一起说不会让人感觉语言烦琐，进而造成理解上的困难。用短句子写作是一种能力，各位可以试试。

● **自问自答**

这段文字虽然不长，但用了不下十个自问自答。比如，"赵子龙在哪儿卖过马？在河北省巨鹿郡。"自问自答并不是制造悬念，而是提示与警示。这是一种很简单地提醒大家注意的方式。因为语言表达可能会造成听众疲劳，所以需要讲故事的人适当运用提示与警示的方式。告诉大家现在要说什么事情。

● **省略主体**

故事里一定会有很多对话。我们习惯性的写对话的方式是"说话人+冒号上印号……"这种表达虽然规范，但看上去很累。看看上面这段评书文字稿里处理人物对话的方式：

这个人仔细看过马后，站起来走到赵云面前："将军，这马是您的？您要多少钱？"

"纹银千两。"

"什么？纹银千两？唉！"

并没有在每句话前都写明说话的主体是谁，但是我们并不会因此不知道是谁在对话。这说明，在写对话段落的时候，如果省略主体不至于让人不知道话是谁说的，那就把人物省去，直接写他说的话就好。

● **适当解释**

在人物对话的过程中，如果有个别信息需要解释的，可以立即进行解释，但一定不能过长，并且解释得要紧凑。比如，下面这样：

"哎哟，这是何府？"

赵云和这位买马的都不知道，这是当今皇上的内戚董休的宅院。

此人在巨鹿一带横行霸道，欺男霸女，跑马占地，鱼肉乡里，无恶不作，无所不为，人送一号"赖貔貅"。怎么叫"貔貅"呢？貔貅是传说中的野兽，尖嘴利齿，似狸不是狸，像猫不是猫，别看个不大，但特别狡猾凶猛。这种兽的尿有毒，溅到动物身上就溃烂，直到烂死。兽中之王的狮子、老虎一闻到貔貅兽的味就跑。据说，过去山里供的野山神，就是貔貅兽。董休想方设法盘剥百姓，所以都叫他赖貔貅。在巨鹿郡一提赖貔貅，黎民百姓都不寒而栗。

......

这是整篇中最长的一段解释，也不过200字左右。情节进行中的插叙解释有时候非常必要，因为它可以介绍背景，让读者更能理解情节发展的原因。但是这种解释有时候也很危险，一旦过多过长就会喧宾夺主，把主线变得模糊。袁阔成老师的处理非常好，言简意赅地把解释进行得十分到位，然后立即拉回到主线上来。

如果我们继续分析，还可以总结出很多评书中的讲故事方法。各位有兴趣的话可以自己看一看，我每次听评书或者看评书文稿，都会有收获。相信它们也能给你带来启迪。

025 一篇文章最多可以承载三个故事

友：如果给你15分钟的发言时间，让你讲个故事，你会怎么分配时间呢？

我：讲一个完整的故事。

友：如果给你45分钟呢？

我：那就讲三个故事。

友：如果给你1小时的时间呢？

我：那还是讲三个故事。

友：三个故事只用45分钟，剩下一刻钟干什么？

我：和听众聊天。

友：为什么是三个？

我：三个故事一台戏，再多了相互影响。

……

蔡康永在一本书里也提到过讲故事的问题。我很清楚地记得他在书里说过，如果有一个小时的时间给他做一个演讲，他会结合这个演讲的话题讲三个故事，每个故事15分钟，用其余的15分钟和观众聊八卦。他说这样做的原因是，人们很难在一个活动中听进去三个以上的故事。也就是说，对于一般听众而言，三个故事是极限，再多就饱和了。

我很同意这种观点。并且我认为写自媒体文章同样如此。一篇文章里最多写三个故事，可能的话只写一个最好。

用故事撑起一篇文章可以选择两种方式来设计。

第一种是把文章分成几个论点，每个论点再用一个故事来说明。这种文章风格在公号中经常可以看到，多数都是鸡汤类的文章。因为我不太善于用几个故事来组织文章，所以，只能找一篇被人写的。下面这篇是在一个叫"选择自己"的公号上看到的，觉得写得还不错，作者叫"小椰子"：

层次越低的人，越喜欢花时间在这些事情上

小椰子

/ 01 /

在地铁上，偶然听到邻座两个男生的对话。

其中一个说：

"这几天热搜上都是郭敬明，想到以前居然还看过他的书，觉得自己好Low啊。"

另一个说：

"他真是小小的个子，大大的梦想。人品那么差的人，干出什么事我都不觉得惊讶。"

我转头看了他们一眼，发现两个穿着高中校服的男生一边玩着"王者荣耀"一边聊得津津有味。

我们进入了一个全民娱乐的时代，不管自己身上有多少烂摊子没收拾，我们只关心明星又出了哪些丑闻，出轨队谁又得一分，家暴队谁迎头赶上。

郑爽胖了、郑爽瘦了，郑爽又放飞自我了，某小鲜肉的人设又崩了，明星的风吹草动成了我们每天的谈资和乐趣。

各种婚恋节目、改编电视剧为了收视率不断拉低底线，记录慰安妇幸存者的严肃纪录片《二十二》甚至被截图制成了表情包……

各类娱乐新闻占据了我们的大部分时间与注意力，所有严肃的话题、思考都被用娱乐化的方式对待。

蒋方舟曾说过：

"在这个时代，文化变成了一个看似非常喧嚣但其实非常沉默的事情。"

看上去人人都在发表着意见，朋友圈和微博永远不缺热门话题，但你会发现：

大家关注的信息越来越肤浅、越来越趋向统一，没有人关心真相是什么，人们只愿意相信他们希望的真相。

尼尔·波兹曼在《娱乐至死》里这样写过这样的一段话：

"一切公众话语日渐以娱乐的方式出现，并成为一种文化精神。

我们的政治、宗教、新闻、体育、教育和商业都心甘情愿地成为娱乐的附庸，毫无怨言，甚至无声无息，其结果是我们成了一个娱乐至死的物种。"

层次越低的人，越喜欢花时间在娱乐八卦上。

越来越多的人患上了网络依存症，对各类娱乐新闻上瘾、产生依赖，人云亦云，附和跟风，沉溺在虚拟的世界中不能自拔。

我害怕长久以往，自己会变成一个透明的躯壳，脑袋空空、沉浸于感官娱乐。

有人说，你的时间花在哪儿，你就会成为什么样的人。格局高的人，不会花太多时间在娱乐上。

深以为然。

/ 02 /

中国著名作家杨绛曾给一个向她请求解惑的年轻人写信说，你的问题就在于读书太少，想得太多。

而有些人的问题则在于，关注自身太少，关注他人太多。

我的朋友程，大学毕业后被男方劈腿，失恋让她彻底变了一个人。

原本报的英语培训班也不去了，朋友圈再也看不到她在健身房打卡训练的影子，原本群里就属她最爱聊天，失恋后竟变得沉默寡言了。

偶尔约她出来一次，发现她的所有注意力都在手机上。

"我控制不住自己，真的。"她的眼圈红得像几天几夜没睡，"我不停地刷新他的微博和朋友圈，就怕错过他的任何信息。"

"我害怕他上传和那女的的照片，可是我又忍不住不去看，看她到底比我好在哪里，经常一看就是几个小时，做不了其他任何事。"

我沉默了。也许失恋过的人都经历过这种阶段，但将时间花在过度关注别人上，实在不明智。

这个时代，我们通过各种社交软件去窥探别人的生活、别人的思想、别人的当下，然后与自己作比较。

你回到狭小拥挤的出租屋，想起了公司经理，满心惆怅："我要是能当上经理就好了，每个月工资比现在翻一倍呢。"

躺在床上刷朋友圈，看到了老同学的旅游照片，羡慕至极："嫁个好老公就是命好，不用工作到处旅游。"

你沉浸在怨天尤人的情绪里，满眼都是自身与他人的差距，总是无法感到快乐。

层次越低的人，比起关注自己，越喜欢花更多的时间在关注他人上。

然而，每个人都是独立的个体，人生何其有限。

比起时刻注视着他人，多关注自身的成长，尽自己的一切努力让生活少点遗憾，才能过上快意人生。

当一个人把他的精力和时间从关注外界转向关注自身的成长时，才能拥有更高的格局。

/ 03 /

假如你在森林中看到一名伐木工人，为了砍一棵树已辛苦工作了五个小时，筋疲力竭却进展缓慢，你当然会建议他：

"为何不暂停几分钟，把锯子磨得更利一点呢？"

对方却回答："我没空，锯树都来不及，哪有时间磨锯子！"

这像不像舍本求末的你。

我们每天有大大小小的事情要处理，总有忙不完的感觉。

其中，那些鸡毛蒜皮的小事占用了我们太多的时间，让我们无法集中精力去关注那些更有重要价值的事情。

· 你有空刷朋友圈，却没空好好规划一下自己的职业生涯；

· 你有空沉迷于不费脑的网络小说，却没空阅读经典书籍；

· 你有空聊娱乐八卦，却没空管理一下横向发展的身材。

层次越低的人，越喜欢花时间在不重要不紧急的事上。

有句古话叫"工欲善其事，必先利其器"，只有将时间花在磨炼自己，从身体、精神、心智到待人处事四个层面，才能增进个人产能，累积其他修养的本钱。

《高效能人士的七个习惯》里说：

人生最值得投资的时间就是用在磨炼自己上。

这种修养功夫完全得靠自己，旁人无法越俎代庖，因为它属于重要而不紧急的事。

美国管理学家科维提出了一种时间管理理论，把工作按照重要和紧急两个不同的维度进行划分，我们的事务基本上可以分成四个象限：

1.既重要又紧急；

2.重要但不紧急；

3.紧急但不重要；

4.既不重要又不紧急。

我们往往最容易忽略的就是"重要但不紧急"的事，而把时间过分地花在"紧急但不重要""不紧急不重要"的事情上。

高效率的人会干脆利落地拒绝生活的复杂性，相比之下，普通人则会对事情的重要性次序有所困扰。

这时你就要问自己一句：这件事是否对我今后的个人生活产生重大的影响？

不刷朋友圈一天不会让你有什么重大的损失，而没空规划自己的职业生涯、浑浑噩噩地选择了不适合自己的职业，则会让你损失惨重。

不刷网络小说也许会让你少了一个娱乐项目，但长久不进行深度阅读则会让你越来越缺乏独立思考的能力。

有人说：你天天这么忙，才是你做不成大事的原因。

唯有将时间的重心安排在重要的事情上，才能拓展自我成长的空间。

/ 04 /

在作家周冲的文章中看到过这样一段话：

当你的时间不再用于深度学习，当你的注意力被他人瓜分，当你只看综艺与电视剧，当你在群体中待的时间越来越长，当你执行力越来越差，当你评价他人的次数越来越多，当你抱怨越来越频繁，当你回想往事的频率越来越高……毁灭就已经发生了。

如何分配你的时间，取决于你。

罗振宇说，未来，在时间这个战场上，有两门生意会特别值钱。

第一，就是帮别人省时间。第二，就是帮别人把省下来的时间浪费在那些美好的事物上。

能够掌控时间的人，才能掌控自己的一生。

这座城市，一半人在拼命，一半人在认命；一半人在抢时间，一半人在耗时间；一半人在燃烧青春，一半人在虚度青春。

你愿意做哪一半的人？

共勉。

第二种设计方式就是用一个故事撑起一整篇文章。这是我喜欢用的方式，因为故事太多容易散，我怕回不到主线上来。《格林童话》就是这种方式，每篇文章只有一个故事。方法运用也很简单，我不多说了。下面是我写过的一种"极端"的故事，就是用相反的思路：把一个成型的故事写成不像故事的文章：

关于"火锅英雄"案的审查报告

赵 鹏

不管情节有无牵强之处，《火锅英雄》都是一部好看的电影。特别是，整部影片涉及多个法律知识点，就像是一套"全国十佳公诉人比赛"试题，以至于我必须写一份《案件审查报告》才能把它说清楚。不过毕竟不是真报告，故结构适当调整，内容大幅简略，不同观点点到为止。

关于"火锅英雄"案的审查报告

2016年4月7日18：40，星美影城北京世纪金源店在收取票款人民币（以下币种如无特殊说明均为人民币）35.5元后，将《火锅英雄》电影票1张送达至本人。本人收票后，于当晚18：00在该影城8号放映厅，观看了"火锅英雄"一案的全程录音录像。经上述工作，对该案已经审查完毕，现将有关情况汇报如下：

一、人物关系及背景

本案主要涉及以下三部分人员：

（一）火锅三兄弟及银行妹

陈坤、妻管严（记不住角色名也不知道演员叫什么，以角色特征代之）、眼镜儿（同上）是多年同学，合伙在重庆开了一家"洞子火锅店"，但经营不善，三人想转手，各奔前程。

为了能多得到些转让款，三人决定用挖洞的方式自行扩建火锅店，岂料所挖地洞竟然通向了一个银行的金库。经过一番心理斗争，三人放弃了拿走巨款跑路的念头，并决议秘密将洞口补上。

但此计划须有银行内部人员做内应，于是他们找到了在该银行上班的，曾经与他们有短暂同学关系，并暗恋陈坤的银行妹。银行妹同意帮助他们，但条件是让陈坤归还自己在上学时给陈坤写的一封情书。

（二）七哥及其兄弟

七哥带着一伙弟兄以放高利贷牟利。因陈坤嗜赌，曾从七哥处借款，本息共计23万元，到期未能归还。这也是陈坤积极主张扩建火锅店以多挣转让费的原因。

（三）面具四兄弟

四人分别带着唐僧师徒的面具，持假枪和凶器企图抢劫银行，被抢银行就是银行妹工作的地方，也就是陈坤他们挖通的金库所在地。

二、具体事实及分析

（一）陈坤从银行金库偷拿巨额现金

火锅三兄弟无意间挖通了银行金库后，一致决定不拿金库里的巨额现金，而是择日将地洞补上。与此同时，七哥带人到陈坤家中索要高利贷债务。陈坤无力归还，遭殴打及威胁。为不连累家人，陈坤背着另外两兄弟，趁夜间通过隧道进入银行金库，将巨额现金拿出，欲用此款参与赌博，赚钱后归还高利贷，再将拿出的钱款归还金库。为保证赌博能赢，陈坤与另一不知姓名男子约定，以对暗号的方式赢其他参赌人员赌资。但赌局尚未开始时，陈坤得知家中失火，遂匆忙离开赌局回家。确认家人安全后，陈坤放弃赌博挣钱的念头，回到火锅店欲将钱款送回银行金库。

分析：陈坤的行为不构成犯罪。首先，陈坤从银行金库秘密窃取巨额现金的行为，客观上属于秘密窃取公私财物的行为，窃取数额也达到了盗窃罪的追诉标准；但在主观上，其没有非法占有该钱款的目的，而是想盗用后再归还。依据主客观相统一之原则，该行为不构成盗窃罪。（也有观点认为陈坤具有非法占有目的，鉴于这一问题涉及理论争议，日后有空再详写成文，本文先表明观点。）其次，陈坤与他人勾结，企图以对暗号的形式赢取其他参赌人员赌资的行为，涉嫌诈骗罪，但其在着手之前自愿放弃，属于预备阶段的中止，可不追究刑事责任；况且从事后查明的事实看，该不知姓名男子实际上与其他参赌人员勾结，欲诈骗陈坤之赌资，故陈坤此节行为属于不能犯，不构成犯罪。（也有观点认为不属于不能犯，本文不详细分析，理由同上。）

（二）七哥暴力劫取巨额现金

陈坤回到火锅店时，发现七哥带领手下若干兄弟在店里等其，妻管严及眼镜儿在一旁。七哥称已经得知陈坤携巨款参赌的消息，让陈坤将背包中的钱款交出还债。陈坤拒绝并逃跑，七哥等人追赶并殴打火锅兄弟，最终将陈坤装有钱款的背包抢走。因陈坤私自拿走金库现金，妻管严与陈坤大吵一架后离开火锅店。陈坤则决定投案自首，不连累他人。

分析：七哥涉嫌犯罪证据不足。首先，七哥等人的行为不构成抢劫犯罪。客观上，其伙同多人对火锅兄弟实施暴力，并强行劫取陈坤装有巨额现金背包的行为，属于暴力劫取财物的行为；但在主观上，其目的是索要欠款，尽管该欠款具有高利贷性质，但根据相关司法解释的精神，仍应排除非法占有目的。其次，七哥等人的行为缺乏非法占有目的，不能认定为财产类犯罪。但其客观手段属于伤害他人的行为，可能构成故意伤害罪。然影片并未交代火锅兄弟身体所受伤是否已经构成轻伤以上伤情，故七哥等人涉嫌故意伤害罪的事实不清、证据不足。

（三）妻管严撞车抢回巨额现金

妻管严离开火锅店后，在某娱乐场所门外，发现七哥拿着从陈坤处抢走的装有钱款的背包，遂产生将背包抢回的意图。后妻管严驾驶自己的汽车故意撞击七哥乘坐的小轿车，导致对方翻车，妻管严趁机将七哥手中的背包拿走。后七哥苏醒，妻管严离开现场。

分析：妻管严涉嫌犯罪证据不足。首先，妻管严的行为不构成抢劫罪。客观上，其驾车撞击七哥乘坐汽车，导致车辆倾翻，并趁机抢回背包的行为，属于以其他方式强行劫取财物的行为；但在主观上，其目的是帮助陈坤抢回属于银行金库的钱款，以归还银行，既没有自己非法占有该钱款的目的，也没有为他人非法占有该钱款的目的，其行为不构成抢劫罪。（另有观点认为，陈坤并无以银行钱款归还高利贷的意愿，故在火锅兄弟眼中，七哥的行为属于抢劫；妻管严帮助陈坤把被抢走的财物再抢回的行为，主观上对该财物不具有非法占有目的。个人认为该理解亦有一定道理。）其次，妻管严虽然没有非法占有目的，不能成立财产类犯罪，但其驾驶机动车故意撞击七哥所乘汽车，导致车辆倾翻的行为，造成了他人车辆的损毁以及乘车人身体损伤。如车辆维修价值超过人民币1万元，则其行为构成故意毁坏公私财物罪；如乘车人员身体损伤达到轻伤以上伤情，则其行为构成故意伤害罪；如上述二结果均有，则其行为既构成故意毁坏公私财物罪，又构成故意伤害罪，应根据想象竞合的原则，从一重罪论处。但影片并未交待相关结果，故妻管严涉嫌犯罪的事实不清、证据不足。

（四）面具四兄弟抢劫银行

在陈坤前往投案的同时，面具兄弟持假枪及刀进入银行妹所在的银行，以暴力相威胁，强迫银行工作人员将金库门打开，并将金库内现金装入包中准备带走。因面具兄弟的同伙、驾车并在银行外望风的"胖子"失误，抢劫一事被巡逻民警发现，民警呼叫增援。正在公安机关投案的陈坤听到民警接听的增援电话后，意识到银行妹有危险，遂回到火锅店准备通过地道进入银行救人。

分析：面具兄弟行为构成抢劫罪。首先，客观上，面具兄弟实施了以暴力相威胁，强迫银行工作人员打开金库门，劫取数额特别巨大钱款的行为；主观上，该四人均具有非法占有目的。故四人行为均构成抢劫罪。其次，面具兄弟抢劫行为系既遂。该四人将从银行取得的钱款转移至火锅店时，银行已经失去了对钱款的控制，故面具兄弟的抢劫行为系既遂。再次，面具兄弟抢劫行为具有数额巨大、抢劫金融机构等加重处罚情节，但不具有持枪抢劫的加重处罚情节。因为作为抢劫罪加重处罚情节之一的持枪抢劫，要求行为人所持枪支为真枪，面具兄弟持仿真枪抢劫，不属于持枪抢劫。最后，面具兄弟在抢劫活动中系共犯，作用相当，不分主从。

（五）面具兄弟绑架人质

公安人员接报后到现场，将银行包围。面具兄弟见状将包括银行妹在内的多名银行员工扣为人质，警方因此不敢进入现场。对峙期间，陈坤通过地道进入金库，眼镜儿随后也进入金库，但被金库中找出口的面具兄弟之一"猴子"发现。"猴子"用枪抵住眼镜儿头部，陈坤从后方将"猴子"打晕，并换上其衣服，混入到面具兄弟中，伺机解救银行妹，但最终因"猴子"苏醒并挟持了眼镜儿，陈坤被面具兄弟制伏。

分析：面具兄弟行为构成绑架罪。首先，面具兄弟在实施抢劫罪的过程中，发现被警方包围，遂将银行内员工作为人质与警方对峙的行为，属于劫持他人作为人质的行为，主观具有犯罪后潜逃的不法目的，符合绑架罪的犯罪构成。其次，面具兄弟在抢劫过程中，又绑架他人作为人质的行为，不能被抢劫罪一罪所包容，故其绑架罪应当单独评价，不能被抢劫罪所吸收。再次，"猴子"苏醒后挟持眼镜儿的行为，亦属于绑架行为，该行为不超出面具兄弟共同犯罪故意，但可与之前面具兄弟绑架银行员工作为人质的行为，一并评价为绑架罪。最后，陈坤将"猴子"打晕的行为，属于对正在行凶之犯罪人采取的无限防卫行为，无论是否造成对方损害，均不构成犯罪。

（六）面具兄弟企图灭口

面具兄弟挟持陈坤、眼镜儿及银行妹通过地道来到火锅店，恰好遇到带着抢回的背包回到店中的妻管严，遂将其制服，与陈坤、眼镜儿及银行妹绑在一起，并往四人身上及火锅店内泼洒汽油，欲将四人烧死。

分析：面具兄弟行为构成放火罪。首先，面具兄弟向该四人身上及周围泼洒汽油，欲杀人灭口的行为，属于对公共安全具有紧迫危险的行为，构成放火罪。其次，面具兄弟因七哥的到场而未来得及点火，其放火行为系未遂。最后，面具兄弟的放火行为属于另起犯意的独立犯罪行为，不能被之前所犯的抢劫罪、绑架罪所吸收，应当单独评价。

（七）七哥与面具兄弟斗殴

面具四兄弟尚未点火时，七哥带领若干兄弟来到火锅店，欲找妻管严报仇。见到面具四兄弟后，七哥误以为是火锅兄弟找来的帮手，遂下令将面具兄弟打成残废。面具四兄弟见状后亦持刀与对方殴斗。其间，面具大哥与七哥分别将对方多名殴斗人员扎死，其余3名面具兄弟以及七哥手下均在殴斗过程中死亡。

分析：两位大哥均构成故意杀人罪。首先，七哥及面具大哥的行为构成聚众斗殴罪。双方人数均在3人以上，在作为公共场所的火锅店相互殴斗的行为，均构成聚众斗殴罪。其次，七哥及面具大哥在聚众斗殴过程中均实施了故意杀人的行为，依法应当以故意杀人罪追究刑事责任。

（八）面具大哥在潜逃中与陈坤互刺

面具大哥将七哥扎倒在地后，携带从金库抢得的赃款，以及妻管严抢回的装有钱款的陈坤背包潜逃，自救成功的陈坤追赶。途中二人发生互殴，陈坤用尖刀刺扎面具大哥，面具大哥夺刀后刺扎陈坤躯干部多刀，后逃离现场。在面具大哥穿过马路时，被一白色小轿车撞倒，当场死亡。陈坤爬至面具大哥身旁，将被面具大哥抢走的背包中的一封信拿出。原来，陈坤之所以追赶面具大哥，目的是拿回这封信——当年银行妹写给他的情书。

分析：面具大哥行为构成抢劫罪。首先，面具大哥将妻管严从黑老大处抢回的装有钱款的陈坤背包一并拿走的行为，客观上是基于之前对火锅兄弟实施的暴力，导致对方不能反抗，主观上具有非法占有目的，亦构成抢劫罪。但可以和其之前抢劫银行的行为一并评价为抢劫罪。其次，面具大哥在逃跑途中用刀刺扎前来阻拦的陈坤的行为，属于为了占有赃款实施暴力的行为，可以被抢劫罪包容，不再单独评价。最后，陈坤在追赶面具大哥途中持刀刺扎对方的行为，属于对正在实施严重暴力犯罪之人所进行的无限防卫，不构成犯罪。

三、需要说明的问题

（一）漏罪漏犯

1.一名抢劫共犯在逃

该人为面具兄弟开车并放风，在面对民警盘查时潜逃，其在共同抢劫犯罪中属于起辅助作用的共犯，行为也涉嫌抢劫罪，应当追捕。

2.三名男子涉嫌诈骗（未遂）

三名欲诱骗陈坤参加赌博的男子，涉嫌诈骗（未遂），应予追查。

3.神秘司机涉嫌交通肇事

将面具大哥撞死的司机，有可能涉嫌交通肇事罪（也有观点认为系偶然防卫，可不按犯罪处理，本文不展开）。具体事实有待进一步查明后再判断。

（二）法律监督

1. 纠正违法

影片所示，陈坤两次去派出所投案，为其制作笔录的民警均为1人，违反了公安机关办理执法应当2人以上的规定，应发《纠正违法通知书》。

2. 检察建议

影片反映，私自挖掘地下空间扩建店面的情况并非偶然事件；另事发银行报警设施落后，金库地面出现漏洞多日未能发现。针对上述问题可向相关部门、单位分别发出《检察建议书》。

四、审查结论

陈坤、眼镜儿、银行妹在本案中无犯罪行为；妻管严涉嫌故意毁坏公私财物罪、故意伤害罪的事实不清、证据不足，不符合起诉条件；七哥的行为构成故意杀人罪，应对其提起公诉；面具兄弟的行为分别构成抢劫罪、绑架罪、放火罪（未遂）、故意杀人罪，鉴于四人均已死亡，不再追究刑事责任。

本案适用普通程序。

以上意见妥否，请批示！

检察员：简言君

书记员：茄盒儿

2016年4月10日

陆

你能勾住人吗

——让文章引人入胜的方法

我有个好朋友，总喜欢在床边摆一本乏味无趣的书，他用这本书代替安眠药。每当想起这件事，我都替书的作者感到尴尬。我们如何才能让自己的文章不被他人只有在失眠时才想起来呢？

同：鹏哥，帮个忙呗。

我：说。

同：单位有个党员大会，让入党积极分子发言。每个人8分钟，我写了一篇发言稿，你帮我看看，最好帮我改改？

我：你告诉我你这个发言的主要内容是什么。

同：还能有什么，感谢单位、感谢部门、感谢领导、感谢同事，说单位好、部门好、领导好、同事好，哪儿哪儿都好呗。

我：索然无味。

同：这种发言还能有什么意思？

我：我觉得这种发言是最有意思的。你想想，那么多人在台下听你说8分钟话，好多人会通过你的发言认识你，多好的事情。但你却回应给听众们一段极其无聊的陈词滥调。

同：我就是一个聘用制人员，没有你们那么高的学历和文化积累。

我：这和学历与文化积累无关。真正好的内容是真诚、自然的、贴近生活的，这些都和高学历没有直接关系。

同：真诚、自然、贴近生活，怎么做到呢？

我：有个最简单的方法——设置问题，自问自答。

同：自己设置一个问题，然后自己回答，用这种问答方式构建文章吗？

我：聪明，就是这个意思。

同：那设置什么问题呢？

我：一个大家很关心，很想知道，也很愿意听你去说的问题，并且这个问题一定要能切入进你这次发言的背景主题上来。也就是说，你要提的问题，最终的解答应该是围绕大会的主题的。如果你们这次是一个党建大会，那你的回答就应该和党建有关。

同：这难度太大了。我没什么问题能拐到党建工作上来。

我：怎么可能，你当然有。只是你自己没有意识到而已。

同：比如呢，你举个例子。

我：我不是你，我不可能站在你的角度去想出什么问题。每个人的问题都只属于他自己。不过作为旁观者，我可以给你提一些问题。

同：你问，我答。

我：好，刚才你也说了，你是聘用制，那你每个月的工资是多少？

同：2700元。

我：你明年的工资会涨吗？

同：不会。

我：后年呢？

同：不会。

我：五年后呢？

同：怎么还有五年后，我们的合同期限就五年，到时候就不会再和我续聘了。

我：好，那你有转为正式人员的机会吗？

同：绝无可能。

我：好，那也就是说不出意外的话，你在检察院这几年每个月的工资就是2700，不会涨，也不会转正，到时候就得走人？

同：对。

我：每月2700，你能攒多少？

同：月月光。

我：你家里很有钱吗？

同：工薪阶层。

我：你家离单位很近吗？

同：单位在石景山，我家在房山，每天上下班4小时路程。

我：单位有你喜欢的姑娘吗？

同：没有。

我：如果你出去找个别的工作，工资会比现在的高吗？

同：至少翻一倍吧。

我：那你近期有此想法吗？

同：没有。

我：你精神正常吗？

同：什么意思？

我：按我的看法，你在检察院，一没有职务晋升空间，二没有高额的薪水，甚至连稳定都谈不上，此外你也不是图家近或者佳人，你也不是家里不缺钱找个事情消磨时光的公子哥，那我实在想不出你为什么要在这里干，还一干就是三年，还没有辞职的打算？

同：呃……

我：这还不算，你还越干越起劲，还想入党，现在连单位都让你去大会上发言了，足见你做的好。高官厚禄、可期待的爱情、便捷的生活，一样儿都没有，你还这么上进地工作，这不是有病吗？这就是我一个外人对你的疑问，我相信也是很多人对你的同样的疑问，他们不明白，你为什么还在检察院待着。

同：我喜欢这个工作。

我：单纯的喜欢这个工作吗，有没有喜欢这里的氛围？

同：有。

我：是不是觉得这里能实现点价值，而且不是那么功利的以金钱作为衡量标准？

同：是的。

我：好了，这就是你可以在发言里写的内容。记住，先把问题抛出来，再去回答。

……

写文章和发言是一个道理，回应焦虑、回答问题是一种最常用的构思内容方式。我们不一定真的有那些问题，但有些人可能会有，这就是真的问题。把它们设置出来，再去解答它，只要这个问题确实足以引起人们的共鸣，那这篇文章依靠这个结构就已然成功了。

以我的经验来看，使用这种方式构思文章时，需要注意以下几个问题，这几个问题在上面与同事交流的对话中涉及了，在此我再明确一下：

问题放在文章最开始

问题是整个文章的核心，它最好的位置就是文章的最开始。当然我们可以进行一些铺垫，但铺垫不要过长，最好简单几句话就把问题提出来。比如，上面我的同事的发言，第一部分的问题引出就可以这样写：

"大家好，今年是我从事这份工作的第三年。在这三年间，我的亲朋好友问的最多的问题就是：'你一个月挣多少钱？'我每次都很坦诚地告诉他们，只是这个答案三年来都没有变化——前年2700元，去年2700元，今年还是2700元。不出意外的话，明年、后年都是2700元。再往后是多少对我来说没意义，因为那时候我合同就到期了，恐怕想留也留不下来。所以，这些年来不少人说我有毛病：为什么不去外面找一份收入高一些的工作，却安安心心地在检察院做个月光族，每天花4个小时的时间上下班？还越干越起劲儿，现在又要求入党？有人觉得我被检察院洗脑了！"

这段开头加标点符号不超过270字，简单的铺垫后就直接进入主题。并且铺垫也很生动，人们总是对钱更感兴趣，并且对别人一个月挣多少钱抱有充分的八卦心。所以像这样组织内容，完全可以吸引人们进一步往下去听。

问题应体现矛盾冲突

想引起别人注意的问题，一定是有高度矛盾冲突的。矛盾冲突需要我们在事件中去寻找，不过寻找也需要一些方法。下面我介绍几种自己常用的矛盾冲突的寻找思路，希望对大家有用：

● **观点之间的冲突**

最常见的冲突无非就是观点上的冲突。很多事件发生之后，人们希望看到对事件的正确评价，但是不同的人对事件的评价可能完全不同。这时候就存在观点上的冲突。这种冲突大多数是因为立场不同引起的，所以才有比较、评价的意义。

比如，某市公安巡警在执法过程中，遭到怀抱婴儿的妇女的抗拒，民警将该妇女摔倒在地，导致妇女怀中抱着的婴儿也摔在地上，幸好婴儿没有大伤害。此事件爆发后舆论一片哗然，很多人指责民警滥用职权，但也有不少人为警察说话，认为妇女暴力抗法在前，民警的做法虽有不当但也属于执法行为。对这种热点事件，不同的观点本身就是问题，在文章开头把这不同的观点简单陈述一下，问题自然而然就提出来了。接下来就是我们如何选择观点的事情，这就是文章的主要内容。

● **需要之间的冲突**

马斯洛有一个著名的学说，叫做"人生需要层次论"。他把人的需要分成五种，并且把这不同种类的需要放到了不同的层次中——最高的需要是自我实现，最低的需要是生存。按马斯洛的观点，只有更低一级的需要满足了之后，人们才会有更高级的需要。但这只是理论上的模式，现实中，人们可能确实没有更高层的需要，但却不一定不想要那些还不需要的东西。

这话听着有些绕，举个例子：处于温饱线上挣扎的人，暂时没有自我实现的需要以及相应的能力，但不等于他们不想要自我实现。再举个例子，衣食尚且堪忧的人，暂时没有寻找归属和爱的能力，但不等于他们不渴望爱情。有些人为了爱情甚至放弃稳定的衣食生活，这就是人生需要之间的冲突。这种冲突也是问题，并且往往是能够吸引人的话题。我在文章开始时与同事对话中提到的他的状态，就类似这种人生需要之间的冲突问题。

当然，马斯洛的这套理论还有很多可以用在文章写作上面的地方，我会在之后的篇章中重点讨论。

文章应回应读者焦虑

当把问题提出来之后，文章应当去回答这个预设的问题。这本来是一个不需要多说的事情。我之所以把它单独拿出来作为一点，是因为我经常看到一些文章，提出了很好的问题，但却没有去回答它们。换句话说，很好的文章开头，结果很快跑题了，非常可惜。

导致这种现象的原因很多，我觉得最主要的一个就是：逻辑问题。在我看来，绝大多数的失败——不仅仅是文章的失败——或多或少和逻辑有关。所以解决这个问题的唯一途径恐怕也是加强逻辑思维。

提出问题之后，紧接着就要进行回答。回答的过程可长可短（视文章篇幅），不要过多的节外生枝，以免逻辑发生混乱。

下面是《方圆》杂志向我约稿的文章，我在这篇文章里用的就是这种问题——回应式的内容构思方法。希望对大家有所启发：

法学专业没用，为什么我们还要学

赵　鹏

曾经有一个消息称：法学专业连续6年被评为最没用的专业。这真是一件令所有法律人都沮丧的事情。毕竟我们当年选择法学专业时，都认为它一定是一个热门专业，对吧？当然，热门不等于有用，但若说法学是最没用的专业，我完全不能认同。因为在我看来，法学教育给了我四个重要的理念和能力，它们让我受益终生。

一、分析问题的逻辑和方法

再没有哪个专业像法学一样如此锻炼人的分析问题能力了。法学教育培养了我法律人的独特思维：判断事实—分析定性—解决处理。这是我认为最好的分析问题的方式，即先确定基础事实，再进行价值判断，最后提出解决方案。

我所做的是刑事法律工作，这个领域更要求严密的分析逻辑。刑事司法过程的核心有两个阶段，第一阶段是确定基础事实，它需要证据、逻辑经验的结合运用；第二个阶段是判断法律适用，它需要在前一阶段业已确定的基础事实上，用法律、法理、习惯与政策作为论据去判断。其实，在第二阶段之后还有一个阶段，那就是处理问题的阶段：确定了一个人实施了某一犯罪行为，又分析出了该犯罪行为的法律定性，最后就是如何处理——起诉还是不起诉，起诉的话应该在法定量刑幅度内选择哪一个具体期限——完成了这一步，刑事司法活动才告一段落。

人们在分析问题时经常出现的一个不好的倾向就是忽略基础事实的确定，根据只言片语直接进行价值判断，这种倾向甚至在很多接受了法学教育的人身上仍然存在。但确定事实才是进行价值评价的基础，并且在很多时候，确定事实的难度要远远大于价值判断。

二、价值冲突的判断与取舍

在学习法学之前，我一直是一个一元论者。所谓一元论指的是这样一种世界观：在这个世界上，所有的问题都必然有一个正确答案，并且这些正确答案之间是相融无间的，所有美好的、正确的价值追求都不会互相冲突，它们可以融为一个整体，形成和谐的价值体系。

是法学教育以及随后的法律工作彻底改变了我的这种一元论世界观。因为在法学以及法律工作中，存在大量的价值冲突，每个价值单独来看都是绝对正确的，但它们却不可能同时存在，它们之间有时候会存在不可调和的冲突。比如，公正和效率；再如，"不枉"和"不纵"；甚至如打击犯罪与保障人权。

在存在价值冲突的时候，人们需要进行选择，有选择就有取舍，此时人们需要根据当时的情况进行更上位的判断。比如，在人权观念淡薄的年代，人们选择宁枉勿纵以严厉打击刑事犯罪；但在人权意识逐渐强化的今天，人们接受宁纵勿枉以确保无辜的人不受追究。

法学以及法律工作中充满了这种价值上的冲突，甚至每个案子的处理过程中，每个证据的采信过程中，都会产生价值冲突的问题。法律人需要不断地进行取舍，以便不断前行。

三、归纳演绎外的方法寻找

到目前为止，人类公认的获取知识的手段只有两种：归纳和演绎。但这两种方法不能解决世界上所有的问题，对于那些既不能用归纳的方法，也不能用演绎的方法解决的问题，解决它们的方法尚不明确，以至于这些问题仍然处于"哲学状态"，期待着人们发现归纳、演绎意外的方法去解决它们。

法学以及法律工作中就经常有这样的问题。举个例子：如果我问："如何才查明犯罪嫌疑人作案时的具体年龄？"答案是基于调查

（司法意义上的观察）；户籍部门、医院或者鉴定人将会是我们能够找到的帮助者。倘若再问："14周岁未成年人绑架撕票的行为应当如何处理？"这也并不难回答——只需对《刑法》以及相关司法解释的条文进行演绎推理便可知晓。但是，如果问及"人们在什么情况下会相信指控的事实确曾发生过？"或者"怎样的量刑能够被称为'罪责刑相适应'？"对上述问题我们应该怎样给出一个让人满意的回答呢？同样的道理，回答"为什么无利害关系的证人证言比有利害关系的证人证言更为可信？"比回答"为什么内心确信的证明标准比排除合理怀疑标准更适宜（或者相反）？"容易；回答"抢劫致人死亡的法律后果是什么？"比回答"什么叫宽严相济或怎样才算从重处罚？"容易；回答"'应当'一词的精确涵义"比回答"'酌情'一词的精确涵义"容易；回答"什么叫'公开审判'"比回答"什么叫'公正量刑'"容易。

在上述每对例子中，回答第二个问题的难度明显大于第一个问题——其原因不在于题目所涉及的知识内容更"偏僻"或者回答所需的语言更复杂，而是在于人们没有客观的标准来判断答案的对错；关于它们的各种解答只能用"合理"或"不合理""能接受"或"不能接受"以及相应的程度予以评价。

上述那些难以回答的问题的共同特征在于：它们既不是经验的问题，也不是形式的问题；据此，司法工作所需的一部分知识内容可被归入具体的科学范畴。比如，前文所举各对例子中的第一个问题，因为它们要么可以通过观察（调查）等经验的方法获得，要么则可通过演绎（如对不同法条进行文字演绎）等形式的方法获得；但同时也存在一部分知识，其研究方法尚不明确、判定标准莫衷一是，故而暂时无法独立成为或者被划归为具体的科学部门，至今仍滞留在"混沌"的哲学母体中，以它们为依据的司法环节因此尚未实现"科学化"，与证明或者量刑活动有关的大部分知识内容即属此类。对这些问题的研究和解决，需要寻找归纳、演绎之外的其他方法，这给了我们很大的研究空间，也激发了无限的想象力。

四、良好口才的培养与提高

法学教育让人学会思辨，法律工作要求从业者有良好的说服能力，这一切都促使良好表达能力的养成。这一点似乎不用过多阐述。

以我自己的观察，一个本科毕业生，进入司法机关后从事法律工作，只要用心去学习，不出三年就能培养出良好的表达能力。并且这种能力随着工作经验的积累和学习的深入还会越来越有所提高。良好的表达能力和说服能力，是绝大多数工作都需要的，所以拥有这种能力，即使今后不再从事法律工作，也能在其他工作领域中作出好的成绩。

回到正题上来，其实我能够理解为什么法学连续六年被评为最没用的专业。因为它对人思维、能力上的这些培养，是潜移默化的，不能立竿见影，无法迅速地转换为经济价值。不过，认真学习的人一定能在法学教育或法律工作中获得其他专业很难给予的东西，正是这些东西让我们得以成为一个冷静、理性、客观的法律人。以上，愿所有曾接受过、正在接受以及即将接受法学教育的人，珍爱我们的专业。

每当我提到某某事物"有什么用"这个问题时，都会想到我当年在法学院读书时，一位教授对一个尴尬问题的回答。那是一位研究中国法律思想史的教授在一次沙龙讲座之后与学生进行互动时说的一段话，当时有一位同学问他"研究法制史有什么用"，教授听完后脸拉得很长，想了几秒钟之后回答说："你有什么用？你能告诉我吗？恐怕只对你父母而言你是有用的。你们太喜欢进行有用没用的判断了，这不是一个大学生应有的思维。大学生应该从多个层面去分析一个问题，而不是单纯地讲有用还是没用，那样会显得你们太功利，思考太肤浅。"

027 好的题目——让人自愿打开文章

友：如果《水浒传》不叫这个名字，而是叫《一个女人和一百零七个男人的故事》，那就更火了。

我：老段子了，二十年前就有人说过。还说《红楼梦》可以叫《一个男人和一群女人的故事》呢。

友：说明标题还是很重要啊。

我：但是用这些例子证明这个观点并不太适当。因为《水浒传》和《红楼梦》是公认的文学名著，它的知名度和成就都不依靠书名。也就是说，就算这两部书不叫现在的名字，结果也不会和现在有什么不同。

友：那你的意思是书名和标题不重要了？

我：当然不是。相反，它们非常重要。尤其在现在这个网络年代，传播率取决于文章被阅读的次数，好的标题极大程度地影响文章的点击率。所以，标题很重要。

友：那你想做一个标题党吗？

我：不。标题党指的并不是那些重视标题的人，准确地说，标题党指的是那些只重视标题，忽略文章内容的人。一篇好的文章起一个好的题目本来就无可厚非，文美题靓这叫锦上添花，没什么可指责的。只有哪些本来就很烂的文章却起了个异常吸引眼球的题目时，人们才会指责作者是"标题党"。

……

给文章起标题一直是我最大的痛苦。从骨子里我不想通过标题去博取眼球，但有时候辛辛苦苦写了一篇文章，却因为标题没起好影响了阅读量，也会很懊恼。我在刚刚开始做公号的时候并不在乎文章标题——第一篇公号文章是影评，写的是电影《云中行走》，我给那篇文章起的名字是《看云中行走，谈危险接受》，这是个普通得不能再普通的题目，它让文章看上去很像是在杂志上发表的那种。如果现在发这篇文章，我肯定不会再用这个题目，因为经过一段时间的自媒体运营历练，我越来越重视标题！有时候我给文章起标题的时间可能超过了写文章的时间。说起来很不好意思，但这就是事实——题目起不好，文章很可能就白写了。

其实我到现在也不算一个很会起题目的人——在这方面有的是比我厉害的人物，有时候我向他们请教——但是我的优点是善于总结和提炼。本篇中我可以把一些常见的自媒体文章起标题的方式总结一下，介绍给大家：

悬疑式标题

这是最常见的一种自媒体文章标题，几乎充斥着网络上的各个角落。所以对它不用多介绍——其关键点就是利用人们的好奇心理，产生从文章中寻找答案的冲动，这样就必须要把文章点开阅读了。

悬疑式标题有很多种表现方式，但归根结底都是这样的套路：提出一个话题、隐瞒重要信息、提示文中有答案。比如，下面几个标题都属于悬疑式的：

《越是层次低的人，越喜欢做这几件事》

《成功人士最喜欢看的书竟然是……》

《为什么我们会做黑白梦》

......

悬疑式标题最大的好处就是让读者直观感受到文章的重点内容，他们可以根据对作者所隐瞒的信息的感兴趣程度决定是否点开文章观看。起这类题目的作者一定要善于抓住读者的兴趣点，因为并不是所有悬疑式标题都能有很好的效果，同一篇文章用不同的悬疑式标题，效果也很可能大不相同。

比如，我在国际禁毒日写了一篇关于毒品危害大的文章，文章重点写的是毒瘾很难戒除。我通过对十几个吸毒人员进行采访的方式，得到了他们关于毒瘾的最直观的感受。我要给这篇文章起一个题目，并且打算用悬疑式标题。现在我有两个选择，分别是：

1.《为什么毒瘾那么难戒除？我和十几个毒贩聊了聊》

2.《性瘾和毒瘾，哪个更难戒？》

上面这两个题目都算悬疑式的标题，你更喜欢哪个呢？或者你认为哪个题目会给这篇文章带来更高的阅读量呢？我个人认为，一般人对性瘾的兴趣会比对毒瘾的兴趣更大。

新闻式标题

在新媒体时代，传统的新闻式标题仍然有其用武之地，尤其当新闻本身就已经非常劲爆的时候。也就是说，当一个事件本身就能引起别人的兴趣时，用最精炼的话把这个事情表达出来就是最好的标题。

新闻式标题要求简洁明了，一句话或者几个词就要把新闻的主体内容说清楚。通常情况下可以用这样的套路："谁"+"干了什么"+"结果是什么"。如下面这样：

《雇凶杀妻，妻子却出现在自己的葬礼上》

《前警察雇凶杀自己，凶手认为自己不构成犯罪》

《百条短信教唆男友自杀，凶手称这是为了爱》

……

新闻式标题看似简单，但想起得好并不容易。我们平常需要进行一些语言训练，比如，用最简单明了的话概括一个复杂的事件。我经常做一个小练习：看完一场电影后，用一句话把这部电影的故事梗概说出来，这是一个很好的练习叙事、描述技巧的方式。不仅能让我们的语言更精练，还能让我们更会起标题。

总结式标题

有一种和悬疑式标题很像的题目，它们也在题目中隐藏了一些重要信息，并且也是提示人们去文章中找答案。但与典型的悬疑式标题不同的是，这类文章是在进行知识点总结，也就是对一些有规律的内容进行梳理。这类标题让人们有求知的欲望，我把它们称为"总结式标题"。比如，下面这几个：

《掌握4种方法，应对欠债不还者》

《明天开始这10件事情千万不能在开车的时候做》

《口腔溃疡迅速治愈，吃这5种水果》

《上台讲话不紧张的5个小窍门》

……

类似的还有很多，大家也经常会见到。人们喜欢在自媒体平台上看一些有用的东西，所以总结式标题很有市场。

鸡汤式标题

我不太喜欢读鸡汤，但我绝不否认鸡汤文章以及鸡汤标题在传播上的与众不同。典型的鸡汤标题都是一个陈述句，句子本身就是一碗鸡汤，如"今天你对我爱答不理，明天我让你高攀不起"。还有一种能够煽动一类人心理共鸣的标题，我也把它们称为"鸡汤式标题"，如"欺负女人的男人不会有好结果"……

其实我们也没必要抵触鸡汤文章和鸡汤标题。有时候人不需要那么现实，在生活之余找一篇文章聊以自慰也是人的情感需要。所以，有时候我也写一写鸡汤，或者利用鸡汤标题给不是鸡汤的文章弄一个不错的阅读量。

说到这里我想起一本书：《你永远叫不醒一个装睡的人》，这其实是一本学术书啊。

文中句标题

就像有的作家喜欢用书中某一章节的题目作为书名一样，我们也可以用文章中的某一句话做全文的标题。但这种做法比较有风险，因为如果这句话并不能很好地统摄全文意思时，可能会被指责为"标题党"。所以，我一般不用这样的标题。下面这篇是我的公号里唯一一篇使用了文中句标题的文章，拿出来让大家评论一下吧：

法官问：当时你为何不夹紧双腿

赵　鹏

拒外媒报道，加拿大的一位法官最近遇到了麻烦，起因是2014年他在审理一起强奸案的过程中，对被害人的问话表现出了明显的偏见及不应有的不尊重。这使得他将面临来自加拿大司法委员会的惩戒听证会（disciplinary hearing），要知道这种惩戒听证在加拿大历史上至今只有过11次。听证会的结果将会决定这位法官还能否继续担任此职。

一、调查、质疑还是羞辱?

这位加拿大卡尔加里市的法官叫罗宾。2014年，罗宾法官受理了一起性侵案件：被害人是一位19岁的流浪姑娘，她在购物时遇到了被告人——一位年轻男子。在被告人的盛情邀请下，流浪姑娘跟随他去了一个朋友家参加聚会——就是电视上常见的那种在一栋房子里有很多男男女女吃喝唱跳过通宵的大Party。

第二天，流浪姑娘报警称自己被被告人强奸了，警方在她的牛仔裤上提取到了被告人的体液，并在姑娘的背部发现了多处新鲜的淤青痕迹。

被告人承认与姑娘发生了性关系，但却坚持称对方是自愿的。至于被害人背后的淤青，被告人一笑——那是情趣。

法庭上，罗宾法官向被害人发起了一连串的问话，内容涉及姑娘的成长环境、性经历、性癖好等，让19岁的姑娘尴尬不已。然而，更过分的是，罗宾法官对被害人的自愿性提出了质疑，并且问出了下面这样的问题：

法官：被告人在洗手池上强奸了你？那你完全可以把屁股挪进池子里，这样的话他还怎么插进去呢？

法官：如果你不想和他发生性关系，为什么不把双腿夹紧些？

法官：如果你不想和他发生性关系，为什么还问他有没有戴安全套？

……

对于被害人身上的淤青伤，罗宾法官显然倾向于被告人的说法，因为他对被害人说出了这样的话：

法官：很多时候，疼痛和性爱是相伴相生的，这并不能证明什么。

最终，罗宾法官判被告人无罪。

罗宾法官在法庭上的这些问话，引起了很多人的不满。加拿大司法委员经过一番调查后，要求罗宾法官公开道歉，并接受惩戒听证。此外，这起案件也将会重新审理，据报道，今年5月，加拿大警方已经逮捕了那名男子。

二、案件体现的一系列问题

罗宾法官对被害人的询问，看似是调查事实，实则是对陈述真实性的质疑，说明他内心并不相信被害人所说的是事实。当然，作为法官不相信一方当事人的陈词在大多数情况下并不是什么过错，因为人与人对事实的判断本来就有差异。然而问题在于，法官的工作不仅仅是判断事实，还应当尽量避免冰冷司法过程对参与人可能造成的伤害。也就是说，即使他不相信被害人所言，也不能如此尖刻的质疑，因为如果被害人所言属实，那么这些质疑将导致她在已经遭受性侵的情况下，又遭受来自司法的第二次伤害。这应当是罗宾法官接受惩戒听证的主要原因。除此之外，案件中还体现出了性侵案件中的一些常见问题。

1. 违背意志的判断

很多强奸案件中，被告人都不否认与被害人发生了性关系，但却辩解称被害人当时是自愿的。于是，司法官必须判断被告人的行为是否违背了妇女意志。在存在严重暴力的情况下，违背妇女意志并不难判断，但在极轻微暴力或单纯胁迫的情况下，这一判断就比较困难了，因为男欢女爱有时候确实伴随一些激烈的行为，而这种案件的证据又往往是一对一的，需要司法官深入案件的具体情境中去叩问内心究竟倾向于哪一方。

加拿大的这起案件，网上报道的内容不详尽，所以无从作出进一步判断。不过单从罗宾法官的问话来看，他对违背妇女意志的判断过于片面——被害人不反抗不能说明就是自愿，因为不反抗既有可能出于客观上的不能反抗，也有可能出于主观上的不敢反抗或不知反抗。如果被害人因为被告人的种种言行而在能够反抗的情况下不敢进行反抗，被告人的行为同样是违背妇女意志强行与之发生性关系。

2. 法官的身份偏见

其实，罗宾法官的行为体现出来的是其对被害人身份存在的极为强烈的偏见。在他眼中，被害人是一名街头流浪女，衣食无着。这样的人在他的眼中是一个性防卫意识并不强烈的人。

在生活经验上，我不能说罗宾法官的判断是不符合常理的，因为类似判断在我们的社会中也被很多人秉持——如当卖淫女称自己被强奸时，就会有很多人对其陈述的真实性表示质疑。

然而在司法判断上，这种价值倾向是不应有的偏见。因为只需要冷静反思就可以判断出，这种倾向并没有任何经验上的依据——强奸罪保护的是妇女的性自主权，而妇女对性自主权的处分则与其职业、经历、身份、教育背景无关。

3. 熟人强奸潜在犯

近年来，典型的暴力强奸案件越来越少了，取而代之的是熟人之间的强奸案。美国有个非官方的统计，说是将近20%的美国女性曾经遭受熟人的性侵害。加拿大的这起案件也应该算是熟人强奸。这种案件的特点就是暴力不明显，被告人大多表示冤枉——声称对方是愿意的，或者只是出于矜持和情趣而在形式上予以反抗，但内心还是愿意的。

这些被告人能不能构成犯罪需要个案判断。但他们往往都具有某些共同的特点：比如，持有性偏见的心态，认为男性是占主导地位并且不妥协的；再如，缺乏足够的社会互动能力及判断力，容易把女性的友好行为误解为性信号的；还如，有嗜酒及嗑药习惯，很多性侵案件的被告人在案发前都曾大量饮酒或者服用有精神刺激作用的药物。

4. 此类犯罪的避免

其实，罗宾法官纵有千万个不是，但他在审判完毕后对被告人的忠告还是有道理的：

法官：记住，不管是直接上床，还是口交，甚至只是肌肤相亲，都一定要对方确认说Yes后再继续！

确实如此，并且不论对方是谁，都有权不同意和你上床，除非你老婆（婚内强奸现在也是个争议话题）。

此外，男人还应当懂得一个道理：在法律上，一个女人在你面前展示身材不等于同意跟你做爱，答应和你回家不等于同意跟你做爱，在你家里洗了澡不等于同意跟你做爱，在你家里洗了澡又裹着浴巾出来不等于同意跟你做爱，甚至裹着浴巾出来后跟你接了吻也不等于同意跟你做爱……总之，如果在做爱前她说不，那就是不！

当然，上述事项只是在法律判断上，为了避免成为熟人强奸犯而应当注意的。如果你在生活上真的秉承这样的原则，你一定不会被指控性侵犯罪，但却极有可能被认为是：呆子！

　　心理学上有一种思维陷阱叫做"互惠偏误"，大概意思是说当一个人接受了另一个人的好处以后，就很难再拒绝对方提出的请求。用我们的话说，就是"吃人家的嘴短，拿人家的手软"。很多性侵案件，都是被害人一方在案发前曾经受过被告人的恩惠，这种恩惠可大可小，总之它们让被害人很难拒绝对方随之而来的一些请求，而这种难以拒绝，很可能被对方认为是"愿意"的表现，于是性侵就开始了。

　　其实，这篇文章里的很多话都可以用来做标题，不过我就觉得还是那句最好。

　　以上是我在给自媒体文章起标题时的一些体会，希望对各位有用。对了，最后说一句，我喜欢先写文章再想题目。

028 写在最先——开头的开头很重要

友：我经常坐在电脑前半天，看着光标一晃一晃，但是写不出一个字。不是因为我脑子里不知道写什么，而是因为不知道如何开头。所以就会出现坐了很久却写不出来的情况，最后就放弃了……

我：真可惜，不过开头确实很重要，一定要吸引人。

友：所以很不好写，很想写好，但又不知道怎样写会好，于是就下不了笔。

我：完全理解。

友：你也经常遇到这样的情况吗？

我：不会。

友：那你有什么办法呢？

我：办法谈不上，我只是有一点不明白——你为什么非要从开头开始写呢？

……

最难写的开头

我从上小学的时候就感觉文章的开头最难写了。因为开头是文章"灵魂"的起点，它告诉读者为什么要读这篇文章，告诉人们这篇文章究竟是一篇关于什么的文章——信仰还是背叛，生死还是爱恨，传统还是创新……

文章的开头往往是文章内容的提炼，但这个提炼不能太具体，否则它一定会和后文重复。此外，这个提炼也不能说得太清楚，否则读者只要读完第一段就不会再往下读了。优秀的作者善于把文章在更高层次上提炼出精华，然后把它写在文章的最开始。这段开头在精神层面上告诉读者文章的初衷，以及它所反映出的问题。

从这个意义上说，文章的开头不仅要提纲挈领，还需要"高大上"。让人在阅读的过程中不仅产生继续读下去的欲望，还能感受到阅读的幸福感。

用故事做开头

在所有开头方式中，我最喜欢的是用故事做开头。这种开头方法一般有两种具体的使用方式。一种方式是用故事表达出一个观点，然后就这个观点再往下行文；另一种方式是用故事引出一个话题，这个话题就是文章需要讨论的内容。后面这种方式是我最喜欢用的，因为任何观点都能用故事引出来，并且当一个话题是用故事引出来的时候，最容易被接受。

下面这段开头，作者用一个故事引出了他文章的话题——青少年被害。我们来看看这段故事是如何深刻地引出文章主题的：

杰茜卡·布拉德福德认识五个被谋杀的人，这也可能发生在自己身上，她说。所以她告诉父母，如果她在六年级舞会之前被枪杀，她希望能穿着舞会礼服下葬。

杰茜卡才11岁。自从五年级，她就知道她在自己的葬礼上要穿什么。"我觉得我的舞会礼服是所有衣服中最漂亮的"，杰茜卡说，"死后，我希望为爸爸妈妈穿得美美的。"

在过去的五年间，哥伦比亚特区有224名18岁以下的孩子被杀害。有的被当作枪击目标，有的只是旁观者。在枪火下生活的孩子如杰茜卡，和一些离枪火比较远的孩子，已经理解了什么叫屠杀。

当他们掌握了任天堂游戏(Nin·endo)、花样跳绳和长除法（bngdivision），一些孩子已经对自己周围的环境做出了判断，知道死亡几乎近在咫尺。所以，像杰茜卡一样，他们已经开始安排自己的葬礼了。

……

最后写开头

我几乎不会从开头开始写文章，因为开头最难写，但也最重要——它是抓住读者的关键。为了避免长时间无从下笔，我选择从文章正文的中段开始写，都写完之后再回过头来写开头。当文章的主体已经写完的时候，开头往往就不那么困难了。更重要的是，文章主体成型后，我们很可能产生出更多的关于开头的灵感，这让开头的写作更轻松。

也有人喜欢从文章的结尾开始写。这种写法比较适合写故事。先把故事的结尾写出来，然后逆向顺序往前写。这种写法我一般不用，不过它也是把开头放在最后写。

029　叙事顺序——引人入胜的关键点

同：犯罪构成四要件的顺序是什么？

我：客体、客观方面、主观方面、主体。

同：我一直很困惑它们的顺序，为什么不是主体、主观方面、客观方面、客体？这才是正常的顺序，不是吗？

我：这是讲故事的顺序，但并不是判断犯罪的顺序。当一个案件发生之后，我们首先看到的并不是谁作了案，而是法律所保护的哪一个法益受到了侵害，所以，客体是最先要讨论的；在客体确定之后，我们需要研究的是导致客体受到侵害的具体行为是什么，于是客观方面就需要讨论了；当具体行为确定之后，我们想知道的是什么样的想法支配了这样的行为，这就是主观方面的范畴；当上面这一切都说清楚后，我们才需要判断实施了这一行为的人是否应当承担刑事责任，这就是最后的主体。

同：所以，四要件的顺序应当按照发现犯罪并进行判断时所考虑的顺序，即客体、客观方面、主观方面和主体，而不是犯罪发生的自然顺序？

我：我认为是，因为犯罪构成四要件是用来判断犯罪是否成立的，不是用来讲述犯罪故事的。当然，在讲述犯罪故事的时候，你也可以按照犯罪构成四要件的顺序，而不使用自然顺序，因为这样可能会引人入胜。

……

　　去年有一部电影叫《天降》，说的是一位语言学家学会了某种外星语言，从而拥有了预知未来的能力，但也陷入到了深深的困惑——她一时间很难理解自己经历的各种事件；影片中那种卓越的外星语言的最大特点就是"非线性"。

　　人类的语言是线性的，即按照时间的先后顺序组织信息。时间上的先后为我们理解事件提供了前提，把事件顺序打乱是先锋艺术的创作思路，未必适合大多数人。

　　文章就是一系列事件、信息的组合。文章的整体顺序不仅起着叙事的作用，还承担着吸引读者往下读的任务。所以，我们在提到写作的时候，不可回避地要说到顺序的问题。好的叙事顺序牵动着读者把文章读到最后，然后意犹未尽。不好的叙事顺序要么让读者不知所云，要么让读者失去耐心。

　　关于文章的叙事顺序，我能总结出来的经验有以下几点：

熟悉自然顺序

　　自然顺序就是事物发展的正常顺序。绝大多数情况下，自然顺序是我们的首选顺序，因为这符合人们认识事物的习惯。

　　我所谓的熟悉自然顺序，是指作者必须在写文章之前就对事件发生、发展、高潮、结局这一自然顺序上的各种关键信息心知肚明。这些信息未必都要写进文章里——因为任何文章都只能在自然顺序中截取一小段来描述——但作者心里必须知道，以便在写作时进行取舍。简单地说就是：有些事情我可能不会写进文章里，但我一定知道它的存在。

　　从这个意义上说，任何作者都是调查者和写作者的结合。

坚持一种顺序

除了典型的自然顺序之外，写作常见的顺序还有倒叙和插叙。倒叙是从后往前写，插叙是从事件"中段"开始写。

很多写自媒体文章的人喜欢从事件中段开始写作，他们一般会选择从高潮写起，这样可以把读者的胃口吊起来。比如，下面这样：

我曾经办理过一个让我印象深刻的诈骗案。当我对这起案件的被告人提起公诉后，像其他案件一样，我等待着法庭开庭审理。就在案件开庭前一天，突然有两位自称是案件被害人的夫妻，来到检察院找我。一进门，妻子就给我跪了下来，然后声泪俱下地说："检察官，我们不告了……"

没有人会认为这就是事件的起点，所以，作者一定没有按照自然顺序去写这篇文章。但是作为文章的开头，它足够吸引着读者继续往下看，看看这究竟是一起什么样的诈骗案，为什么这对夫妻选择要撤回控告……

最后需要说明一点，不论我们选择什么样的顺序去写一篇文章，最好都要坚持这种顺序，不要混用。也就是说，最好不要在行文过程中混合使用正叙、倒叙或者插叙。这样会很难把握文章的叙事主线，让读者产生混乱的感觉。

不断推向高潮

想要时时刻刻吸引读者的眼球，不仅需要清晰的主线，还需要在这条主线的每一个小的节点上都设置一个小高潮，并且不断用小的高潮推进情节发展，最终使文章迎来最大的高潮——结局。

要做到这一点并不太难，需要我们在熟悉自然顺序上的各种信息后，为每一个节点选择一个最能出彩的信息，然后把它们分配到不同的节点中，再按照叙事主线的顺序依次把这些能出彩的信息放出来，一步步吸引读者往下看。

这个原则引导我们对事件的信息进行选择。比如，一篇文章如果最后出现的是一个大冲突结局——如主人公把被害人杀死了——那么在这个冲突来临之前，作者就应当在不同的时间节点上加入二人矛盾不断升级的过程信息，比如，从争吵到动手……用一位作家的话解释，就是"如果一本书的第一章里出现了一把枪，那么这把枪在之后的篇章中一定要被打响……"

030 避免乏味——行之有效的小技巧

友：我觉得现在的读者越来越没有耐性，文章稍有乏味就关上不看了。

我：这很正常，我也这样。

友：有时候并不是乏味，而是交代一些必须交代的背景，这些不能不写，但人们又不愿意看，怎么办呢？

……

相对于文章的主题、立意和思想而言，写作技巧就是很简单的事情了。自媒体文章和其他文章在这个方面并没有本质区别，作者需要使用一些吸引注意力的技巧，以避免文章因各种原因陷入乏味。

用场景叙事

把重要的情节设置在场景里，通过不断变换场景来推进情节，这是很多作者常用的方法。自媒体文章节奏都很紧凑，所以用一个接一个的场景来叙事可以把文章节奏加快，是一种不错的避免乏味的方式。

用对话叙事

对话也是不错的推进情节的表达方式。几乎所有情节都可以通过对话来表示。并且用对话的方式写作还有一个好处，就是让文字更接地气，句式自然而然地变短变简单。对话是我最喜欢使用的写作方式。

乏味背景信息用对话说出来

有些作者不喜欢大段大段的对话，他们只有在介绍哪些比较乏味的背景信息时才使用对话的方式，这也是一种很聪明的方式。如下面这样：

丈夫拖着疲惫的身子走进家里，发现饭还没有做好，有些不耐烦："为什么今天的饭还没有做好？"

妻子皱着眉头用更不耐烦的语气说："我自从嫁给你就没有一天闲着，给你生了两个孩子，伺候你爸妈，每天给你做三顿饭，还要收拾家务，这两个月我们换了这个房子，到处都需要收拾，地板都是翘起来的，粉刷墙壁都是我找亲戚做的……今天做饭的时候又来了几个你的债主，我好说歹说才把他们打发走，结果饭熟得晚了些，你就不乐意了……"

上面这段对话，交代了多少背景信息，这些信息如果用普通的叙述表达出来，可能很快就会让人反感了。但是通过这种对话的方式，用人物发泄情绪的方式表达出来，效果就好了一些。

慢镜头

几乎在所有影视作品中都会有慢镜头。尤其是越紧张的时刻，慢镜头运用得就越多。慢镜头可以让人们对正在发展的情节有更深刻的依赖感，是一种避免乏味的绝好的方式。好的作者善于在情节进行得最紧张的时候把镜头放慢，给读者一种时间被拉伸的感觉。

调整叙述距离

叙述距离的改变和角度切换的效果非常相似。长时间从一个角度看事物会产生视觉疲劳，所以切换角度可以避免乏味。同样，长时间从一个距离叙事也会让人产生疲劳感，适时调整叙事距离也可以让文章不乏味。

现在我们体会以下三种不同的叙述距离：

中距离叙述就像从飘浮的气球的角度来观察，作者对场景的描写就像是从3米外、离地面约2.4米高的地方来着手的。如下：

她站起来，穿过客厅，推开了门。雪花正在飘落……

如果我们可再靠近一点，把视角移到主人公的肩上，想象我们就在她的耳朵旁，我们所经历的接近她所经历的……

她伸直了蜷缩着的双脚，双手撑着垫子、从沙发上站起来。她飞也似的穿过前厅去推门，门吱呀一声开了，风发出呼呼的声响，雪疯狂地吹过门廊……

最后，还有一种最近的距离，几乎就是内部视角，描写场景时就好像你在主角的脑子里，通过主角的眼睛来看一样：

当她从沙发上站起来时，沙发装饰品上的织锦涌进她的手里，她的手划过质地柔软的波斯地毯和前厅冰冷的瓷砖。她握住冰冷的黄铜门把手，拧了拧。门吱呀一声开了。风吹乱了她的头发，遮住了眼睛，落在面颊上的雪花融化了……

柒

你写得生动吗

——给平淡的文章加一点盐

影响文章生命力的因素有很多，但我认为，是否具有生动性是一篇文章有无生命力的最重要的标志。因为缺乏生动性、枯燥、晦涩且乏味的东西，就算在其他方面再有价值，都很难被大多数人阅读下去，生命力自然谈不上旺盛。当讨论文章的生动性时，很多人会认为这是一个兼具内容和形式两方面的问题。然而，我更倾向于把它归结为文章在形式上的特征，这样可以让我们更好地从形式上去注意生动性的问题。本部分的五篇文章中，我将从形式上介绍五种让文章生动起来的方法或思路，供大家参考。

031 用精彩的对话创作出生动的好文

友：你看过《论语》吗？

我：看过啊。

友：你说，为什么这本书能有那么大的影响力？

我：内容上非常深邃，形式上十分生动。

友：内容上非常深邃我同意，形式上生动是指什么呢？

我：《论语》里面的内容基本上分两种，一种是孔子说过的话，另一种是孔子和弟子的问答,对吧？

友：对。

我：而且每一篇都非常短？

友：是的。

我：你不觉得《论语》就是孔子的弟子在给他开的一个"微博"吗？

友：那个时代的微博？

我：对。对话和自言自语都是生动的表达方式，就类似于今天微博的形式。所以，微博在今天能有多大影响力，《论语》在当年就能有多大影响力。当然这本书的影响之所以持续到今天，那主要还是依靠内容上的深邃。

友：你到底想说什么？

我：如果你的文章不能在内容上做到深邃，至少可以在形式上做到生动吧；至于如何在形式上生动，《论语》已经给出了一条最简单的方法——使用对话。

……

对话是最具有生动性的表现形式之一，这一点不难理解。首先，我们的生活是靠大量对话来推进的，对话不仅仅是语言上的，也有肢体上的，这种特殊的活动让人们的行为和思想被彼此理解，所以使用对话的方式表达问题，可以让人们感到亲和，从而更容易接受。其次，对话是最贴近生活的，人们在生活中的对话，哪怕内容上再具有专业性，都不会像书面语言那样晦涩难懂，所以，使用对话可以消除我们在书面表达时常犯的那些文绉绉的措辞问题。最后，对话在逻辑上是相对紧密的，我们去观察两个完全不会写文章的人聊天就可以发现，对话双方能把正在讨论的问题说的很清楚，甚至环环相扣，但如果让他们把说的内容写下来，一定不如说的精彩，这一点很有意思，但的确如此。

其实在那些伟大的作品中，不光只有《论语》使用了对话方式，大哲学家苏格拉底的很多传世作品中，也都使用了大量的对话。人们恰恰是在对话中领略到苏格拉底严密的逻辑，深邃的思考以及闪光的智慧的。

简单地说，对话更接地气，精彩的对话本身就是一篇好文。

当然，如果我们把人与人之间的对话直接转换成文章，未必能达到想要的效果。那是因为我们所说的以对话形式进行文章写作，指的是在对生活进行加工和提炼后，把相应的内容再语言化并以对话的形式展现出来，并不是对原始对话的照搬全抄。我相信《论语》里面的对话，也不是孔子与弟子们的真实交流内容，而是对他们所讨论问题的内容进行了精加工后，再以对话的方式呈现出来的内容。下面，我谈几点以对话形式创作文章时需要注意的问题。

对话不能呈现多条主线

对话呈现的内容必须是单一主线，或者说一个独立又具体的问题。因为即使是转换成文字的对话，它仍然是"语言再现"，语言是平面的、单向的，是顺着一条主线发展下去的。所以，如果想在文章中同时展现多方面的内容，那最好不要使用对话的方式，这样会让读者"听"乱了。如果你想在某一个具体问题上阐述自己的观点，并且这个具体的问题不会旁生太多必须解决的枝节时，那么对话的形式绝对是不二选择。

当然，对话不能展现多条主线也不是绝对的。我的意思仅仅是一段独立的对话最好阐述一个具体的问题。但如果一篇文章确实需要展现多条主线，且每条主线又都希望采用对话的方式，那可以在对话之间穿插过渡性语句，交代对话的场景，帮助读者厘清思路。

对话双方需要相互配合

如果使用对话形式展现内容，就要设计对话的双方。这很像说相声，一般以一方为主，另一方为辅。为主的一方负责阐明文章观点，为辅的一方负责推进文章进程，当然也可以像当年牛群、冯巩的相声一样，双方均为主，只是这种方式难度太大，我自己也把握不好，所以，还是建议大家选择一主一辅的对话方式。

我认为，一主一辅的对话方式又可以有两种设计思路，我分别给它们起了两个名字：一种是"搭桥式"，另一种是"拆台式"。

"搭桥式"对话是指作为辅助的一方对话的人，顺着对方的内容推进对话进程的方式。这种方式可以迅速集中焦点，"快进"文章进程。一般来说，当我们想要叙事的时候，这种"搭桥式"对话可以在简洁的对话中给读者提供大量的信息。如下面这样：

夫：亲爱的，我今天接到你妈妈的电话了。

妻：啊，她说什么了吗？

夫：她说你爸爸生病住院了，是肺炎，这会儿他们都在医院呢，让我告诉你不要去医院免得被传染，好好工作。

妻：可是，我不去谁来照顾我爸爸？

夫：你妈妈说，医院有雇工，他们雇了一个，每天180元，非常专业，还很有耐心。我觉得老人可能是怕你着急受累，我们还是过去看看吧。

妻：对，肯定得去。

······

"拆台式"对话是指作为辅助的一方对话的人，针对对方的内容进行质疑或者否定，以此推进，使对方将观点阐述得更为清晰的对话方式。这种方式一般用来表达观点，尤其是有可能产生争议的观点。因为有些观点，读者会有很多的疑问，此时对话中处于辅助地位的一方，起作用就是替读者问出这些问题，然后再由另一方将这些问题解决，最终将自己的观点阐述清楚。如下面这样：

夫：亲爱的，我们生个孩子吧。

妻：为什么要生孩子？

夫：别人都有孩子了，我们没有多不好。

妻：难道要孩子是给别人看的吗？

夫：你爸妈也是希望我们有个孩子，他们总不是"别人"吧。

妻：爸爸妈妈为什么希望我们有孩子呢？

夫：怕我们今后老了没有人照顾吧。

妻：难道生孩子就是为了让他们照顾我们吗？这岂不是太自私了，我爸妈才不会有这么自私的想法。

夫：你爸妈老了，在家没事做，想弄孙为乐啊。

妻：孩子不是父母的玩具，更不是给老人解闷儿的东西，你要尊重孩子作为一个独立个体的人格价值。

夫：我们这么好的基因，如果没有人继承，多浪费。

妻：好的基因大多是隐形的，不好的基因大多是显性的，我们的孩子不如我们的可能性更大一些。

夫：如果所有人都像你这样想，人类就灭绝了。

妻：没有多少人像我这样想，所以人类不会灭绝。

夫：如果你妈妈也想你这样想，就没有你了。

妻：对，但是我妈妈没有像我这样想，所以有了我，而我这样想，所以我没有孩子。

夫：你到底生还是不生？

妻：可以生，但请给我一个不自私的又能站得住脚的理由。

……

对话的推进要有清晰的层次

虽然是以对话形式创作文章，但此时的对话一定不能像日常聊天一样漫无边际。我们翻看苏格拉底著作中的对话就能发现，这些对话逻辑清晰，环环相扣，没有日常聊天中的很多无意义的对白。这是对话形式的文章可以吸引大家的重要原因。简单地说，此时的对话并非生活中的对话，而是文章中的对话。

下面我分别举两篇文章作为例子。第一篇用三段对话展现出了三条主线，但在这三段对话中，我用使用了简短的叙述进行铺垫和转折。第二篇通篇都是对话，只有开头和结尾做了陈述性的铺垫和总结；文章讨论的是证据法中的一个专业问题，用对话的方式成文是想借助这种形式增强文章的生动性，因为单纯的证据法问题不能激起太多人的兴趣。

我就问你两个问题

赵 鹏

辩护人：被害人马先生，我就问您两个问题。

被害人：好。

辩护人：请问您是否认识一个叫"茜茜"的人？

被害人：我认识很多叫"茜茜"的人。

辩护人：那有没有一个叫"茜茜"的人给你发过信息？

被害人：好几个叫"茜茜"的人都给我发过信息。

辩护人：尾号是"3453"的这个叫"茜茜"的人你有印象吗？

被害人：辩护人，你这是第几个问题？

辩护人：啊？

被害人：你说就问两个问题，但这是第三个问题了，是你不识数，还是出尔反尔？

……

当人们说"我就说三点"或者"我问四个问题"这类提示语时，可以起到预示的作用，显得发言或提问是有准备、有逻辑的。尤其在法庭上，控辩双方在发问、发言时先提示问题或内容的数量，还能帮助法官预期提问或发言的时间。

然而我在法庭上很少用这样的提示语，尤其是在讯问被告人或者询问辩方证人时更是如此。因为我很难把握真正要问出的问题数量——法庭发问要根据当场情况调整问题，预期的问题数量往往和实际情况不同。如果实际问出来的问题比预期的少还好，如果比预期的多，就有可能出现上面的情况。虽然不是什么大问题，但是会比较尴尬，场面不好看。

当然，在某些特定的情况下还是可以在提问时预告问题数量的，比如，直接询问的场合下，或者辩护人对被告人的发问。当然这样做的前提必须是问答双方在庭前已经进行过充分的沟通，并且确保在法庭上不会旁生枝节。如下面这样：

公诉人：被害人，你和被告人之间到底是什么关系呢？

被害人：就是上下级关系。

公诉人：有没有男女朋友关系？

被害人：绝对没有。

公诉人：我希望您对这个问题实事求是，因为的确有人认为你们的关系不是普通朋友那么简单。

被害人：我很实事求是，真的是没有。我可以发誓。

公诉人：好，我相信您。不过您需要给我解释一下，为什么您手机通讯录中一个叫"茜茜"的人，曾经在2016年5月4日给您的手机发过一条信息，内容是："叔叔，阿姨很好，你们什么时候在一起？"我猜这条信息中的"阿姨"应该指的就是被告人吧。

被害人：确实是指她，不过茜茜这孩子误会了。我当时和被告人经常在一起吃午饭，又都是单身，被告人还总是有意向外界暗示和我关系很好，所以不知情的人误会我们也是有的。但我从来没有和她谈过恋爱，我们连手都没有牵过。

公诉人：嗯，可能是我敏感了。现在看来，这条信息虽然一方面说明茜茜认为你们比较般配，可以在一起，但另一方面也说明茜茜当时知道你们并没有在一起，所以才会这样问，我这种理解对吗？

被害人：完全正确。就算有误会，最多也是误会我们可能会成为男女朋友，但绝不可能让别人误会我们已经在一起了。

公诉人：那这个问题我就明白了。我在法庭上不会主动问您这个问题，不过法庭上辩护人可能会问，您最好有个准备。

被害人：好的。

因此，当辩护人真的提到"茜茜"时，我很踏实，因为对这个问题有预测。没想到的是，被害人用自己的方法让辩护人没有问下去。虽然效果不错，但毕竟这个话题已经被引起来了，与其让对方咽回肚子里，还不如我们把它摆在明面上：

公诉人：审判长，公诉人申请补充发问被害人。

审判长：可以。

公诉人：被害人，刚才辩护人提到"茜茜"，无非是想核实你和被告人之间的关系。这个问题公诉人也想知道，所以我补充问两个问题，请你如实回答。

被害人：好的。

公诉人：第一个问题，你和被告人之间是否曾经存在男女朋友关系？

被害人：绝对没有。

公诉人：第二个问题，根据你的手机短信息恢复报告，确实有一个叫"茜茜"的人，在2016年5月4日给您的手机发过一条信息，内容是："叔叔，阿姨很好，你们什么时候在一起？"这又意味着什么？

被害人：意味着茜茜知道我们当时并没有在一起啊！事实上，我们的确没有在一起，当时没有，之后也没有。

公诉人：审判长，补充发问到此。

庭前与证人或被害人的沟通，并不是要干扰他们作证，而是要消除出庭人对法庭的恐惧心理，让他们对直接发问的问题提前熟悉，并帮他们预测对方可能提出的质疑甚至刁难，以便让出庭的效果最大化。当然，顺便也能预测一下提问的数量，必要的时候用一下，效果不错。

证人死在作证途中

赵 鹏

有时候，我会突然冒出一些奇怪又极端的想法，这些想法中大多蕴含着棘手且罕见的问题。通常情况下，我会在附近寻找正在工作的同事，让他们回答这些奇奇怪怪的问题。有时候他们因为工作被我打扰了，会展现出厌烦的面孔，但即使如此我也会把问题问完了才走人……

我：喂，休息休息，我们讨论个问题吧。

同：说。

我：假如我现在正在办理一个案件，犯罪嫌疑人提到了一个从来没在公安机关做过证的人，我打电话向这个人核实一些情况；他在电话里向我讲了一些对于整个案件事实而言至关重要的信息，于是我决定让他来检察机关做笔录，以固定他的证言……

同：你做得对，我同意，是要做笔录，不然没有法定证据形式。没问题了吧？

我：别着急啊我没说完呢。我不是让他来做笔录吗，他也同意了……

同：那你就赶紧回去等着他吧！

我：问题是，他在路上——死啦！

同：死了？为什么死了？

我：心脏病？或者出车祸，要不就是被人打死了……原因忽略吧，总之是死了，不能来做笔录了，但是他的确在电话里告诉了我一些对案件事实有重大影响的信息。

同：所以呢？

我：这时候我该怎么做啊？

同：看看现有证据还能不能定，能定就起诉，不能定就放人。

我：这样的话我还问你干嘛！我的意思是，这时候，我能不能把案件转交给你来办理，然后我做这个案件的证人，向你转述那个死者生前在电话里跟我说的内容，你制作成询问笔录，或者在开庭的时候申请我作为证人？

同：不能！

我：为什么？

同：因为你曾经做过本案的检察官，不能再做证人。

我：你记反了，曾经做过证人的不能担任案件的侦查、检察和审判工作，这是法律的明确规定；但是法律并没有禁止曾经做过案件侦查、检察和审判工作的人作为案件的证人，因为证人并没有回避原则。

同：刑事诉讼活动应当遵循"法不授权即禁止"原则。

我：这个原则是限制公权力行使的，针对证人并不适用。况且刑事诉讼法规定，人民警察就执行职务过程中目击的情况作证的，适用关于证人的规定。检察官做证人时可以类比这个规定。

同：首先，这是类推；其次，法条规定的是"目击"，也不是"耳闻"。

我：首先，刑法禁止类推解释，但刑事诉讼法并不禁止；其次，目击和"耳闻"都属于感官接受的信息，从法律精神和法理上分析，不应该把目击和耳闻区分开来不同对待。

同：你了解案件的全部证据，不能客观公正的作证啊。

我：你这样说那就更不对了，法律从来没有规定证人不能对案件的其他证据有所了解。事实上，很多证人都或多或少地了解一些其他证据的内容，但从来没听说哪个证人因为对案件太了解所以就被取消证人资格的。

同：这是传闻证据，不能用。

我：确实是传闻证据。不过传闻证据是英美法系国家的证据法概念，根据传闻证据法则，只有有限的几种情况下传闻证据才能在法庭上出示，我说的情况属不属于这几种之一有待讨论。但问题是我国并不是英美法系国家，我们也没有传闻证据法则。所以讨论本案是否属于传闻证据法则的例外情况是没有意义的。

同：那，你的证言也是传来证据，不能用。

我：对，确实属于传来证据，听别人说的嘛。但是我国并不否认传来证据的证据资格啊！谁说传来证据就不能在法庭上出示了？

同：但传来证据的证明力不强。

我：你不要偷换概念，我问的是我能不能作为本案的证人，这指的是证据能力，而非证明力。我能不能做证人这是一回事儿，我的证言证明力强不强，能不能被采信这是另一回事儿。

同：我的意思是，证明力极其小的证据，就没有成为证据的资格。

我：我不同意，证据能力和证明力是两个概念，相互间没有互通之处。再说证明力的高低是在确认了证据能力之后对证据进行的综合判断。所以确定证据能力在先，判断证明力在后，而不是像你说的那样反过来，通过证明力反推证据能力。

同：那我改变一下理由，你作证说在电话里听到了某人关于案件的描述，但是你其实并不能确定通话对方是谁，是不是就是死了的那个证人。所以你的证言和本案没有关联性。

我：首先，关联性是指证据所具有的一种倾向，这种倾向使得对于案件事实而言，有此证据比没有此证据更有可能或者更不可能。据此，只要我说的内容与案件事实密切相关，那就具有关联性。其次，我们对证据的判断应当秉承一般的生活常理：我拨打的电话是证人的电话号码，接电话的人也自称是该人，路上死亡的人经查询身份也是该人，那我完全可以说电话的对方就是之后死亡的这个人，不存在合理怀疑。

同：好吧，那我承认，在一定情况下，你这样做是可以的。

我：什么情况下？

同：当证人在电话里说的内容对犯罪嫌疑人、被告人有利时，你可以这样做；但如果证人电话里说的内容对犯罪嫌疑人、被告人不利时，就不能。

我：你举一个对犯罪嫌疑人、被告人有利的情况？

同：比如说，一个诈骗案件，犯罪嫌疑人骗取了被害人100万元，但他辩解称自己在案发前归还了20万元的现金，可是你发现卷宗中被害人的询问笔录没有这一点记载，于是你给被害人打电话核实，被害人在电话里告诉你犯罪嫌疑人确实曾经在案发前还给他20万元现金。然后你让被害人到检察院做笔录，以证明确实有案发前归还钱款的事实。但是被害人在来的路上死了。这时候你就可以转做证人，证明你确实在电话里听到被害人说过这些话。

我：这种情况下我有必要转做证人吗？我完全可以直接认定犯罪嫌疑人的诈骗数额是80万元！

同：对啊，没必要啊，所以你所指的情况应该是电话里听到的是对犯罪嫌疑人、被告人不利的内容？

我：对。

同：那你也不用转而做证人吧，你可以写一个工作记录，把通话情况记录下来，然后把工作记录给法院不就行了？

我：这样的工作记录属于什么证据呢？

同：其他证据。

我：如果不能归入到法定证据种类中，那就仍然存在证据能力的问题。

同：那属于证人证言。

我：好，那你等于同意了我的观点，如果我写的工作记录具有证人证言性质，那说明我是可以在本案中做证人的。如果是这样，那么我也可以接受询问，到庭作证，并且我的证人身份将排斥我再担任检察官。你说是不是？

同：不，绝不是，我觉得完全不应该这样。这样做肯定是错误的。

我：你不要只说观点，你要提供理由。你说的所有理由我都反驳了，并且你也没有再提出新的理由。

同：我暂时想不出来，但我就是觉得不能这样。

我：好吧。要不这样，我说另一个方案你看看可行不？

同：什么方案？

我：当出现我说的那种情况时，我不把案件转交给你办理，而是交给隔壁屋儿的那位检察官办理，然后我转做这个案件的证人。你说这样行吗？

同：我觉得没问题！

有时候，我们一心想要解决某个问题，并为此想出了很多解决方案，殊不知，解决问题的关键与我们想象中的完全不是一回事儿！

032 最生动的内容是剖析错误与失败

友：最近我助理总是穿奇装异服，比如，上衣上印个骷髅头，或者裤子上有奇奇怪怪的图案。我说了他好几次，但他似乎听不进去。

我：因为过于说教的方式既不生动也不能让人入耳入心吧。

友：那你说用什么样的方式能生动，让他往心里听呢？

我：说一段你自己因为穿奇装异服而遭到悲惨结局的故事。

友：可是我从来没有穿过奇装异服啊。

我：有什么关系呢，你的目的是说服他。如果你自己没有这样的遭遇，可以把别人的遭遇安到自己身上。

……

人们不一定能记住自己是如何成功的，但一定能够记住自己是如何失败的。因为失败在记忆中所占据的比重远远大于成功。时至今日，我应该出席过几百个案件的庭审，印象中也有不少精彩的回忆。但是我很难记起那些曾经让我觉得自己很牛的片段了，反倒是一些失败的经历至今仍记忆犹新。

另外，当我们去向他人传递一种观点的时候，如果这个观点出自于自己的亲身经历，那么就会引起对方的重视和兴趣。这是因为人们普遍认为，亲身经历的事情会凝结出最真挚的观点和刻骨铭心的经验，值得借鉴。

把上面两点一结合，我们就能得出这样一个结论：述说自己的错误或者失败经历，是一种十分吸引人的表达形式。比如，前面对话中提到的这个问题，我们用三种形式分别写出来，大家可以比较一下，哪种更能让人印象深刻：

（1）年轻人在单位穿奇装异服是非常危险的一件事情，因为工作单位是一个严肃的公共场所，并且大多数领导也不接受新奇的装扮，一个经常穿着奇装异服的年轻人，很可能被同事看作过于有个性，甚至"异类"，甚至被领导批评。

（2）奇装异服的危害我是亲眼见过的。那时候单位里有个新来的大学生，小女孩儿长得挺好看，就是特别喜欢穿超短裙，但是在单位的氛围里总是给人感觉很奇怪。不仅旁边的同事说她轻浮，就连领导也在不同的场合说过她比较轻浮，后来她也辞职了。

（3）奇装异服害我不浅。当年我很年轻，很喜欢穿那种按现在的说法是"杀马特"的衣服。当时觉得自己很前卫，也新潮。很多同事提醒过我，我也没放在眼里。后来有一次在电梯里碰到了单位一把手，他很仔细地打量了我之后，叹了一口气，眼神里流露出失望。从那以后我再也不敢穿那样的衣服了。

上面三种表述方式，其中第一种是站在客观角度上评价问题，第二种是站在旁观者的角度去讲述他人的失败经历，第三种是站在回忆者的角度去讲述自己的糟糕经历。这三种表述方式想要说明的问题都是一样的，但产生的效果明显不同。我觉得最生动、最让人印象深刻的是最后一种。这就是前面所提的观点：失败远远比成功更让人印象深刻，自己经历的事情往往更具有说服力，二者一结合就是自己的失败经历往往最能吸引别人。把自己想要说明的观点通过剖析自我失败经历的方式表达出来，绝对是一种非常可取的方式。

不过，剖析自身的失败经历或错误，也需要一些技巧。下面我谈一下关于这个问题的几个观点，供大家参考：

千万不要写成检讨书或亲笔供词

做检察官或者法官的，对亲笔供词都不陌生。就算没有看过这种材料的，想必也都看过检讨书，无论自己的还是别人的。亲笔供词也好，检讨书也罢，这些文字材料可能会很深刻，但谈不上生动，原因在于感情基调过于沉重。我们可以回想一下自己学生时代的检讨书，不管写作水平如何，至少都要把自己说得一无是处，以体现态度上的端正。没错，态度是一份检讨书所必须具备的要素。

然而，如果用剖析自身失败经历的方式撰写文章，最好不要心怀检讨的态度。如果你要讲述的经历中有他人受到了伤害，那只需要诚恳自然的表达即可。如果你要讲述的经历中只有自己受到了伤害，那轻描淡写甚至诙谐幽默都是不错的选择。因为当我们能够谈笑风生地说自己的糗事时，说明已经放下了不开心的过去。

把落脚点放在反思与经验总结上

谈及过去的失败经历或者错误，目的当然不是单纯的回顾一段不怎么愉快的过往，而是通过回述这些让我们印象深刻的事件，总结出有价值的经验，或者反思某些行为的不当。所以，不管回顾过去的篇幅有多长，最后的落脚点一定要放在总结与反思上。

总结和反思可以有很多层次。最浅显的层次是总结自己的行为有什么不足，提出今后需要注意的问题。这个层次很简单，几乎所有人都明白它的意思，我就不多说了。我觉得更高一层次的总结和反思是对环境、时代这些客观方面的反思，因为失败大多数是主客观相互作用的结果，主观固然重要，客观也不可忽视。甚至有些失败或者错误，在今天看来是不可避免的。这就如同我们谈论鲁迅先生经典小说《祝福》中的祥林嫂，这个人物固然有很多自身的是问题，但几乎不会有人去指责她的错误，而是把矛头指向她所处的那个时代，这就是文学家的高深之处。

当然，剖析别人的失败也可以成就一篇生动的文章。这时需要注意的问题与剖析自己时需要注意的问题差不多，在此不再多说。下面是两篇我写的文章，第一篇是谈自己的错误，第二篇是谈他人的错误。

幸亏我在开庭时偷偷上了个网

赵　鹏

公诉人：下面向法庭出示并宣读北京市人民检察院出具的移动电话短信息提取检测报告，证明从被害人移动电话中提取并恢复了与被告人手机之间的若干往来短信息，其中部分信息内容与本案事实密切相关，具体宣读如下……

审判长：辩护人对这份证据有何意见？

辩护人：有。辩护人认为该份鉴定意见鉴定方法及检材对象均存疑，故而不具有证据资格。具体理由有两点：其一，根据公诉人所述的证据内容，该鉴定的目的是恢复被害人手机中的短信息，属于电子数据恢复，经辩护人查询最高人民检察院检测服务目录发现，电子数据恢复检测服务所对应的方法是"sppd-c-4-2009"；但公诉人出示的这份检测报告，载明此次检测所使用的方法为"sppd-c-7-2009"，这种方法在目录中的对应内容为"移动电话检测"；据此，辩护人有理由相信本次检测所使用的方法错误。其二，本次检测已经是第二次对被害人手机进行数据恢复，第一次是公安机关委托鉴定部门作出的检测报告，辩护人对比了前后两份检测报告，发现它们所依据的检材对象完全不同，第一份报告中载明的检材对象为"2015-2-11"，第二份报告中载明的检材对象为"2016-7-5"；两次检测针对的是同一个手机，但依据的却是完全不同的检材对象，辩护人有理由怀疑这份检测报告的对象存在错误。综上，建议合议庭不认可该检测报告的证据资格。

这是我非常疏忽的一次开庭，以至于辩护人提出关于检测报告的第一个问题时，我突然有点发懵——听上去确实有点道理：既然是恢复手机短信，确实属于电子数据的恢复，那对应的检测方法就应该是辩护人所说的"sppd-c-4-2009"，怎么能用作"移动电话检测"方法的"sppd-c-7-2009"呢？

万幸的是，那天的法庭没有屏蔽掉所有信号，可以掏出手机立刻查询"sppd-c-7-2009"；更万幸的是，辩护人在说完那一点后没有结束，而是继续说了第二点关于检材同一性的问题，不然他一结束我就要发表答辩意见，就算有信号也没时间查了；更更万幸的是，辩护人发表的第二点意见，我知道怎么答辩；更更更万幸的是，当辩护人说完全部意见时，我已经查完并知道怎么说了……

辩护人：审判长，辩护人关于手机检测报告的质证意见发表暂时到此。

审判长：公诉人有没有答辩意见？

公诉人：有。审判长，公诉人认为这份手机检测报告所依据的检测方法正确，检材对象不存在疑问，具有证据能力。下面针对辩护人提出的两点意见分别解释如下：第一，关于检测方法问题，"sppd-c-7-2009"在最高人民检察院的检测服务目录上对应的的确是"移动电话检验"服务，但我们把这项服务的字标题打开看一下该服务的具体内容就会发现，其中第一项是"电子数据的提取、固定与恢复计算机存储介质"，第三项是"电子证据数据恢复"，这两项与本次鉴定的目的完全相符，可见检测方法并无不当。辩护人不能仅仅从标题上对检测方法进行判断，还需要查阅标题之下的具体内容。第二，关于检材对象问题，辩护人认为两次报告依据的检材对象不同，但仔细查阅两次检测报告就可以发现，两次报告中的"2015-2-11"和"2016-7-5"仅仅是"检材编号"，检材编号不等于检材本身，编号是鉴定机构为了统计业务数据而对每一次委托服务进行的编码处理，同一个检材对象每经过一次鉴定都会形成一个新的编号，两次报告中检材编号的"2015"和"2016"显然是委托年份的意思。如果这个手机还需要第三次鉴定，那么它一定还能拥有第三个检材编号。综上，公诉人认为辩护人对该份检测报告所提出的两点质证理由均不能成立，建议合议庭对该证据的合法性予以确认。

好在有惊无险，不过这次经历也提醒我一个问题，对于电子数据以及相应的检测报告，需要更为细致的审查和理解。有时候对方提出的意见未必真有道理，但我们可能对相关问题不了解，以至于不能有效的回应。

当然除此之外还有一个问题，我们的法庭是不允许开庭时玩手机上网的，所以会屏蔽信号。但有些时候确实需要在网上查询一些公知事实或专业知识。比如，这个检测服务内容的问题，查询完之后完全可以投影到法庭屏幕上以更好地澄清问题。所以我觉得相关庭审规则可以适当调整一些，让法庭在查明事实的过程中发挥更大的作用。

笨蛋律师被霉霉怼

赵 鹏

律师：Muelle有没有摸你别的地方？

霉霉：他尽忙着抓我的屁股，没工夫碰别的地方。

尽管我国与英美法系国家在司法制度上有很大不同，但很多法庭技巧、禁忌是相通的。所以，我对国外媒体报道的司法案例比较留意，尤其涉及法庭上的内容更是会多看两眼。上面这个问答就是霉霉在法庭上回答对方律师提问时的情况。双方较量了几个来回，霉霉大获全胜。我分析了一下，对方律师犯了很多法庭发问的大忌。

我查了一下这件事的始末。2013年，霉霉出席一个演唱会之前的歌迷见面会。在合影环节时，有个DJ和他女友一左一右跟霉霉合影：

表面看着没什么，照完相之后霉霉也没有立即出现异常反应，而是继续和其他人合影。但在合影结束后，霉霉立即告诉自己的保安说，自己刚才被那个DJ猥亵了。

"那个男人在合影的时候，把手伸进我的裙子，摸了我的屁股。这绝对是有意的，他抓了我的屁股，还抓了很长时间。"

保安团队很快找到了霉霉说的这个DJ，此人名叫David Muelle，当年 51岁，霉霉当年23岁。随后，DJ和他的女朋友被赶出活动现场。后来，这件事还传到了DJ老板那里，于是DJ被炒了。

本来，霉霉这方对这件事并没有报警。作为名人，不想把这件事公之于众也能理解。然而，那个DJ还不干了。因为那次事件之后，他不仅丢了原本的工作，还很难找到新的工作。于是在两年之后，他把霉霉告上了法庭：

"你们诬陷我摸屁股，害我丢工作，对我造成了非常不好的影响，我要索赔300万美元。"

既然如此，霉霉也不善罢甘休了。她立即对DJ提起了反诉，要求他对自己的猥亵行为承担赔偿责任，金额为1美元。

为了打赢这场官司，DJ花重金聘请了一位律师。没想到的是，这律师水平太差，法庭上丝毫没能占据上风。下面是比较有代表性的几个问题及霉霉相应的回答。律师所问的每一个问题，都存在不同程度的法庭禁忌；而霉霉的回答则是非常到位。这些正是我感兴趣的部分，下面分析一下：

律师：只有从你裙子下面才能看到我的当事人有没有把手伸进去摸你，是不是这样？

霉霉：不好意思，我们没有安排人在你说的这个地方。

存在的问题——给对方设置不合常理的证明要求。对方律师提出这个问题，其逻辑是这样的：关于DJ把手伸进霉霉裙子摸其屁股的事实，只有霉霉的陈述直接予以证明，缺乏其他证据相印证，但只有从霉霉裙子下面才能看到DJ有没有把手伸进裙子，显然不可能有人能从这个角度提供证言，因此这一事实缺乏相应证据，不能认定。我们姑且不论这个逻辑是否周延，单从情理上看它就足以引起一般人的反感。因为正常人此时都会觉得律师预设的证明要求是不合常理的。其实，很多案件的待证事实——尤其是性侵案件中的关键事实——都缺乏相互印证的直接证据予以证明，认定这些事实往往需要判断一方当事人言辞的可信性。由于人类固有的同情弱者的心理，性侵案件的被害人往往在情感上更能得到人们的支持。作为对方律师，给被害人提出一个正常人看来不可能承担的举证要求，就算其逻辑上再有力，也很难赢得认同。尤其当被害人把律师这种不合理的证明要求点破时，律师的这次发问就彻底失败了。正如霉霉的回答："不好意思，我们没有安排人在你说的这个地方。"

如果律师一定要把自己的逻辑展示出来，那他可以换一种问法，比如："当时现场有很多人在看你们拍照，包括你的安保人员、服务员以及你的其他粉丝，这些人中有没有谁还看到了你说的情况？"

律师：如果我的当事人摸你，为什么你裙子没有折到前面？

霉霉：因为我的屁股在身体后面！

律师：在和我的当事人拍完照片以后，你可以不继续和其他人拍照，而是去休息一下，是不是？

霉霉：你的客户也可以和我拍张正常的合影，我不希望毁掉在那里等待的其他粉丝的经历。

存在的问题——提问"为什么"。我注意观察过不少有丰富出庭经验的检察官或律师，发现他们身上会有一些共同特点。其中之一就是很少在庭上问"为什么"，尤其是在诘问对方证人的时候。这样做无疑是明智的，因为法庭发问有一个重要的原则，即"如果不能确定对方将会给出怎样的回答，就不要问"。因此过于开放的问题在法庭上是忌讳的。当人们问"为什么"时，无疑就面临上述问题：回答人可以发挥的余地过大，以至于提问者根本无法确保对方的回答在自己可以控制的范围内。当然，直接询问时是可以问"为什么"的，但一定要事先排练。

上面这两组问答中，律师的提问其实都是在问"为什么"。

第一个关于裙子的问题是直接问的"为什么"。提问的目的应该是想从常识角度对霉霉的陈述进行质疑——如果DJ真的把手从裙子下面伸进去摸屁股的话，裙子的前面很可能有变形，但从照片上似乎看不出异常。如果一定要把这个逻辑表达出来，我觉得律师可以用这些问题："你的裙子是什么材质，硬还是软？""拍这张照片时DJ的手已经从你的裙子下方伸进去了吗？""这一过程中，裙子的前面会不会有形态上的变化？" 当然，我并不认为这是个不错的思路。所以要是我，我不会问这些问题。

第二个关于是否可以去休息的问题，本质上也是在问"为什么"——如果你真的被DJ摸屁股了，那此后你为什么不去休息一下而是继续和其他人拍照？我觉得，就算抛开类似发问给对方留出的发挥空间过大的问题，仅仅从逻辑上讲，该问题对于霉霉几乎没有杀伤力——人家是见过世面的大明星，不是心理脆弱的小女孩儿。

律师：按你所说，我的当事人当时正在摸你，但你的安保人员却没有及时反应，你对此是否很生气？

霉霉：我只对你的客户把手伸到我的裙子下，抓我的屁股感到生气！

存在的问题——落脚点偏移。律师问这个问题，无非是想说明：安保人员是霉霉聘请的私人保镖，目光会时刻注意霉霉，如果DJ真的摸了她，安保人员应该会立即发现并采取相应的措施。我觉得这个逻辑还不错，如果是我，可能会用下面这一组问题表达这个思路："安保人员的责任是什么，他们是否会比一般人更关注你？""如果他们发现有任何异常，是否会第一时间作出反应？""在你和DJ拍照时，安保人员有没有相应的反应？" 然而DJ的律师提问的落脚点却不在安保人员的反应上，而是在霉霉的情绪上。这等于是在说："安保人员没有及时反应，是失职行为，你应该很生气才对！"当落脚点偏移到被害人情绪上时，人们的注意力也就不在最该关注的问题上了。

律师：我的当事人因此事丢了工作，后来又很难找到其他工作，你是否认为他已经得到了应该有的惩罚？

霉霉：我没有任何感觉，因为我不认识他。一个陌生人丢工作和我没任何关系。他的不幸是他自己的选择导致的，不是我。

存在的问题——让被害人原谅被告人。哪怕是已经接受了对方赔偿，写过书面谅解书的被害人，在心里也未必认为被告人已经得到了应有的惩罚。更何况是被害人反诉的情况下，提出这个问题当然不会得到律师想要的答复。就算是想博得同情，也应该先做好相应的铺垫，否则只能是自取其辱。

综上，我认为，霉霉很聪明，律师是笨蛋。

033 善于运用那些最经典的修辞方式

友：最近在看什么书？

我：《习近平总书记系列讲话精神读本》，"两学一做"的必读书。

友：真好，提高政治觉悟。

我：推荐你孩子也读一读？

友：我儿子刚上小学三年级。

我：关于政治内容的部分，他可能读不懂，但你可以把这本书作为修辞学教科书，让孩子从小就学学修辞。

友：小学语文课会专门讲修辞。

我：我知道，我也上过小学。不过教科书里讲的比这本书里的内容差远了。这本书把各种经典修辞方式运用得淋漓尽致，绝对是学习修辞最好的读本。

友：修辞很重要吗？

我：至关重要啊。一篇文章是否生动，很大程度上取决于修辞方法的运用。很多时候，我在法庭上都必须要用一些修辞方法来组织语言，以保证合议庭不会对我的发言感到乏味，更何况写文章。

……

如果我没有判断错，大多数人在初中毕业后就不再专门学习修辞学了。以我的经历为例，系统地学习比喻、排比、拟人等修辞方法的时期是小学高年级；到了初中的时候，语文老师已经不再讲授关于修辞的基本理论，只是在课文中出现某些修辞方法时，提示我们注意一下，作者在此处使用了什么样的修辞方式，以及使用这种修辞方式之后产生了什么样的后果；再到高中时期，我们的学习完全围绕高考，对修辞的认识仅仅是见到某种修辞方式的时候能够迅速、准确识别出来就可以了。至于运用，并不是多么重要的事情。

这就是应试教育的缺陷，只能让学生知道"是什么"，不能让学生知道"如何用"。修辞对文章而言有多么重要根本不需要过多论述。本章中，我介绍几种常用的，也是生动的文章中必不可少的修辞方式。

排比

排比的概念不需要重述了，几乎没有人不清楚它的含义。在文章中使用排比的方式，能够增强气势，朗朗上口，加深人们对文章内容的印象。这些都是排比的好处。我也不再多说。下面我举一个小例子，这是排比方法运用的一个"非典型"例子，它所带来的效果并非增强气势，排山倒海，而是拉近了和他人之间的距离：

1957年11月17日，毛泽东主席在苏联的莫斯科大学接见了数千名中国留苏学生和实习生。据《人民日报》的报道："当毛主席和邓小平、彭德怀、乌兰夫、杨尚昆、胡乔木等领导人出现在莫斯科大学的大礼堂时，全场沸腾，欢声雷动。毛主席高兴地走到讲台的前沿和两端，频频向大家招手致意。"就是在这一次讲话中，毛主席提出被后世广为传颂的经典语句："世界是你们的，也是我们的，但是归根结底是你们的。你们青年人朝气蓬勃，正在兴旺时期，好像早晨八九点钟的太阳。希望寄托在你们身上。"当然，毛主席此次的讲话中还有另一句名言："世界上怕就怕认真二字，共产党就最讲认真。"

然而在毛主席的这次讲话中，让我印象最深刻的并不是上面两句经典名言，而是在他发表讲话之前与台下观众的三句互动：

毛主席：在下各位，有没有湖北人？

台下：有！

毛主席：我游过你们的长江！

台下：（掌声）

毛主席：有没有湖南人？

台下：有！

毛主席：我游过你们的湘江！

台下：（掌声）

毛主席：有没有广东人？

台下：有！

毛主席：我游过你们的珠江！

台下：（掌声）

……

这样的三问三答，是多么工整而精彩的排比使用。不同的是，毛主席并不是一个人在使用排比，而是与台下的数千观众以互动的方式共同使用了这种经典的修辞方法。更值得注意的是，与典型的排比使用不同的是，毛主席上述对排比方式的使用，其效果并不是增强气势，排山倒海，而是拉近与留学生观众们的距离。这就是《人民日报》当天的文章中提到的，"台上台下，有问有答，欢声笑语……"

伟大领袖都如此偏爱排比，我们是不是也应该好好利用一下这种经典的修辞方式呢？！

比喻

相对于排比，比喻更被大家所熟悉。可能很多人认为这种方法不需要过多解读，但我觉得，学生时代学习的比喻理论太浅显，几乎没有实用的意义。所在这里我简单介绍一下自己对比喻理论的学习心得。

首先我们回顾一下上学时候对比喻理论的学习。我这个年龄的人，从小接受的比喻理论教育是这样的：比喻一般分为三种：明喻、暗喻和借喻三种。区分它们的关键是本体和比喻词是否出现在语句中。明喻是本体和比喻词都出现在句子中；暗喻是本体出现在句中，但比喻词隐去；借喻是本体和比喻词都不出现在句中。下面分别举例说明：

明喻："我们的祖国就像一轮初升的朝阳，从我们民族历史的地平线上一跃而出，闪耀着万道红光，照临到这个世界上。"

暗喻："我们的祖国是一轮初升的朝阳，从我们民族历史的地平线上一跃而出，闪耀着万道红光，照临到这个世界上。"

借喻："这轮晓日从我们民族历史的地平线上一跃而出，闪射着万道红光，照临到这个世界上。"（杨朔《泰山极顶》）

正如我之前所说的，这种区分的方法非常体现"应试教育"的特点，它最大的好处是让我们可以进行快速的区别与判断——只需要注意本体和比喻词是否存在即可——然而，这种区分对于我们理解比喻理论、使用比喻方法有多大的帮助呢？

其实，现代比喻理论中，对这种修辞更普遍的区分并不是上述明喻、暗喻和借喻，而是隐喻、转喻、提喻与反讽。隐喻是强调本体与喻体之间在某个方面上存在相似之处；转喻是把本体比喻为自己的一部分，即一部分指代整体；提喻是不直接说某一事物的名称，而是借事物的本身所呈现的各种对应的现象来表现该事物，又称举偶法；反讽一般认为是说话或写作时一种带有讽刺意味的语气或写作技巧，但其实隐喻、转喻和提喻都可以产生反讽的效果。我认为上述区分比喻不同类型的方式更有利于我们使用这种经典的修辞。我曾经写过一篇文章，里面提到过现代比喻理论的几种方式，也举了一些例子。下面是这篇文章的节选：

飞机上遇到熊孩子

赵　鹏

……

孩：叔叔，你知道什么叫隐喻吗？

我看了一眼他打开的作业，是让用隐喻、转喻和提喻分别造一个句子。不得不说，现在小学语文怎么这么难，我们上学的时候只需要区分明喻和暗喻就可以了。没想到时隔二三十年后，小学生就要弄懂这么复杂的修辞。当然这并不能难住我。

我：比喻的一种类型，把一个事物比喻成另一个事物，强调二者之间的相同点。比如说"我是雄鹰"，这就是个隐喻，强调我有雄鹰的眼界和高度。

孩：那"我是小蜜蜂"这是隐喻吗？

我：如果是在说你自己，那这句话没有用任何修辞手法，反而很谦虚。

孩：那怎么才叫隐喻？

我：把你那句改成："我的脑袋是一个大马蜂窝，任何坐在我身边的人都会被吵死。"这就是隐喻了。

孩：那转喻呢？

我：转喻是用部分指代整体。如"对面走过来一个小黄帽儿"，这就是一个转喻，用小黄帽比喻孩子。

孩：我没有小黄帽儿。

我：如果对面走来的是你，那可以说："对面走来了一张不停开合的嘴。"这就是转喻。

孩：那提喻……

我：行了行了，你自己复习复习，让我清静一会儿。

幸亏北京到西安才一个多小时，总算到地方可以下飞机了。孩子妈也醒了，没事儿人儿似的收拾东西，那孩子居然还恋恋不舍——

孩：叔叔再见。

我：你是我见过的心理素质最好的孩子，如果要再见，我希望你变成一个安静的孩子。

走出廊桥，小男孩儿在他老妈身后跟着，我在他们后面。突然，孩子一转身冲着我做了一个鬼脸——

孩：叔叔，你是我见过的最安静最无聊的人……

……

在前文我提到的《习近平总书记系列讲话精神读本》（2016年版）中，也有很多比喻的运用，比如，我最喜欢的一句：

"如果说社会主义历经高潮与低潮、成功与挫折的历程，是一部气势恢宏、跌宕起伏的交响乐，那么中国特色社会主义就是这部雄浑交响乐的华彩乐章。"①

这就是一句非常棒的隐喻，指出的是中国特色社会主义与交响乐中华彩乐章的共同之处——华彩乐章是整个交响曲中的一部分，没有突破主旋律的基本特征，但却是交响曲中最精彩、最值得期待，也是对演奏者要求最高的部分。可见，如果我们对比喻理论只停留在明喻、暗喻、借喻的区分上，那充其量我们只会判断出这句比喻是暗喻。只有当我们以分析隐喻的思路去读这句话时，我们才会注意分析中国特色社会主义究竟与交响曲中的华彩乐章究竟有什么相同之处。

数字换算

严格地说，数字换算并不是一种单独的修辞方式，它可能是比喻、拟人、排比等修辞方法的综合体。这种方法是使用数字和数字之间的关系进行生动的论证，我们先来看一段电影《寻枪》中的经典对白：

甲：枪里有三颗子弹？

乙：是，三颗子弹。

甲：一颗没打过？

乙：一颗没打过。

甲：最后什么时候看到手枪的？

丙：婚礼前。

甲：我问你多少小时？

丙：二十个小时。

---

① 中共中央宣传部：《习近平总书记系列重要讲话读本》，学习出版社、人民出版社2016年版，第27、28页。

甲：二十个小时，坐汽车都到省城了，坐火车都到北京了，坐飞机都到美国了。美国的事我不管，枪要是到了北京，你给党和国家带来多大的危害？

丙：我错了，局长。

甲：错了？你犯罪！敢偷枪的人，一定是想拿这个枪犯罪，搞不好要出命案。枪里面有三颗子弹就是三条人命，要是遇到职业杀手一枪两个，就是六条人命，六条人命啊！

多么生动的表达，是数字换算与运用的结果。我们在生活中会经常看到数字换算与运用的成功范例，比如：

换算地球生命时间：如果把地球45亿年的变化缩成 24小时的话，00:00地球形成； 04:00出现单细胞生物，此后16小时内都有没变化；20:30出现了微生物； 21:04出现三叶虫；22:00植物出现，紧接着陆生动物出现；22:24出现森林；23:00恐龙出现，40分钟后灭绝； 23:58:44人类出现。因此，迄今有记载的人类历史不过几秒长。

前文我和朋友的对话中提到，我在法庭上甚至也使用过修辞的方法以增强论证的说服力，确实如此。下面是一段我发表的公诉意见，其中就使用了数字换算与运用的方法：

半分钟的火情变化：根据消防专家的研究论断和科学实验，火种接触到纤维类可燃物后到可燃物独立燃烧只需要0.8秒；2平方米的纤维类可燃物从独立燃烧到全面燃烧最长只需要3.25秒；当小于3平方米且已经全面燃烧的可燃物没有被人为隔离，而是与其他多个可燃物相互接触时，该已经燃烧的可燃物将其他相互接触的单件面积小于3平方米的10件可燃物均引燃的时间只需要12.66秒；而当一个小于10平方米的房间有超过10件可燃物均已经独立燃烧时，普通市民能够将火势控制住的可能性小于3%。据此，在本案中，当床单被引燃但被告人却对此置之不理的时间达到16.71秒时，他已经很难通过自己的努力控制住火情；然而，被告人置之不理的时间不止16.71秒，而是超过了30秒。

以上是两种最经典的修辞方法。其实还有很多修辞是可以运用到写作中的，在此不一一介绍。我推荐大家看一看中华书局的《修辞通鉴》，里面有很多我们熟悉或者不熟悉的修辞方法介绍，也有举例，是学习修辞不可缺少的工具书。

034 在归纳和演绎之外寻找解释路径

主持人：下面我们有请我国著名女高音歌唱家、中国音乐学院民族声乐系副教授张也评委对刚刚演唱结束的9号选手的表演做点评。

张也：大家好。9号选手演唱得非常好……另外我也想借这个机会把这几天下来我的一个强烈感受说给大家听。我们今天这个舞台，是全国青年歌手电视大奖赛，这是国内声乐界最高水平的比赛之一。其实，任何一个走上这个舞台的选手，都已经是非常优秀的歌唱演员，你们的演唱技术早已经不需要我们来点评了。在这里我只想建议你们回去后做一件事情——听一听那些古往今来被世界公认的那些歌唱家的演唱，他们的音色可能不如你们圆润优美，他们的节奏可能也不如你们稳定，甚至他们还有可能会唱破音，这可是歌唱的大忌，但是请想一想，为什么即使如此，我们还是觉得他们唱得就那么好听呢？！

……

在电视选秀节目还没有兴起的年代，全国青年歌手电视大奖赛是收视率非常高的节目，我几乎每届必从头至尾的看。上面那段话是著名歌唱家张也在大奖赛上的一段评价，我当时听到后立即记录了下来。这真是一段非常精彩的点评，她道出了一个十分重要的道理——艺术之所以是艺术，恰恰是因为它很难用归纳或者演绎的方式把其美丽表现出来。

我在本书的前言部分提到过哲学对我的影响，这可以说是我成长过程中收到的最大的影响，没有之一。我在这里再简要说明一下，因为对于写文章而言，这一点尤为重要。

到目前为止，人类已知的获得知识的途径有两种：一是归纳，二是演绎。所谓归纳，就是以观察、实验等方式通过对现象进行总结而发现规律的方法，实验物理学、生物学的主要研究方法就是归纳。所谓演绎，是通过上位概念推导出下位概念的方法，逻辑学、数学的主要研究方法就是演绎。很多问题都可以用归纳或者演绎的方法来得到全部答案，这意味着有些问题即使我们不知道怎么回答，但至少知道在哪里能够找到答案。然而，总有一些问题不能使用归纳或者演绎这两种方式的任何一种来找到答案，这些问题至今仍然能在哲学的母体中，没有独立出来，理论上我们可以把他们叫做"哲学大问题"。也就是说，如果某个问题，我们不知道答案是什么，也不知道如何获得确定性的答案，那么这些问题就仍然处于哲学状态，是哲学问题。

我之所以说这个问题非常重要，是因为在生活中，我们经常会遇到那些既不能用归纳，也不能用演绎来解决的问题。但这些问题又实实在在地困扰着我们。很多文章想要解决的其实就是这样的问题。比如那几个经典的人类话题——生与死、善与恶、美与丑——有哪一个是单纯的用归纳或者演绎抑或二者相结合就能回答的呢？尤其善恶美丑问题，既没有统一的放之四海而皆准的标准，也没有具体的实现路径，完全依托不同的价值观去论证。再比如，幸福问题，尽管在如今，"幸福指数"已经成为一个专有名词，但究竟什么是幸福，有什么客观的标准呢？

因此，当我们撰写文章的时候，首先应当弄清楚的是，我们正在讨论的问题究竟是不是一个能用归纳或者演绎去解决的问题。如果是，那么对这篇文章而言，最重要的恐怕是逻辑。如果不是，那么对这篇文章来说，最重要的恐怕就不是逻辑，而是想象力。因为解决一个既不能用归纳，也不能用演绎去解决的问题，需要的是超越一般论证方式和思维进路的方法，需要突破常规的思考问题的套路，这需要想象力。如果此时我们依然使用归纳或演绎的方法试图解决这些问题，那么就会使文章看上去枯燥、乏味，很难被人们所接受。更重要的是，使用不当的方法不可能真正解决问题——18世纪很多哲学家试图使用物理学、数学的研究方法去解决哲学问题，结果这些问题并没有被真正解答。

需要注意的是，大多数的问题并不是单纯的能或者不能用归纳、演绎去解决的问题。因为很多问题需要多层次的判断，其中有些部分可以用归纳或者演绎的方法解决，但有些部分则不能用这些已知的方法。此时我们需要用归纳、演绎的方式解决一些基本问题，然后再突破常规的思路，用自己的视角提供一种解释。

这就如同从事艺术工作的人，任何艺术形式都有最基本的东西，这些东西需要归纳或者演绎来维系。但在此之上，一定有归纳、演绎不起作用的地带，这些地带才可以称为"艺术领域"。下面是我对一段网易公开课的记录，这段记录中，讲课的老师很娴熟地运用了归纳、演绎以及其他方法去论证一个经典的命题——人死后能不能继续存在！

师：当然不能。因为"死亡"的意思就是不复存在，如果你说"人死后还能不能继续存在"，这等于是在问"人不存在后还能不能继续存在"，这显然是不合逻辑的！

一上来，老师就给出了这样的一个解释。不过很显然，这只是从字面上去解释问题，并没有真正回答出这个问题的本质。所以老师接下来继续说道：

师：当然，如果我这样解释，你们肯定是不满意的。因为提问的人并不是在跟我玩文字游戏。当人们问"人死后能不能继续存在"时，其实真正要问的是"人有没有独立于肉体的灵魂"。因为死亡是指肉体的死亡，继续存在指的是灵魂的永生。这才是问题的本质。

上面这段是从实质解题，或者说是问题转化。也就是把一个模糊问题的本质解释清楚，或者说将一个模糊的问题转换成一个清晰的问题，为进一步解释作出准备。做好准备后，老师开始提出相应的观点：

师：很多人都会支持人有灵魂的观点，并且他们还能说出相应的理由来，比如，有人会说，把一个将死之人放在电子秤上，在人死的那一刹那，电子秤的数字会突然变小，这变小的克数就是灵魂的重量。当然，也会有人反对这样的观点，因为大家都可以做这样的实验，有些人会说他们并没有看到类似的情况，所以人根本没有灵魂。

上面这段分析，提到的方法就是归纳法——观察与实验。不过很显然，这个问题不仅仅只有归纳法可以提供结论，所以老师接下来又说道：

师：当然，也有人会说，他们不需要实验也可以得出相同的结论。支持方会说，"因为人是上帝造出来的"，上帝有灵魂，所以人一定也有灵魂；反对方会说，"物质决定意识，肉体是物质，肉体死去了物质基础就没有，所谓皮之不存，毛将焉附，说的就是人死了就是死了，不会再有灵魂的续存"。

这段分析显然就是另一种方法——演绎法——的运用。无论天造万物的先验主义观点，还是唯物论的理论，都是上位概念，从上位概念得出下位概念是典型的演绎过程，这个过程不需要观察与实验，只需要推演即可。

讨论至此，归纳和演绎这两种方法已经用完了。但是这个问题说清楚了吗？显然没有。它本来就是一个哲学问题，绝不是用归纳或者演绎可以解释清楚的。继续往下讨论，需要的就是超出归纳、演绎的层面提出全新的解释。此时，老师说到了"最佳解释原则"：

师：这时候有人会说，你们说这么多复杂的理论，多绕弯子，其实人们最好相信人有灵魂，"因为只有这样才不至于害怕死亡"。这种解释是什么呢？我把它叫做"最佳解释原则"。

是的，最佳解释原则，这就是一种超出归纳与演绎方法的解释方式，它在逻辑上并不周延，也没有多少事实上的依据，但却很有说服力。可见，超出归纳与演绎去寻找解释方法时，论证才会更为丰满有力。

谈到"最佳解释原则"，其实在很多文章中都会看到。下面这段话出自《爱因斯坦晚年文集》：

第一次世界大战期间有人试图说服一位伟大的荷兰科学家，在人类历史上，权力胜过正义。"我不能否认你们论断的正确性，"他答道，"但我确实知道，我不愿意活在这样的世界上。"

总结一下，写文章当然需要运用各种说服方法。归纳法的运用让文章显得调查翔实，演绎法的运用让文章显得逻辑严谨。在归纳和演绎之外寻找新的说服方法，会让文章显得生动而具有说服力。下面是一篇我的文章，里面运用了归纳、演绎两种方法，最后还使用了最佳解释原则，供大家参考。

目击警察才能作证

赵　鹏

公安民警大多很豁达，很少拒绝检察官的要求。不过有时候，说服警察出庭作证是有难度的。因为一般情况下，警察出庭大多是为了弥补证据瑕疵，而公安民警又大多不善于当众发言，不了解法庭审判流程，并且害怕被辩护人刁难。

我：案件下周开庭，我想请您来作证。

警：证明什么？

我：物证起获的过程。因为扣押清单上多了一个塑料袋，但扣押笔录上没有显示这个塑料袋。

警：我不是跟您说了吗，这个塑料袋是包裹那个装有毒品的饭盒的，当时这个饭盒放在一个纸袋里。扣押纸袋的情况已经写在扣押笔录上了。

我：对。但是扣押笔录上只写了"现场发现纸袋一个，内有塑料饭盒一个，饭盒内有可疑白色晶体颗粒……对上述纸袋、饭盒及可疑白色晶体颗粒依法予以扣押"。并没有提到包裹饭盒的塑料袋。

警：笔录上忘了写了，但是扣押清单上写了，犯罪嫌疑人也签字了。

我：对，而且塑料袋上还提取到了犯罪嫌疑人的生物痕迹。所以这个物证很重要，目前它的来源显示不出来，必须说清楚，不然会被排除。

警：我给您写份说明行不？

我：可以，但是我觉得最好到法庭上说清楚。

警：行吧。

我：您有什么担心的呢？

警：法官会不会说我工作不用心？

我：不会的。您下次注意就行了。

警：辩护人会不会问我一些难以回答的问题？

我：我觉得问不出难以回答的问题，最多问您一些规范流程吧，比如说，公安机关提取物证的规范流程。

警：那我得背一背，一紧张就容易想不起来。

我：那您准备准备吧。

警：我出庭穿什么衣服？

我：制服或者正装。

警：制服用洗吗？

我：洗一洗吧。

就像上面这样，虽然有些为难，但都能答应我的请求，出庭作证。唯独有一次，这位警察无论如何不肯出庭，并且找到的理由还真不好回应。

我：犯罪嫌疑人是在什么时候给"下家"打的电话？

警：在我们审讯他的时候。我们当时把电话给他，让他假装没有被抓的口吻，打开免提和买家通话，并且在对话过程中把交易的重点信息说出来。我们把这个过程全程录像。以证明犯罪嫌疑人购买毒品的目的是再向他人贩卖。

我：录像呢？

警：提供给你们光盘了。

我：只有画面，没有声音。

警：国产录像设备质量不好。

我：不管什么原因，总之录像不能证明犯罪嫌疑人和通话对方交谈的内容。

　　警：那怎么办？

　　我：您听到了全程的通话内容了吗？

　　警：是的。

　　我：那些交易的重要信息都有吗？

　　警：都有。

　　我：那你到法庭上作证吧。

　　警：不行。

　　我：为什么不行？

　　警：因为根据法律规定，我只能就目击的事情作证，而不能就耳闻的事情作证。

　　我：啊？

　　警：刑事诉讼法有规定，"人民警察就其执行职务时目击的犯罪情况作为证人出庭作证，适用前款规定"，据此，人民警察出庭的话，只能说亲眼看见的事情，不能说听到的事情。

　　我：您说的这个条文中的"前款规定"指的是什么？

　　警：证人出庭作证的相关规定啊。

　　我：具体地说，指的是《刑事诉讼法》第187条第1款："公诉人、当事人或者辩护人、诉讼代理人对证人证言有异议，且该证人证言对案件定罪量刑有重大影响，人民法院认为证人有必要出庭作证的，证人应当出庭作证。"这一款的内容针对的是什么样的证人必须出庭作证的问题，根据这一条款，如果您的证言中涉及您执行职务中目击的情况，而这些情况又符合上述条件的话，您必须出庭作证。但不能据此得出您只能就看到的事情出庭作证，不能就听到的事情出庭作证的结论。

警：但是，如您所说，只有当我的证言涉及目击情况的时候，我才有必须出庭作证的义务。现在您让我出庭作证的是我听到的情况，我没有必须出庭作证的义务对吧？

我：如果对法条进行演绎的话，确实如此。但我也没有说您必须出庭啊，我只是希望您能出庭而已。如果您死活不去，那我确实也没办法。

警：那我不去的话，您会怎样呢？

我：我能怎样，难道向您家长告状？

警：您太幽默了。

我：你到底出还是不出？

警：出。

……

我觉得，《刑事诉讼法》第187条第2款规定得有点死板。因为在文字含义上，目击与耳闻各有明确的定义，不具有扩大解释的可能性。如果上面那位民警坚决不愿意到庭作证，似乎在法律上是有依据的。但是为什么人民警察只有就目击的情况作证，且该证言存在争议，人民法院认为确有必要时，警察才必须到庭作证呢？实践中很多民警的证言不仅涉及目击的情况，也涉及耳闻的情况，这些内容都有可能存在争议，到庭作证有利于澄清事实。从这个角度说，警察证人与一般证人没什么区别，目击和耳闻的情况也没有什么不同，完全不应区别对待。其实，警察出庭的好处大家都非常清楚——如果警察在侦查工作中意识到自己很可能到法庭上去述说这些情况，那么他们一定会慎重地执行法律。从这个角度讲，也不应该对警察证人再进行"目击"与"耳闻"的区分。

035　灵思与人物是让文章生动的秘诀

甲：为何我写文章那么枯燥？

我：因为你没有学会生动。

甲：为何我没有学会生动？

我：因为你不懂什么是生动。

甲：那什么是生动？

我：生动就是思想和灵感共舞，像赛跑和跳高一样动起来，挑战极限。

甲：那我这就去跑步，动起来。

我：您这还是先减肥吧，脑满肠肥，灵感也胖得不爱动了！

甲：这话生动，我可算明白了！

我：你还是醒醒吧，别再睡了，不然灵思都要睡呆了！

甲：好吧！生动！动起来！

很多人在写文章的时候会觉得自己穷尽辞藻之能事，引经据典，旁征博引的，也罗列了完善的结构和条分缕析，但是最后写完一看，还是感觉不那么生动引人，而是有点照本宣科的感觉，并不是一篇让人回味无穷，引人入胜，激起热烈关注和讨论的佳作，这是为何呢？

我认为，问题的核心就是文章不够生动，缺乏生气和灵动——文章是思维和语言的综合体，本质是人的思想和情感的体现，而不是文字和段落的堆砌，不该是枯燥的行文累积，更不是为了凑字数的完工和应付的任务。而这种状况，恐怕是很多人面对写文章的头疼情况，完全是为了写够字数而写，机械地写，东拼西凑地写，这样写出来的文章，除了干巴巴和不协调，还有什么精彩和吸引人的可能呢？

文章分成两大类别，"无人的"和"有人的"——说明文、议论文等，有可能是讲道理的，这样就以观点和逻辑以及讲道理为主，没有什么人的感情之类的因素和故事情节，这就是"无人的"文章；如小说、散文中关涉人物的等，都是以人或者分析人类的处境、思想、情感、关系为主的文章，这就是"有人的"文章。

首先，我们来探讨一下"无人的"文章，该如何写得生动精彩，引人入胜。我觉得最重要的一点，就是要有"灵思"。因为这类"无人的"文章，一般都是议论文、说明文，分析类文章，以及讲解和辨析类的文章，甚至包括报告文稿和演讲稿。但不管是什么类别，一篇生动的美文肯定是会加分不少的，总比枯燥的东西读过之后让人昏昏欲睡，索然无味，很快就忘得一干二净了，一点印象都没有要强得多，这才真是写作者的失败,也并非想要达到的效果。因为每个人还是希望自己的文章能够产生影响力，得到大家的认同或者议论，感动抑或共鸣，这样才是对作者才智和努力的认可。但受众都是鲜活的人，都是各种思维的集合体，也是感情和情绪的大本营，所以，灵动就是要契合人的思维和感情的波动，以及想象力和感受的河道，这样才能江河澎湃，奔流直下，有一种酣畅淋漓的畅快表达感，注入无限感动的汪洋和认同的大海。

因此，灵思是"无人的"文章想要动人的最重要的写作点睛思想。何谓"灵"，灵就是灵感、灵动、奇思妙想，就是把客观物给人格化、拟人化、情节化和主观化。当然这并非一朝一夕之功可以做到，但是"书山有路勤为径"，凡事总有门道的，我们还是可以在思维和文采的缝隙里管中窥豹，超越极限，得其全貌。在灵思这方面，最好的训练是多读书，正所谓"书读百遍其义自见"，努力读书是写出好文章的不二法门，以我书海游弋的经验，我给大家推荐以下这些书籍，绝对阅读之后会提升大家的灵思和文采的水准——这些书包括：

《李白诗选》——李白的诗文其想象力之瑰丽，灵思之流动鲜活，让许多诗人都不能望其项背，所以才有"诗仙"之美誉；

《杜甫诗选》——杜甫刚好是和李白互补的现实主义诗人，但是其对现实的升华和深刻雕琢，也是登峰造极的；

《苏轼散文集》——苏轼的散文，是古代散文的集大成者，门类广泛，视野独到，是不可多得的中华散文写作的百科全书般的存在；

屈原的《离骚》——小小一本诗书，但是其折射出的诗人的强烈的抱负，无比炽烈的情感，还有思想与社会见闻的扬抑，都十分丰沛；

曹雪芹的《红楼梦》——不必多说，古今中外公认的长篇小说佳作，对人物的鲜活描述，诗文的神奇运用，也是千古一绝；

鲁迅的小说和杂文集——现代白话文的大家，语文课本的常客，其逻辑之锋利严谨，叙述之详尽有力，人物之跃然纸上，是中国近代文坛的大师级名家名作；

冰心翻译的泰戈尔的诗选——印度伟大的诗人，诺贝尔文学奖得主，代表作《吉檀迦利》和《飞鸟集》，其思想之神秘，灵思之舞动，真的美不胜收，当然这也拜冰心老人的恩赐，也有其他的译者，也很棒，但是个人还是更喜欢冰心的一种。

如果可以把以上七个作家的作品好好阅读，则您的写作水平一定可以有质的飞跃，并且灵思飘荡，引人入胜！

问：为何我写人物的文章，或者文章中的人物，总是干瘪瘪的，像个纸人。

我：因为你的灵魂和感情是比较干涸的，需要久旱逢甘雨。

问：哪里来的甘雨？

我：就是醍醐灌顶的指点和高屋建瓴的指示。

问：这种指点和指示在哪里？

我：往下看……

下面，我们来说说，"有人的"文章如何使它能够生动起来。"有人的"文章，要么是专门写人物的叙述甚至传记，或者是小说和故事，再不就是通过人物在里面的对话和行为的展示，来表达作者的意图。人是鲜活的，同样，文如其人，行文也必须是鲜活的。

塑造人物是个难题，但更是重任。只要是"有人的"文章，必须通过语言的表达将其塑造出来。当然塑造成什么样子是一方面，读者体会到什么是另一方面。所以，如果读者感受到的形象和效果与作者所想反映的差距太大，就是作者的失败，因为文中的人物如同泄气的气球，走样了，不够丰满和生动，所以人们看它的时候，发生了偏差。

人是思想的人，灵魂的人，情感的人，人性的人，感受的人，情绪的人，心理的人和行动的人。思想——灵魂——情感——人性——感受——情绪——心理——行动——的塑造和表达，缺一不可，而且必须都是丰满的和丰富的，这样人物和人事才能鲜活起来，生动起来。

思想与灵魂，这是人类最高级的思维能力，是心灵的神经中枢。所谓爱智慧和真善美是最高境界，也最能打动人。因为虽然"人之初性本善"，但是世间并没有少去邪恶与苦痛，打斗与战争。有趣的是，往往争斗的双方都认为自己是正义的，正确的，这就是涉及一个"真"字——因为你的写作和文章，不尽然是真善美的阳春白雪的世界，肯定有假恶丑，所以如何描述它们，跑不掉一个"真"字。只要是真实的、真诚的、真正的，一定能够打动人心，所以，人间万事，唯真不破！

情感与人性，这是人之所以为人的根本，也具有一定的动物性。正因为人有七情六欲，才有喜怒哀乐，所以也必须正视和重视这种种的情欲，这才是构成人生故事的最佳素材。一切皆因人的欲念而起，所以重视描述和形容人的感情与欲望，对人性进行深刻的剖析，肯定是文章生动感人的法宝。

感受与情绪，以及心理，这是人的内在的微妙小宇宙和心灵世界，人的哀伤与欢乐都是情绪和感受的起伏，所以，你听贝多芬的一曲英雄交响曲，或者命运交响曲，你会随着音乐的跌宕起伏时而蹙眉，时而开怀，时而沉思，时而忘我，这就是人类情绪和心理的波动，所以犹如交响乐的无形之手去按摩和描述人类的心灵世界，是文章感染人和吸引人的要素，甚至是最佳要素。

最后，人还是行动的人。人不是石头，不仅有感情，更有行动，因而，才有丰富的文明和精彩的生活。对人类行为的分析和描写，是塑造人物的关键一环。这就需要我们有一颗善于观察和体会人群的心灵和眼睛，平时的日常生活中，就去留意每个人的言行举止，想着用什么样的词汇和方式去准确的表达出来你所看到的一切。你可以随身带一个小本子，或者用手机的语音记录功能，记下生活和人物细节的每一刻，以及心理感情的每一个感动，还有每一个让你觉得美丽的瞬间，并且自己尝试用小日记的方式去记录和描写他们。

捌

你了解思维吗

——思维偏误的利用与避免

人类并不是理性的动物，万幸的是，人类可以认识到这一点。心理学家认为，人们的每一个行动都有思维上的深层次原因。我们的思维存在偏误，这些思维偏误有时让我们作出非理性的决定，但有时也让我们得以从繁杂的现实中超脱出来。因此，一方面需要避免思维偏误对行动的影响；另一方面也需要利用一些思维偏误让生活更轻松些，或者利用别人的思维偏误以实现自己的目的。无论如何，我们首先要认识到这些思维上的偏误。本部分的5篇文章，我选择了5个最常见的思维偏误，这几种偏误可以帮助我们写出更好的文章，或者避免写作过程中的一些常见错误。

036 对比偏误——善与恶都是相对的

我：喂，你和那个女孩儿，有进展没？

友：有。我已经约她周末看电影了。

我：看什么电影？

友：《速度与激情8》，看过没？

我：没有。里面有帅哥吗？

友：当然有了。

我：那你还敢带她去看？

友：为什么不敢？

我：看电影时被屏幕上的激情帅哥迷得神魂颠倒，谢幕后转头看到你，立刻什么兴趣都没了。你还能追到手吗？！

友：那看什么？

我：类似《巴黎圣母院》那样的，看多了卡西莫多，再看你就觉得是英俊美男了。

友：有你这么挖苦我的吗！我长得还不错好不！

我：我说真的啊，你没听说过对比偏误和锚定效应吗！你知道胖女孩儿是最容易被其他女生拉着照相的吗！别对自己的相貌太自信，你长得多帅都有比你更帅的，总有一款男人把你比成丑八怪！

我很喜欢逛家居市场。有一次，我在一家常去的店里看中了一个纯铜质地的壁挂烛台，店主说这个烛台是铸铜封釉工艺的，所以要贵一些，2200元，我觉得有点贵于是就走了。一个月后我又去了那家店看有没有新货，看着看着目光又落在了那盏烛台上。这时店主老婆走过来说，这个烛台很不错，我问她多少钱，她说老公出去送货了，她不太清楚，如果我要，就给1500元吧。我突然觉得自己占了一个大便宜——店主不在，他老婆很可能不知道这盏烛台究竟卖多少钱，所以随便说了一个价格，比店主实际定价便宜不少。于是我很痛快地买了下来。等回来后才意识到，这盏烛台的市场价格应该在1200元左右。

这次经历让我想起以前曾经看过的一本叫《影响力》的畅销书里面讲了一个故事，很好地说明了对比偏误是如何被人运用到服装零售领域的。故事的详细细节我记不住了，大概是说：有两个裁缝开了一家服装店，每当有顾客询问店里模特身上的一件衣服的价格时，其中一个裁缝就问在后间工作的店主这件衣服的价格，店主会用足以让顾客听到的声音很大声地说"45美元"，这个价格在当时绝对是一个非常高的价格，听到价格的顾客其实已经打消了购买衣服的意图。但是裁缝此时假装顾客并没有听到店主的报价，仍然一本正经地给顾客报价，并且报的是"22美元"。虽然22美元的价格在当时也是比较贵的，但由于顾客在此前刚刚听到45美元的报价，相比之下22美元是多么廉价，所以大多数顾客会立即付款购买这件衣服。可能他们拿回家后冷静下来时会和我有相同的感受——本来这件衣服并不值这个价钱。但是什么原因让我们毫不犹像地接受了这个相对较高的价格呢？答案是对比偏误。

对比偏误有一种极端的情况，心理学上称为"锚定效应"。"锚定效应"在生活中处处可见，有时候它是我们作出判断的一种正常的思维方法。比如，当有人突然问我，我和一个叫梁骁的人谁的岁数更大，而我又真的不知道梁骁到底是哪年出生的时，我是不是没有办法回答这个问题呢？当然不是，我可以遵循下面的思路：我进入单位工作的年份是2003年，而在这时候梁骁已经在单位工作了，并且据我所知梁骁并没有读研究生，所以他应该是在2003年之前大学毕业的，而我是2003年大学毕业的，如果梁骁在上学年龄上没有太大特殊性的话，那么他极有可能比我大。于是我可以比较确定地回答对方说："梁骁应该比我的年龄更大。"在上述一系列推演过程中，2003年是一个重要的基准，它起到了"锚定"作用，我的比较是围绕这个年份展开的。

我们作出的很多判断都需要比较，这时候我们需要"参照物"。所以在正常的状态下，"锚定效应"不能说是一种思维偏误，而是一种人们进行思维的有效方式。然而需要注意的是，"锚定效应"并不总是正向发挥作用，它有时候的确会衍生成为思维上的偏误。国外有心理学家做过一个很有意思的实验，他们找了一些对世界政治并不熟悉的人，让他们说出世界上究竟有多少个国家，但是在他们说出这个数字时，心理学家会让他们先转一个轮盘，轮盘会随机地停在某一个数字上，等轮盘指向了一个数字后，再回答哪个国家个数的问题。实验结果非常令人震惊：那些随机转出了较大数字的人所说出的国家个数远远高于那些随机转出了较小数字的人所说出的国家个数。这说明，在预测国家个数时，之前随机转出的那个数字起到了锚定作用，尽管这两者之间完全没有联系。

在了解了对比偏误和"锚定效应"之后，我们就能很容易理解生活中的一些常见现象。比如，为什么房产中介总会留一套奇烂无比又贵的离谱的房子，然后先带领顾客去看这套必然不会被选中的房子，因为他们很清楚，当顾客看完这套房子后，在看到条件好得多，价格却低不少的房子时，会很愉快地做出决定——这套差劲的房子是作为对比和"锚定"的。再比如，为什么很多学校的考试都会采取封卷阅卷的方式，其原因除了避免人为的"暗箱操作"外，还有这样的考虑：如果老师知道考卷是哪个学生的时，他必然会联想这名学生之前的成绩，这种联想会对此次打分产生影响，此时学生之前的成绩会起到对比或锚定的作用，而基于这种作用产生的对打分的影响是不恰当的。

现在回到我们的主题，对比偏误、锚定效应究竟对写文章有什么影响呢？写到这里我相信很多人已经明白——善恶、好坏、美丑、对错等都不是绝对的，它们需要和其他同类甚至异类的事物进行对比，才能在我们的头脑中呈现出基本的印象。你所撰写的人物、事件能否对读者产生如你心中一样的感受，取决于你在文章中给他们设置了什么样的对比参照物或者"锚定物"。更具体地说，如果你塑造了一个犯罪人物，但你又不愿意让读者觉得他们很可恶，那你有什么样的办法呢？我觉得有两种方法：第一种方法是在文章中渲染他犯罪的原因，并且尽量让这种原因能让人们接受，这种方法是最常见的，但未必能起到很好的效果，因为原因这种东西不一定每个人都能接受并理解。第二种方法是在文章中塑造一个比他更可恶的角色，然后利用对比偏误和锚定效应，让读者把天平倾斜，我觉得这种方法成功的可能性远远大于第一种。当然你更可以两种方法结合在一起使用。

同样的道理，如果你想突出文章主人公的善良，对比偏误和"锚定效应"也可以帮上忙——塑造一个反派角色，或者一个虽然不坏，但也不如他好，可是在一般人心中已经很不错的角色，这些都是对比参照物，目的是衬托出你想衬托的那个人的善良。

037 框架效应——给观点加一个外框

　　夫：你没有看到厨房的垃圾已经成堆了吗？为什么你还不出去把它们扔掉！

　　妻：我可以去扔，但是请你重新说这句话！

　　夫：亲爱的，如果你能去把厨房那成堆的垃圾扔掉，我会更加爱你的！

　　……

　　同样的内容，用不同的形式表达出来，效果是完全不同的。这就是所谓的"框架效应"。语言表达，无论书面还是口头，当它们被表现出来时，都会蕴含着一个最基本的框架。哪怕我们在说话或者写作时没有刻意去塑造这个框架，它也会存在——此时塑造框架的是情绪、直觉或者潜意识。

　　生活中经常可以见到"框架效应"是如何发挥作用的，尤其在我们的语言文化中更是如此。举个我虚构出来但每一环节都会有原型的例子：你去一个朋友家做客，不小心打碎了对方心爱的红酒杯，你正在懊悔和尴尬时，对方马上说道："没关系，岁岁（碎碎）平安！"于是气氛马上又回归了和谐。你结束了对朋友的拜访，回到家中时，发现你的手机不见了，你判断要么是被小偷偷走了，要么是自己冒失掉在路上了。正当你抱怨自己为什么这么不小心时，你的妻子过来说："旧的不去，新的不来！正好出了新款手机，换一个呗！"于是你不再为这件事烦恼。第二天一早你收到了网购的新手机，但是因为你前一天没有手机，导致一个重要的客户没能联系上你，进而造成这个客户转而找了另外的合作伙伴，你由此损失了一笔不小的生意，还流失了一个客户。正当你抱怨客户为什么偏偏那时候联系的时候，你的助理过来安慰你说："没事的，跑了就跑了吧，塞翁失马，焉知非福！"于是你又释怀了。下午工作的时候，你不小心把笔帽落在了笔记本电脑的键盘上，然后猛的合上电脑，导致屏幕被压碎了，你的同事告诉你说换一块屏幕要3000元。你叹气说自己倒霉到家了，同事笑笑回答："破财免灾！"。下班回家，你的车子又抛锚在路上了，你拖着疲惫的身体走回了家，往沙发上一摊，这时候你上小学的儿子正在朗读古文："屋漏偏逢连夜雨……"你实在听不下去了让他念点别的，于是小家伙放下古文书，开始朗诵成语："否极泰来……"你听到这里时自言自语道："对啊，否极泰来，说不定明天我的好运就来啦！"

上面这段描述中，每一个环节都有"框架效应"的作用。我们从中不难发现，表达方式对人的影响是巨大的，哪怕是在人们明知道这就是安慰的措辞时已是如此（心理学上管这种自我安慰叫"认知失调"）。明明股价就是下跌了，却称为"回调"，明明就是上厕所却要称为"出恭"……类似的例子不胜枚举。这说明，人们喜欢用一种舒服的方式接受某些信息，哪怕是"逆耳忠言"也可以通过"框架效应"消除"逆耳"，关键看你给它选择了什么样的框架。

现在回到我们的主体。"框架效应"对写作而言有什么帮助呢？当然有。一个事件里有很多基本因素，把所有的因素都原原本本地写出来既没有必要更不可能做到。就算两个必须要写出来的要素，孰先孰后、孰详孰略，相互关系为何，也有多种选择，不同的选择效果完全不一样。是什么决定了这些选择？显然是我们给文章预设的框架。因此，"框架效应"可以让人站在整体的角度看待分散的事物。用框架描述事件会让人印象深刻，原因在于框架让事物的出现及其顺序更容易被理解，而在理解基础上的记忆往往更为深刻。

举个例子：著名歌唱家李谷一在一次接受电视采访时，说起过对自己演唱的《我和我的祖国》的理解。时间太久的原因，原话我记不清楚了，大概意思是说：

"唱祖国的歌非常多，人们印象深刻的可能有三首，一首是郭兰英原唱的《我的祖国》，第二首是叶佩英原唱的《我爱你，中国》，第三首就是我唱的《我和我的祖国》。三首歌诞生于不同时代，体现的是个人与祖国的三种不同的关系，映衬出我们对祖国感情的变化。《我的祖国》创作于20世纪50年代，那时候新中国成立初期，从歌词上看，它体现的是个人对祖国的崇拜之情。《我爱你，中国》创作于20世纪70年代，从歌名上就能看出这首歌已经不再是个人对祖国的崇拜，而是"爱慕"，爱比崇拜更亲近一层——崇拜是远远膜拜，人对神的感觉；爱是近距离的吸引，人对人的感觉，个人和祖国之间的关系更近了。再到20世纪80年代中期的《我和我的祖国》，感觉又不一样了：无论是歌名还是歌词，都能感觉到个人与祖国之间那种亲密无间的关系——我不再远远地仰望着祖国，也不再默默地心恋着祖国，而是和她手牵手，心连心，相拥相护，不离不弃。这应该是个人与国家之间最亲密的关系。三首不同时代诞生的歌曲，体现出不同时代的人对祖国不同方式的爱，从崇拜，到爱慕，再到难舍难分，我们对祖国的感情越来越深，祖国和我们的距离越来越近，这是多么美妙的一件事。"

我看过很多歌唱家的采访，他们都提到过自己演唱的歌曲，但唯独对李谷一的这段解说记忆犹新。值得注意的是，她的这段话并不是在讲故事——讲故事也是一种让人产生深刻印象的好方法——而是在做比较，并且在比较的过程中加入了一个主线：三首歌反映出个人与祖国之间关系的变化。李谷一在这段论述中就运用了"框架效应"，把彼此独立的事物放到一个预设的框架里，形成一个完整的发展脉络或自洽的观点体系，让彼此独立的事物之间产生了更多的联系，看上去像是一种合乎逻辑的发展过程或有机整体。"框架效应"的这种作用在生活中也很常见。比如，妻子对丈夫说："第一次迟到，是疏忽；第二次迟到，是没心没肺；第三次迟到，那绝对就是有意为之。"

没有框架，我们根本无法表达。我们在写作前列提纲，打腹稿，很大程度是在考量文章的框架。同样的内容，不同的框架，差别何止千里。本书以及本书的每一章，都有框架。

038 司机知识——跨界往往是危险的

我：这个老师讲得可真好！

服：我已经听过无数遍了。

我：是吗？他每次讲的都一样？

服：对啊。我在这个会议中心当服务员已经4年了，4年来这位教授被各种单位邀请来讲这门课不下60多次了，每次讲的都一样。我都知道他说到哪一句一定会笑一下，说到哪一句会找下面的人互动，互动的问题是什么我也知道。你听着啊，马上就要中场休息了。

我：这么说，他讲的内容你很熟悉了？

服：何止熟悉，我几乎都能背下来。下一次如果让我讲，我肯定也能讲得特别好。

……

上面这段是我在参加一次培训时和会场服务员的对话，当时上面讲课的老师讲授的是公共关系学。服务员的话让我想起了一个非常有意思的故事——普朗克与司机交换角色。普朗克是伟大的理论物理学家，诺贝尔奖得主，量子力学理论的重要创始人之一。20世纪初期，普朗克频繁出席各种讲座，讲述的都是量子力学。他的司机每次都在会场听他的讲座，所以对讲稿早已经烂熟于心。有一次，司机向普朗克提出了一个大胆的请求：

司：尊敬的普朗克先生，量子力学并不很难，我听您讲课已经全都掌握了。

普：这样啊，那么你也能讲课喽？

司：当然。不信的话下次讲课，我来替代您。反正他们都没有见过真正的普朗克，我们互换一下角色，您当司机，我当普朗克。

就这样，普朗克先生与他的司机真的互换了一下角色。讲座现场，司机先生侃侃而谈，台下的听众为他的博学所折服。就在司机结束了他的讲座时，台下有人站起来问了一个专业的问题。司机显然不知道应该如何回答，不过他非常聪明：

司：我没有想到在这种地方还有人能提出如此浅显的问题，这个问题连我的司机都可以回答，下面我让他来给你解答吧。

于是，真正的普朗克先生站起来为提问者进行了解答。

知识有两种，一种是真正的知识，指的是通过努力刻苦的钻研最终掌握的；另一种就是所谓的"司机的知识"，这些知识来源于道听途说或者浅显的复制、模仿，并不是真正的知识。

我之所以把这个问题单独写成一章，是因为今天的社会，"跨界"已经成为一个出彩、令人期待的举动，但其实，它是危险的。因为每个领域都有每个领域专属的知识范围。哪怕是在一个共同的大领域内，不同的区域也有很专门的知识（比如，同样都是检察领域，侦查监督和公诉所需要的知识结构并不相同）。当我们跨入另一个领域时，我们对这个领域所需要的知识很可能仅仅是"司机的知识"。用这些非真正的知识去应对全新的领域，未必能取得很好的效果，甚至有可能贻笑大方。

巴菲特有一个非常经典的词："能力范围"。每个人都有自己的能力范围，超出这个范围时，我们要么不知道，要么不完全知道。这个能力范围的大小并不是最重要的，最重要的是我们能够认识到自己的能力范围的边界，并且小心翼翼地让自己受在能力范围的边界之内，不要跨出去。

认识到"能力范围"这个概念对写作有什么帮助呢？我觉得，写作的过程就是在认清自己的"能力范围"边界的基础上，不断拓展这个边界的过程。我们需要大量的知识去填充写作的空间，这些知识不一定都在我们的"能力范围"之中。只要我们认识到这个问题，就会对那些超出"能力范围"的知识小心求证。我们的知识体系中，总有一些属于"司机的知识"，这些知识不能用来写作，但不等于他们永远都是"司机的知识"。把这些知识转变为自己真正的知识的过程，其实就是写作的准备过程。有人说过一句话我非常认同："当你不懂某些问题的时候，写一本书就好了！"

039 沉没成本——写不下去时要舍得

友：我实在忍受不了我老公了。真的我们不是一路人。

我：如果你和他在一起确实很痛苦，那就离婚吧。

友：离婚？可是我们在一起20年了，恋爱8年，结婚12年啊！

我：那又怎么了？

友：已经付出了20年的时间和这个人在一起，离婚了，我这20年的青春不就白费了！

我：那怎么办，为了不白费这20年的青春，把自己后半辈子也都搭进去，这样就值得了？

……

很多成本都是"覆水难收"的，如时间和精力等，这些成本被称为"沉没成本"（Sunk Cost）。纠缠于沉没成本是人类思维的一种偏误。因为人们在决定是否去做一件事情的时候，不仅仅是看这件事对自己有没有好处，而且还要看过去是不是已经在这件事情上有过投入，哪怕这些过往的投入对于是否继续投入而言并没有直接的关联。

这种例子在生活中比比皆是。投资某项生意的商人，哪怕在已经感觉到这个项目前途并不光明的时候仍然继续砸钱，目的是不让之前的投资付诸东流。随机选择影片的情侣，在影片开始半小时后发现这是一部烂片子，男士提出离开，女士犹豫地说："已经看了半小时了，干脆看完吧。"出于一时冲动为一件家具交付了定金的顾客，回家后意识到自己并不喜欢这件家具，想要退掉，但考虑到定金不退还，所以又不情愿地支付了一笔更多的钱款把这件自己其实并不很喜欢的家具买回了家，一用就是很多年。类似的例子还有很多，举不胜举。它们的共同特点都是：人们在决策时考虑到了那些过往的投入，而这些投入实际上并不应该成为决策时的考虑因素——是否继续投资应该以项目有无实际前景为前提，是否继续看影片应该以影片是否精彩为考量，是否购买家具应该以自己喜不喜欢为标准。

在讨论"沉没成本"问题时有个经典的例子，被称为"协和飞机效应"。协和飞机是20世纪60年代英、法两国联合研发的超音速飞机。这种飞机机身庞大，装饰豪华，速度飞快，但研发费用也很高——一个引擎的设计费可能就高达几亿英镑，未来的市场怎么样还不知道，这无异于一场豪赌。所以在研发初期，英、法两国就都已经意识到了这个项目的前景并不可观，但费用却实实在在的庞大。然而，两个国家都没有停止研发进程，因为这意味着曾经的投入都将付之东流。协和飞机项目就这样在犹豫中不断前行，并且越是往前推进，项目停止的可能性就越小。终于，协和飞机研发成功了，但它存在先天的巨大缺陷：超级费油、噪声巨大、污染严重、运营成本极高等。2003年，协和飞机完成了它最后的飞行使命，不再使用。英、法两国耗费巨额成本研发的飞机就这样尴尬地退出了历史舞台，留下的是两国为此蒙受的巨大经济损失。

图8-1 协和飞机

那么，人们为什么会纠结于"沉没成本"呢？我觉得，是因为这符合我们对自身否定的畏惧以及对优秀品质的追求。试想，当你发现自己已经付出了很多努力的一项任务其实没有继续做下去的意义时，就地停止显然是对自己过往努力的全盘否定，而继续坚持则显得你的意志非常坚韧。就是在这两种心态交互作用下，我们选择坚持以推迟痛苦的爆发期。

"沉没成本"以及人们对其存在的思维偏误在写作上能给我们什么样的启示呢？我觉得有两方面：一方面，当文章写不下去的时候——比如，写了一大半时才发现这个问题是个"伪命题"，或者思路跑偏了——究竟应该继续写还是就此打住呢？继续写则很难说服自己，就此打住又觉得对不起已经写出的那些字。如果你也有这样的情况，你都是如何选择的？我觉得真出现上述情况的时候，最好的做法当然是就此打住，哪怕之前的写作过程再艰辛，也应该舍得放弃，因为我们要的是一篇精彩的文章，而不是一段饱含艰辛的回忆。另一方面，如何巧妙地利用读者对"沉没成本"的纠结，增加他们的"沉没成本"，进而让他们不舍得中途放弃而选择一口气地把你的文章或者书读完呢？我能想到的方法是，把精彩和有趣的东西尽量放在文章或者书的最开始部分，当人们发现已经阅读了这么多的时候，一般会倾向于把全文或者全书读完。

所以，如果你已经读到了这里，说明我的设计还算成功。那就请你继续把本书读完吧，因为你已经读了39篇了，再有11篇你就可以宣称："我又读完了一本书。"

040 关联错误——避免用故事误导人

友：我的这篇文章，被编辑说论证理由不充分。

我：不是理由不充分，而是论据与观点之间的关联性存在问题。

友：什么意思？

我：你这篇文章中，提出了一个观点，然后为这个观点指出了3个论据。

友：对，有什么问题吗？

我：问题在于这3个论据都不是导致你所说的观点的原因，而只不过是这个观点的3个现象而已。

友：什么意思？

我：意思是说，你把因果关系弄颠倒了，你认为的结果原因，其实是结果的结果。

……

在本部分的最后一篇里，我要着重说一下因果关系问题，因为这是写作过程中最容易出现的思维偏误。我们对因果关系的理解需要经历一个非常复杂的过程。我最喜欢的英国现代哲学家以赛亚·柏林曾经强调过，决定事态发展的往往不是那些显而易见的原因，而是深埋在生活表象之下的那些稍纵即逝的、不易发觉的因素。

在现实生活中，因果关系是我们非常关注的问题，有时候它是解决问题的核心问题。但是就是这个非常重要的问题却经常容易因为人类智识存在局限性而被歪曲。很多年前，几十名患者及家属将同仁堂告上法庭，理由是他们服用了同仁堂的"龙胆泻肝丸"后，出现了不同程度的肾衰竭，有些病患甚至死亡，而导致这一结果的竟然是龙胆泻肝丸中的一味原料——关木通。对这样的起诉同仁堂非常委屈，他们认为龙胆泻肝丸是根据祖上传下的药方制作的，相关的配方也写入了药典，他们并没有超出祖传的制药方法制作龙胆泻肝丸。后来这件事情终于水落石出。原来在龙胆泻肝丸最初的配方是"木通"而非"关木通"。木通属于木通科，不含有马兜铃酸，但产量较小，价格较高。清末时期，同仁堂的制药师傅发现与木通仅一字之差的"关木通"无论在药效上还是在形态上都与木通差不多。所以就用相对廉价的关木通取代了原来的木通，后来配方沿用至今。然而，关木通虽然名称与木通相似，但却不属于木通科，而属于马兜铃科，含有马兜铃酸，可以导致服用者患上马兜铃酸肾病。这是因果关系认识错误的经典教训，倒是很多人为此承担了巨大的代价。

写文章在很大程度上是在为观点寻找支持的理由，这就是因果关系的判断与表述。所以，我们在创作的过程中，必须要注意与因果关系有关的各种思维偏误。我简单介绍几种常见的关联错误，供大家借鉴。

因果颠倒

在某个远离现代文明的海岛上，原住民们从来不捉身上的虱子。因为他们坚信，虱子是保持身体健康的重要生物，一旦虱子离开人体，人就会生病。事实也确实如此，当人发烧时，他们身上的虱子就都不见了，这时候人们会把虱子放在病人的身上，很多病人的烧就此退下了。这是一个多么不可思议的事情，莫非虱子真的是维持当地人身体健康的灵物？当然不是。真正的原因是：当人体发烧时，体温会升高，虱子觉得太烫了所以就走了。当体温恢复正常后，人的身上不那么烫，虱子当然就回来了。

这个例子非常可笑，但其实和我文首对话时提到的问题一样：我们认为的结果的原因，可能仅仅是结果的结果。把结果当作原因，是颠倒因果关系。如果把颠倒了的因果关系作为文章的论据，当然是对读者的误导。

忽视概率

我有一个朋友从来不坐飞机，无论去多远的地方，他都只坐火车。如果需要去的地方只能坐飞机才能到达，那么他宁可不去也不会坐飞机。我问过他为什么要这样，回答很简单："怕飞机掉下来。"前几年我妈妈的一个同事的女儿考上了空姐，阿姨死活不愿意让孩子去上班，理由是："整天在天上飞，多容易掉下来啊！"

其实，很多人可能都对飞机失事有所忌惮，只不过没有上面两位那么极端而已。可是，他们的顾虑真的有意义吗？要知道，赶上飞机失事的概率远远小于乘坐汽车前往机场时遇到严重交通事故而丧命的概率，并且这一概率几乎与你去电影院看电影被人用刀扎死的概率相当。但是为什么我们在出门看电影时没有那么担心，在乘坐汽车到达某地时也没有那么惶恐呢？

这就是忽略概率的结果。任何事情都有概率，有些事情由于特征过于明显，让我们忽视了他们出现的概率。当概率（尤其是基础概率）被忽视时，因果关系的判断会出现很大的偏误。这一点尤其应该注意。

将偶然事件建立因果关系

我有个远房亲戚，很多年来一直不吃果丹皮。但果丹皮是我最喜欢的零食，所以每次我都试图说服他尝一尝。只是每次我的努力都会白费，她会严词拒绝。后来，我终于弄明白了其中的原委：很多年前，她的妈妈因为肺癌在医院去世了，而她得到这个消息的时候恰恰在吃果丹皮。从此她把果丹皮视为不祥之物，认为只要一吃就会有亲人过世。久而久之这种因果联系已经根深蒂固，以至于谁说什么理由，都很难让她再拿起这个好吃的零食了。

听上去很荒谬，但其实我们每个人身上可能或多或少都有这样的经历。我在上初中的时候每次考试都会把一个贝壳揣在兜里进考场。因为曾经有一次我无意间把它带入了考场，而那一次我得到了极高的分数，从此我认定那个贝壳就是我的考试吉祥物。这个习惯一直到上高中后我不甚把那个贝壳给丢掉了。为此我还好一通自责，虽然这个事件并没有影响我之后的考试成绩。

上面的情况说明，人们很善于把没有因果联系的两个事物或事件建立因果关系。这种将偶然事件建立因果联系的偏误让我们习惯性地将一些并不是原因的"原因"纳入到判断新问题的过程中。

现成偏误

我有个小学同学是开出租车的，有一次我参加同学聚会喝了酒，他开车送我回家。我在他的车上发现了一张旧城市地图。我问他是不是还在用这张地图，他说是。我又问他知不知道这张已经是旧的地图，并且过时好久了，好多路都变了，他回答知道。于是我很好奇他为什么明知地图已经旧了但仍然放在车上，还不时使用。他的回答很耐人寻味："一直没机会弄个新的地图，旧的总比没有好。"

在没有新衣服时，把旧衣服扔掉确实是不明智的。但这不等于任何情况下，现成的都是好的。人们有一种认为"存在即合理""有总比没有强"的倾向，这种倾向未必是正确的，所以，我们称之为"现成偏误"。

以上是常见的导致因果关系判断错误的原因，我们需要注意这些思维上的偏误，避免在写作时因为这些偏误而导致因果关系的判断错误，进而影响文章的说服力。

玖

你想影响人吗

——产生影响力的几个途径

影响文章生命力的因素有很多，但我认为，是否具有生动性是一篇文章有无生命力的最重要的标志。因为缺乏生动性，枯燥、晦涩且乏味的东西，就算在其他方面再有价值，都很难被大多数人阅读下去，生命力自然谈不上旺盛。当讨论文章的生动性时，很多人会认为这是一个兼具内容和形式两方面的问题。然而我更倾向于把它归结为文章在形式上的特征，这样可以让我们更好地从形式上去注意生动性的问题。本部分的5篇文章中，我将从形式上介绍五种让文章生动起来的方法或思路，供大家参考。

041 产生社会影响力的三种主要途径

友：最近有一本书很火，叫《影响力》。

我：这本书不是新书，不过一直很火。

友：你喜欢看吗？

我：还好，只不过，提到影响力，有比这本更好的书。告诉我们人的社会影响力究竟是如何产生的，并且还能告诉我们不同途径产生的影响力的层级高低。

友：什么书？

我：艾略特·阿伦森的《社会性动物》。

……

《社会性动物》是美国社会心理学"圣经级"的著作，可惜在中国没有太多人知道这部学术巨著。在这本

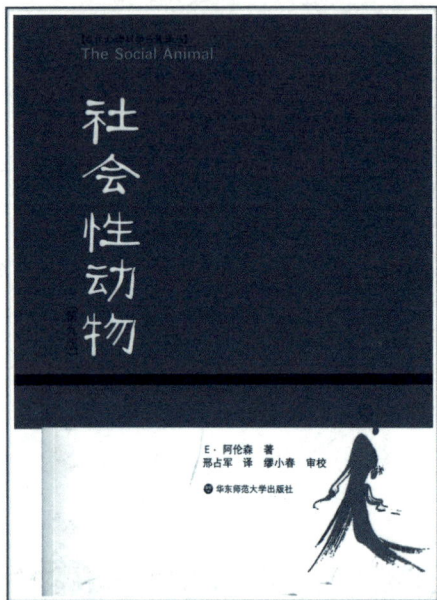

图9-1 《社会性动物》

书里，作者艾略特·阿伦森讨论了大众社会心理的诸多现象及其内在规律。关于社会影响力，阿伦森很精辟地指出了三种产生方式，分别是依从、认同以及内化。

写文章的一个最重要的目的就是用自己的观点影响人。如果我们应该对阿伦森的理论有个最基本的了解，便能检视自己的文章是否能否形成影响力，以及是通过哪种途径产生的这些影响力，从而能更好地通过写作去影响他人。

依从

"依从"是最低层次的有效影响，其利用的是人类趋利避害的天性。刚入学的小孩子们会按照老师的要求挺直腰板坐在课堂上，不是因为他们喜欢这样，而是因为坐得越直越容易得到老师的表扬，相反则很可能遭到批评。老师利用表扬与批评来对学生施加影响时，利用的就是"依从"。在艾略特-阿伦森看来，当人处于依从而受到影响时，与其他动物并无本质区别——宠物为了得到食物而做各种讨好主人的表演，以及为了不被责打而去特定的地方排泄，无非就是出于依从关系而接受了人类对它们施加的影响。

阿伦森认为，依从关系的核心是权力。影响施加者通过运用权力而让对方依从于自己，进而接受影响。所以，这种途径形成的影响力也是最短暂的——一旦环境发生变化，依从关系很可能不再形成，影响力也就失去了。

我觉得在日常生活中，人们对于其他人所施加的影响，大多利用的就是依从关系。比如，领导对下属的要求，老师对学生的命令，学生家长对老师的建议等，主要依靠的就是依从关系的建立。甚至当作为公诉人的我私下对法官说"如果你不这样判决，我就会抗诉"时，依靠的也是依从关系。

但是在网络上，依从关系似乎很难发挥作用，因为网络时代，人和人之间的权力关系越来越模糊，希望通过依从关系在网络上对他人产生影响力并不是一件容易事，弄不好还会招致反感。因此，我经常告诫自己：写文章时尽量不要期待依从关系的建立。

认同

"认同"比依从更高一个层次。阿伦森认为，认同的本质是希望和影响施加者建立良好的关系，从而认同影响施加者的观点、做法或者信念。我觉得用更容易理解的话讲，"认同"其实就是"爱屋及乌"。男孩儿成长的过程中大多都有模仿父亲的阶段（比如，吸烟，或者某些习惯性动作），这首先并不意味着他们真的喜欢这样做，或者认为这样做是正确的，并且他们这样做的目的也不是为了得到奖励或者避免惩罚（在吸烟的情况下，还可能因与之和父亲保持一致）。聪明的父母懂得利用"认同"，为孩子做"榜样"，比如，在茶余饭后阅读书籍而不是玩儿手机，或者努力学习一种新的技能，这样孩子会出于"认同"而模仿父母，并在这种模仿的过程中得到才能上的进步以及才华上的提升。

在日常生活中，依靠认同而产生影响的例子比比皆是。淘宝上那些给追星族准备的"明星同款"就是典型的例证：人们并不是因为喜欢那些东西才购买，而仅仅是因为某位自己喜欢的明星使用了它。更广义的广告效应也是一样的：明星只是演艺高手，并不是生活能手、电脑高手或者其他领域的佼佼者，但他们可以跨界为其他产品做代言人——广告利用的就是因认同而产生的社会影响力。

阿伦森认为，认同的核心是"吸引"，即影响施加者对被施加者有某方面的吸引。这种吸引与被吸引的关系一旦建立起来，人对人的影响便可以通过认同来实现。所以，我很认可一句话：当有人去模仿你的时候，说明你已经有了吸引力。

此外，认同也可以朝着相反的方向产生作用，即"恨屋及乌"——影响施加者对于那些恨他们的人，可以通过反向作用去影响他们。

无论正向还是反向认同，通过这种途径产生的社会影响力通常比通过依从关系而产生的影响力要持久一些，并且不容易被改变，除非吸引与被吸引的关系消失、减弱或者被新的吸引关系替代。

现在回到写文章的话题，我们如何利用认同作用去施加对读者的影响？方法非常多，名人名言的引用、知名人士的例子都是例证。高明的作者有时候会在作品中先塑造一个有极强吸引力的人，当足够确信这个人物已经对足够多的读者产生了吸引力时，作者会把自己的观点通过这个人的嘴说出来，然后就等着读者认同了。

内化

按阿伦森的观点，"内化"是最高层次的影响施加途径，指的是人们发自内心地认为某人提出的观点是正确的，并且愿意为之付出行动。最典型的例子莫过宗教信徒们：他们会按照戒律的要求做事，不仅仅因为他们相信如果不这样就会被惩罚（依从），也不仅仅因为他们想要和他们所欣赏的宗教领袖保持良好关系（认同），更重要的是，他们对戒律的做出者——宗教中至高无上的"主"——有着发自内心的信任，进而认为他所说的一切都是百分百正确的，是真理，所以他们愿意去做，因为这样做是正确的。

阿伦森认为，"内化"的核心是可信性，即影响施加者个人的可信性。一个总是能够做出正确判断的人，他的意见会得到绝大多数人的认可，他的观点会被他人内化于心，并被认为是正确的道理。从这个角度讲，内化产生的影响力最持久，也最不易动摇。

网络时代不乏通过内化作用施加影响力的人，真真假假的"公知""大V"都希望自己的观点可以通过内化于心的方式对受众产生影响。并且网络时代为"内化"途径的实现提供了很多便利条件，其中最重要的一点就是网络化的虚化特点让"可信性"相对于以往更容易确立，这也是网络时代的弊端之一。

以上就是艾略特·阿伦森在《社会性动物》中阐述的影响力实现的三种途径，大家不妨反思一下，自己擅长使用的是哪一种。当然也可以在今后的文章写作中，考虑一下自己究竟想通过哪一种途径对别人施加影响。有些途径立竿见影，有些可能需要我们努力数年。

042 亚里士多德的修辞说服力三要点

公诉人：审判长，以上被告人庭前供述笔录向法庭宣读并出示完毕。

审判长：被告人对上述证据有什么意见？

被告人：有。笔录上面我写了："以上看过与我说的不一致。"

审判长：什么？

被告人：您看看我在笔录上最后写的是"以上看过与我说的不一致。"

审判长：公诉人请把笔录出示一下？

公诉人：已经在屏幕上出示，公诉人看到的是"以上看过与我说的一致。"

审判长：被告人你再看一下？

被告人：您仔细看，在"的"与"一"之间有一个"不"字。

审判长：辩护人你看得见这个"不"字吗？

辩护人：我们同意被告人的观点，这句话是"以上看过与我说的不一致。"

审判长：辩护人我提醒你，我现在问的是你看得到这个"不"字吗？请你如实告诉我你看到的，因为如果不如实，我将怀疑你今后所说的每一句话的真实性。……

亚里士多德与《修辞学》

《修辞学》并不是我们现在理解的讲比喻、排比、拟人这些修辞方法的书，而是亚里士多德的一本著名的关于如何说服他人的书。

在亚里士多德看来，成功的说服取决于三个条件：一是说服技巧，二是被说服者的情绪，三是说服者的个人品格。

技巧就不用说了，论证方法、沟通技术、语言润色等都可以归入说服技巧的范畴。广义上的"套路"也是说服技巧。绝大多数的说服者也都很重视说服技巧，因为技巧运用得当可以事半功倍。很多关于说服技巧的书可以用来提高这部分技能。

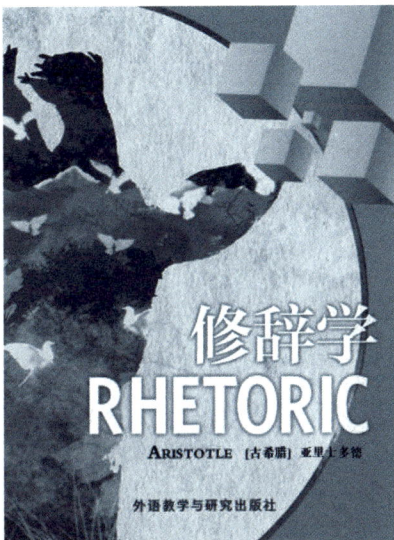

图9-2 《修辞学》

被说服人的情绪之所以影响说服的成功与否，是因为人在不同的情绪下对事物的判断可能完全不同。所以，很优秀的说服者并不着急提出自己的观点，而是先为此营造氛围，让被说服者产生特定的情绪，最后再抛出观点，让符合情绪的观点轻而易举地被他人接受。

最后说说个人品格，这是亚里士多德认为最重要的一点。我个人也非常认同这种观点——成功的说服取决于说服者的个人品格。在电视剧《甄嬛传》中有这样一个情节：甄嬛受到了华妃与曹贵人的诬陷，说她企图用木薯粉害死曹贵人的女儿温宜公主。正当甄嬛百口莫辩之际，端妃急着赶来了，她一口咬定甄嬛在案发当晚与自己在一起，从而给甄嬛提供了不在犯罪现场的证明。尽管华妃也提供了两个证人证明甄嬛当时经过了案发现场，但皇上还是相信了端妃的说话，判定此事与甄嬛无关。在电视剧之后的一些情节中，端妃都成功地说服了皇上，凭借的既不是超群的口才，也不是权威的地位，而是皇上对端妃本人的信任——因为相信你这个人，所以相信你所讲的一切。

树立个人可信性

可信性是一个非常重要的话题，尤其对于做自媒体的人来说。人们是否相信某个信息在很大程度上取决于信息发出者的可信性。把自己培养成一个高度可信的人，能够让我们的观点更有说服力。下面我谈一谈媒体人的可信性体现在哪些方面。

一、可靠

可靠一定是可信性的基石。人们都相信那些更"靠谱儿"的人。如果从写文章的角度出发，一个可靠的媒体人，往往具有以下几个特征：

1. 不歪曲证据或夸大事实

歪曲证据除了通常意义上的无中生有外，还包括对证据断章取义。对事实的夸张除了典型的不当渲染、放大之外，还体现为用偏见的眼光片面地强调事实的某个或某几个侧面。歪曲证据以及夸大事实都是写作的大忌，你不能为了得出某种结论就削足适履，因为在网络时代，大家迟早都能看到证据，都明白在正常情况下我们应该如何看待它们。

2. 不说自己都不相信的话

这本来是一个非常简单的道理，但是在网络上我却经常能看到一些说着自己都不相信的话的人。诚然，我们各自都有自己的立场需要捍卫，但捍卫立场的真正理由从来都不包括诡辩和矫情，优秀的媒体人善于在自己的立场中挖掘那些能让一般人接受的理由，而不是强词夺理地说一些连自己都不相信的话。

3.勇于承认错误以及弱势

任何一个话题都不可能完全有利于观点的一方，而让另一方无话可说。这意味着任何一方都有各自的弱势。对待己方弱势的态度同样体现着可靠性，一般来说，人们愿意相信那些勇敢地承认己方劣势的人，因为人们总是认为，如果一个人连严重的错误都敢于承认，那他应该不会再骗人。

二、专业

专业也是构筑可信性的重要内容，博学而精深对一般人有非常大的影响力。法律类自媒体作者的专业性，首先体现在他们对法律条文和法学理论的熟悉掌握上。除此之外，懂得如何抓大放小也不容忽视。

抓大放小绝对是专业能力的体现，这在任何领域都适用。经验丰富的人往往知道什么是重点，什么可以忽略不计；眉毛胡子一把抓、事无巨细往往是那些初出茅庐、经验不足、不专业的人的特有标签。

一个法律事件往往在证据采信、事实认定和法律适用上涉及很多问题，有些问题并不重要，有些则至关重要。只有那些能够发现重点，不在细枝末节上纠缠不清的人，才会被评价为专业。他们的意见往往也会得到重视，因为人们知道，但凡他们开口说的，一定是重要的信息，所以要认真地听，认真地读。

三、活力

除了可靠和专业之外，可信性还有一个不可或缺的内容，那就是活力。人们认可权威、专业又靠谱的人，但人们更喜欢可爱、热情、善于沟通的人，这些恰恰是活力的体现。

尤其在网络时代，能够赢得人们欣赏的都是那些充满自信，耐心又细致地回答问题，努力让别人明白自己的意图，并且在需要的时候乐于配合的人。试想一个冷着脸、高傲无比、回答问题不耐烦的人，就算他再专业、再权威，恐怕也不会惹人喜欢。

人们喜欢听那些自己喜欢的人说话，并且更容易相信他们。乏味是讨人喜欢的大敌，活力则是招人喜爱的要诀。

043　恰当的利用社会反映的五个层面

孩：老师说，好学生都有好的习惯。

我：比如呢？

孩：早睡早起。

我：这是两个习惯，早睡算一个，早起算第二个。

孩：反正，我最近已经养成了早睡早起的习惯。

我：你以前不早起吗？

孩：放假就不，但现在放假也早起了。这就是好习惯。

我：一个可持续的做法才能称为习惯，如果你明天就不早起了，说明你没有养成早起的习惯。

孩：我可以持续。

我：我有一个测试办法，可以测试你是否能持续下去。要不要试一试？

孩：好啊。

我：但是有个前提，你必须如实回答我的问题。我只问五个问题。

孩：好。

我：第一个问题你已经回答了，不过我们按程序重新问一遍吧——你现在每天是否早起？

孩：是的。

我：第二个问题——你每天起床的时候，心里想要这样做吗？

孩：不，我想多睡会儿。

我：第三个问题——你认为早起对自己有什么好处吗？或者不早起有什么坏处？

孩：说不出来。

我：第四个问题——提起每天早起，你会觉得很开心吗？

孩：没有感觉。

我：最后一个问题——你认为每天早起这个习惯真的好吗，或者说对人来说重要吗？

孩：一般。

我：恭喜你，你处于行为改变的最底层阶段，用不了多久你就不会早起了。所以，你并没有形成每日早起的好习惯。

……

经常有人说养成一个好习惯需要坚持30天，但我不这样认为。因为单纯从日子数上很难看出一个人究竟有没有发生变化，以及所发生的变化处于哪一个层面上。所以不好判断这个行为会不会一直保持下去。就像上面和我对话的这个孩子，如果他对后面四个问题的回答没有发生本质变化的话，那么就算他已经坚持了10年每天早起，我也不认为他养成了这个习惯。因为很可能他的这种做法是靠强有力的外力支持的，一旦外力撤除，行为就会回到最初。真正的改变不能依靠外力的支持。

社会心理学上有一种观点认为，人对事物的反映有五个层面，这五个层面中的任何一个层面发生变化，都有可能改变人的行动，但是绝大多数情况下，这五个层面并不统一，这使得人们经常处于矛盾和纠结之中。

写文章，进行舆论引导，应该了解这五个层面，因为它在很大程度上能够帮助我们判断人们在哪一个层面上出现了问题，进而选择在哪一个层面上进行引导。

第一层：行为

行为是最外化的人类反映，是最朴素和客观的表现，不掺杂任何心理上的因素。当一个人在清晨6点钟从床上起来时，我们不能说他有早起的习惯，更不能说他是一个勤奋的人，我们只能客观地把这一现象描述为："今天他起得比较早。"

单纯的在行为层面影响一个人，最直接的方式就是手把手地控制他去做事，不顾他是否愿意这样做。从这个意义上说，父母把孩子从梦乡里拉出来，然后给他穿上衣服，即使日复一日年复一年地如此，也不能说孩子养成了早起的习惯，但可以说父母养成了每天把孩子早早叫起的习惯。

第二层：意向

在行为之后的一层是行为的意向。所谓意向是指做一个具体行为的主观愿望。当一个人的行为是出于本人意愿的时候，行为的同时就有了意向。因此，一个早起的孩子每天并不是被动地被爸妈叫起来，而是不靠他人帮助或支配自主地起床，那么他的早起行为就有了意向的配合，比被动地被他人叫起来更接近于习惯的养成。

影响一个人至少应当在意向层面上下功夫，因为任何非自愿的行动都很难保持多久的时间。

第三层：认知

在行为与意向之后的层面被称为"认知"，即一个人不仅出于自愿所实施了某项行为，其还知道为什么要这样做，并且有一套科学、完整的知识理论作为行动的支撑。当一个每天自愿早起的孩子在头脑里很清楚早起对于身心健康以及求知学习而言有着至关重要的作用时，他在认知层面就有了继续早起的基础，比仅有行为和意向的孩子更有可能养成早起的习惯。

在认知层面影响人时常用的方式，很多文章着力阐述各种知识、原理，无非就是想在认知层面影响读者。

第四层：情绪

认知层面之后，我们进入了人类更为深层次的意识反映——情绪。简单地说，情绪层面是指当人们想起某个行为或者某件事的时候，在感官上会产生什么样的感觉，开心还是沮丧，兴奋还是恐惧，凡此种种……一个知道早起有诸多好处，也愿意每天早起的孩子，并不一定提起早起就开心得合不拢嘴，他很可能会像那些刚刚考完试的孩子一样恶狠狠地说："这个过程太痛苦了……"如果是这样，说明这个孩子在情绪层面上还没有发生改变，那么他坚持这个习惯的可能性仍然是个问号。

情绪是最难改变的一层，也是最为重要的一层。很多时候人们不接受一件事，并非认为它是错的，而仅仅因为这件事会引起他情绪上的不爽。有网瘾的人控制不住去上网，不是因为他们不知道自己的行为有多大的危害，而仅仅是因为不这样做感官上不舒服。能够克制住情绪而去接受一件事物的人往往能成就大事，而能够在情绪上彻底改变自己对一个事件感受的人，那一定是天才。

尽管情绪是最难改变的一层，但同时它也是我们进行舆论引导最需要注意的一层。很多时候人们不认同某个观点，不是因为缺乏认知，而是因为受情绪的影响。在这种情况下，我们虽然很难彻底改变人们的情绪，但至少我们可以不去加剧这种情绪，不去在认知层面上做无用功。同时，我们也应该明白，情绪不是一种稳定的存在，它会随着时间的推移而发生改变。所以有的时候，什么都不说，让时间冲淡情绪，就是最好的引导。

第五层：态度

最后一层是态度，这是指人们对于一个问题的总体印象和观点。态度其实是很多因素的综合，态度的形成需要非常长的时间。一旦形成，也很难改变。

现在我们回到最初讨论的早起问题，从上述五个层面出发，一个人在下面这种状态下，我才认为他一定会养成早起的习惯：

首先，他已经做到了每天早起（行为）；其次，他每天的早起都是自愿的，没有人强迫他（意向）；再次，他意识到了早起有利于身心健康，也能提高工作效率，一举多得（认知）；又次，只要一想起早起，他就会很兴奋和开心，因为他认为这是获得事业成功和生活幸福的关键（情绪）；最后，他在主观上认为早起对一个人而言非常重要（态度）。

当我们知道了一个人对某件事物的反映其实体现在上面五个层次上后，我们就可以在试图影响之前，先分析一下他的问题出在在哪个层面上，然后选择一个最有利的层面去施加影响。让一个人心服口服的效果是在五个层面上都影响了这个人，但大多数情况下这种状态根本不可能实现，也没必要追求。

　　优秀的作者善于在多个层面去影响他人。事实证明综合的影响总是比较有效的。单纯从任何一个层面去影响人都有很高的失败可能性。下面是毛泽东主席《敦促杜聿明等投降书》中的一段，大家可以看看在这段文字中，作者试图从哪些层面对杜聿明施加影响：

　　你们现在已经到了山穷水尽的地步。黄维兵团已在十五日晚全军覆没，李延年兵团已掉头南逃，你们想和他们靠拢是没有希望了。你们想突围吗？四面八方都是解放军，怎么突得出去呢？你们这几天试着突围，有什么结果呢？你们的飞机坦克也没有用。我们的飞机坦克比你们多，这就是大炮和炸药，人们叫这些做土飞机、土坦克，难道不是比较你们的洋飞机、洋坦克要厉害十倍吗？你们的孙元良兵团已经完了，剩下你们两个兵团，也已伤俘过半。你们虽然把徐州带来的许多机关闲杂人员和青年学生，强迫编入部队，这些人怎么能打仗呢？十几天来，在我们的层层包围和重重打击之下，你们的阵地大大地缩小了。你们只有那么一点地方，横直不过十几华里，这样多人挤在一起，我们一颗炮弹，就能打死你们一堆人。你们的伤兵和随军家属，跟着你们叫苦连天。你们的兵士和很多干部，大家很不想打了。你们当副总司令的，当兵团司令的，当军长师长团长的，应当体惜你们的部下和家属的心情，爱惜他们的生命，早一点替他们找一条生路，别再叫他们作无谓的牺牲了。

044　从马斯洛的人生需要层次论说起

友：我记得你曾经说过，你每天写的1000字里，包括案件、事件、困难，还有一个是什么来着？

我：愿望。

友：对了，愿望。我总是记不住这一点，因为我不知道为什么你要把自己的愿望写下来？

我：用来反思那些我脑子里冒出的各种愿望，分析一下哪些是我想要的，哪些是我需要的。

友：有什么意义吗？

我：有。如果是需要的，那就想办法努力把它实现；如果是想要的，那就记在心里，等真正需要它时再努力实现。

友：想要的难道不就是需要的吗？

我：差远了！

……

马斯洛与"人生需要"

1943年，美国心理学家亚伯拉罕·马斯洛在他的著名论文《人类激励理论》首次提出了"人生需要"的观点，并把人类的需求分成了从低到高的五个层次，依次是：生理需求、安全需求、社交需求（又称归属和情感需求）、尊重需求和自我实现需求。

生理需求和安全需求是人最基本的生存需要，包括维持生命的各种要求，以及保证生命安全的各种条件。社交需求也可以被理解为归属和感情的需求，包括对亲情、友情、爱情的需求。尊重需求又包括内部和外部两方面，内部需求是指人的自我尊重，即自尊心和自信心；外部需求是指人的到外界的尊重与认可，如得到他人的信赖和高度评价。自我实现需求是指实现个人理想、抱负，发挥个人的能力到最大程度，达到自我实现境界的人，接受自己也接受他人，解决问题能力增强，自觉性提高，善于独立处事，要求不受打扰地独处，完成与自己的能力相称的一切事情的需要。

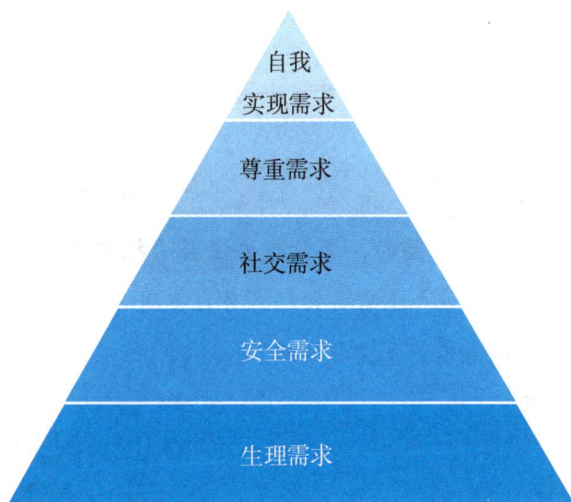

图9-3 人类的需求

马斯洛认为，这五种需求囊括了人类的所有需要，并且是有高低层次的，处于最低层次的是生理需求，而处于最高层次的是自我实现的需求。层级不仅体现着实现难度逐渐加大，而且反映着特定的条件——只有满足了低层次需求的人，才会产生更高一层次的需求。从这个意义上讲，我们中国祖先所说的"衣食足而知荣辱"，就是这个道理。

想要VS需要

正因为人类的需求是有层次的，于是才产生了"想要"和"需要"之间的矛盾。一方面，人在不同的阶段有不同的需求，处于温饱线上挣扎的人在理论上并不需要实现个人价值，因为他没有自我实现的基础。另一方面，任何人都会对生理、安全、归属和爱、尊重以及自我实现有所憧憬，这是"想要"，哪怕他们此时此刻根本没有实现这些需求的前提条件。因此，在死亡线上挣扎的人们，仍然会憧憬美好的家庭、幸福的爱情、他人的尊重以及功成名就，尽管此时他最需要的并不是这些，而是活下去。

从这个角度进一步分析就可以得出这样一个结论：人们想要的东西往往多于自己真正需要的东西，这就是想要和需要之间的矛盾冲突。正因为此，我才写下我每天的愿望，这些都是想要的东西，然后我再一一检视他们是不是我需要的，如果是那就努力实现，如果不是，那就记在心间，因为为了暂时不需要的东西而付出努力往往得不到好的结果，但它可以作为一个长期目标，鼓励自己去追求。

对写作及舆论引导的启示

马斯洛的这一观点在舆论引导上有重要的启示作用。因为当想要和需要发生冲突的时候，符合理论的做法未必在舆论上占据上风。比如，当生命和尊严发生冲突的时候，保住生命放弃尊严的做法不太可能得到人们的尊重（充其量是表示理解）；但相反，放弃生命捍卫尊严的做法却很可能被大众赞赏（尽管赞赏的人们在相同情况下很可能不会这样做）。同理，为了追求更高层次的人"想要"而放弃更低层次的"需求"的行为，总是在道德和舆论上会受到正面评价，尽管这种做法未必符合理性人的思路。

很多成功的文艺作品正是利用了这种想要和需要的冲突以及大众对于不同选择的不同感受。如电影《泰坦尼克号》，如果杰克在爱情和生存两个需求之间没有冲突，那么这是一部多么平淡无奇的影片；而如果杰克在爱情与生存的冲突中选择的是生存而不是爱情，那这部电影怎么可能赚了那么多观众的眼泪。

045　把探究与神入在创作中充分运用

友：如果我明知人们不会同意我的观点，但我又必须写这篇文章，该怎样才能让自己少挨骂呢？

我：你可以在文章中使用"探究"与"神入"的沟通方法。

……

其实写文章和面对面地说服别人在本质上没什么不同，都是用语言给对方施加影响，把自己的观点"推销"给他。所以，优秀的作者善于把写作的过程当作与不在场的读者进行沟通的过程，并在这一过程中充分使用各种沟通技巧。这样写出来的文章，才更容易被人所接受。

吉拉德·伊根与《高明的心理助人者》

在我看过的所有关于沟通的心理学著作中，我最喜欢的是吉拉德·伊根的《高明的心理助人者》。这本书的题目看上去有点"鸡汤"，或者类似一本致用类的书籍。但其实，这是一本心理学的研究生教材，里面关于沟通的真知灼见，绝不是普通致用类书籍所能够达到的深度。我用了小半年的时间阅读这本书，并且从中得到了很多关于沟通的启示。

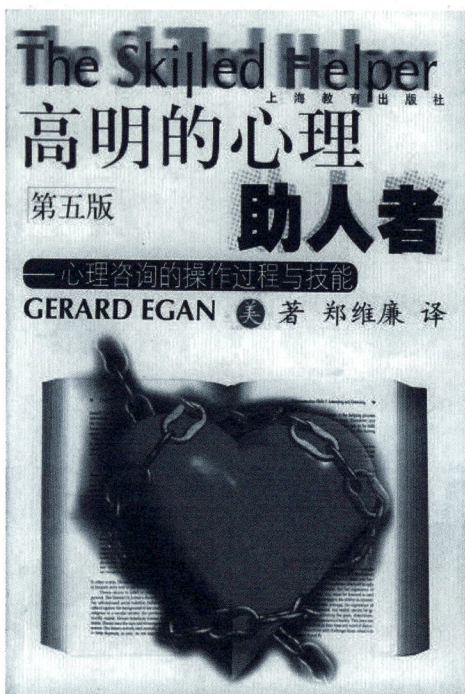

图9-4 《高明的心理助人者》

探究与神入

《高明的心理助人者》讲了很多沟通的经典技巧，我觉得最有用的莫过于"探究"与"神入"的运用。我先引用一段书里的内容，大家看看能否明白个中道理：

《高明的心理助人者》（节选）

[美]吉拉德·伊根

……

在助人活动的任何互动过程中，助人者都必须自然而然地将各种沟通技能交织在一起。在实际咨询中，有效能的咨询师不断地调整姿态，主动倾听，结合利用探究与神入，协助当事人澄清和理解他们的担忧，排除盲点确立目标制定计划，并且将事情做成功。

关于分享神入与运用探究之间的关系，这里有一条基本的行为准则：当运用了探究，当事人也给出了回答后，便可以与当事人分享神入要点，以表达和核对你的理解。在一个探究之后如果还要接着再用一个探究，就要十分小心。

这里的道理十分清楚。首先，如果探究是有效的，它将会引出需要给以倾听和理解的信息。其次，如果这个分享的神入是准确的话，就往往向当事人提出了进一步探索的要求，将球又打回给当事人。

……

我先来解释一下探究与神入的含义。所谓"探究"，和我们通常理解的意思差不多，即以追问、疑问、质疑、反问等方式提出新的观点。所谓"神入"是指具体地表达对对方的理解。

很多人看到上面的概念会认为这些都是他们知道的事情，其实不然。神入的运用有三个基本要求：一是要准确了解对方的意思，二是把这个意思具体表达出来，三是在每一个新的探究前必须要分享深入要点。做到这三点才能称为正确运用了探究与深入，否则要么是单纯的探究，要么是在单纯的探究基础上加了个形式上的客套而已。

举个例子，下面这段对话中，我的回答就是单纯的探究，没有分享神入要点：

我：我觉得你最近状态很不好，整个人像垮了一样。

友：我最近心情非常不好，儿子学习不努力，老婆天天玩儿麻将，老妈还总是挑我们夫妻二人的不是，弄得我心力交瘁，上班都没精打采，很多事情都出了错。

我：可是再怎样也不能在工作上不认真啊，小错还能容忍，真出了大错麻烦就大了。我觉得你应该跟你老婆或你老妈谈谈。

……

上面这段对话中，我并没有表达出对朋友的理解，而是继续提出探究，这种沟通的结果可想而知。

同样是上面这个例子，下面这种回答方法就是单纯的探究加形式上的客套：

我：我觉得你最近状态很不好，整个人像垮了一样。

友：我最近心情非常不好，儿子学习不努力，老婆天天玩儿麻将，老妈还总是挑我们夫妻二人的不是，弄得我心力交瘁，上班都没精打采，很多事情都出了错。

我：你说的这些我非常理解。可是工作上真出了大错麻烦就大了。我觉得你应该跟你老婆或你老妈谈谈。

……

很多人会认为一句"我理解你"就等于表达了对对方的理解，其实不然。因为真正的深入是通过具体描述的方式表达对他人的理解，一句"你说的我非常理解"并不是具体的描述，只不过是社交上的说话套路而已。尽管有句套路上的话总比没有强一些，但这样做的效果仍然不会太好。

还是上面的例子，我下面的回答就是运用了探究与深入相结合的方法：

我：我觉得你最近状态很不好，整个人像垮了一样。

友：我最近心情非常不好，儿子学习不努力，老婆天天玩儿麻将，老妈还总是挑我们夫妻二人的不是，弄得我心力交瘁，上班都没精打采，很多事情都出了错。

我：原来是这样，遇到你说的这种情况，就算再强的人也承受不了啊。（神入）

友：是啊。所以我就成了这样啊。

我：那确实换了谁也得这样。（神入）可是这样下去终归不是办法，你又能撑得了几天呢？（探究）

友：谁说不是，我自己都觉得要散架了。

我：换别人恐怕早就散了。（神入）你有没有想过和你老婆或你老妈谈谈？（探究）

友：跟她们谈能有什么作用！没一个理解我的。

我：确实如此，真理解你的话也不会这样了。（神入）但我想她们应该也不希望看到你这样吧？（探究）

友：我老妈肯定不希望，但我老婆未必。

我：也是，毕竟夫妻和母子还是不同的。（神入）可是，如果你老婆真的不希望你好，那她干嘛还跟你继续过呢？（探究）

友：那谁知道她怎么想的。

我：女人心海底针啊，想不通很正常。（神入）不过想不通所以才要跟她谈谈嘛。（探究）

友：能谈点什么？

我：跟她说说你最近的状态，她若真的心疼你，自然会和你一起想办法改变，无论是改变生活习惯，还是改善婆媳关系。

友：嗯。

……

在文章中使用探究与神入

当我们写文章时，并没有真实的对话方，但文章所有的读者都会是和你对话的人，他们可能从一开始就不接受你文章的观点。所以在写作的时候，也可以先预测一下读者们的心理，然后像上面谈话那样，用探究与神入相互交叠的方式，一步步把问题推进下去。这可能是一种迂回的策略，但却更容易让人们接受。

当然，沟通的手段还有很多，各位有兴趣的话可以去看看吉拉德-伊根的《高明的心理助人者》。

拾

你的人气如何

——提高知名度的有效方法

提高知名度是每一个自媒体运营人的共同愿望。在今天，知名度的提升已经不再像以往一样，必须要通过公共传媒平台才能实现了。自媒体时代有很多提升知名度的方法，当然这些方法中也存在禁忌，运营人应当注意这些问题。同时，自媒体运营人也不应忘记自己的社会责任。无论是写文章还是与网民互动，我们都需要记住，真诚、守法与担当仍然是最不可缺少的东西。

046 维系一个属于自己的粉丝联络群

友：微信公号红利期过去之后，涨粉是越来越难了。别说涨粉，现在别掉粉就该偷乐了。面对这个残酷的事实，我还想让我的公号提高知名度，得靠什么？

我：靠粉丝！

友：不靠粉丝还能靠谁？

我：靠粉丝也是有秘诀的。

友：啥秘诀？

我：秘诀是"养"粉。

……

随着微信公众号的"井喷式"增长，微信用户关注的公众号也趋于饱和。在微信公众号已经"烂大街"

的背景下，想要吸引新粉丝的关注，扩大知名度，内容的质量固然重要，但粉丝的维护，也就是"养"粉，同样也占据重要分量。粉丝的积极性、活跃度维护好了，不但能给他们动力打开你的文章阅读，还能促使他们将文章转发到他们的朋友圈以及各大微信群进行二次传播，吸引潜在粉丝关注。而维护自己的粉丝群体，需要借助一个很重要的平台——粉丝联络群。可以说，维系一个属于自己的粉丝群是提高知名度一个重要途径。

一般而言，愿意加入你的粉丝群的都是想跟你近距离学习、互动，想跟同样粉你的志同道合的小伙伴们分享、交流的真粉丝，而不是随随便便的路人粉。信息爆炸时代，大家加的群也挺多的，一般也不愿意多加群。所以，愿意加你粉丝群的，基本上都是真心认可你、喜欢你，至少是真心关注你的人，这为粉丝联络群的有序维系，有效发挥它的作用，奠定了良好的群众基础。

分析完粉丝联络群群员成分之后，接下来说说如何维系这个群。

第一步：建粉丝群

建群大家都会，不用我多说。找两个愿意进群的粉丝，三个人就能建立一个群。借着我的专著《刑事出庭修炼手册》上市的契机，我建立了自己的粉丝联络群。

第二步：确定群名

群名对于一个群的重要性正如人名对于一个人的重要性，它体现着群的性质、设立的目的、存在的价值，具有十分重要的意义。每个公号运营人的风格不一样，粉丝群的群名自然花样百出。比如，我一个爱传授技能的朋友——老葛，他的粉丝群就叫"涨知识"；还有那个爱写情感八卦文的小丸子，取的群名叫"丸·撩斋"。可以说非常符合群主本人的人设了。我比较中规中矩，群名就叫"赵鹏读者群"。

第三步：确立宗旨

群宗旨是对群设立的目的、存在的价值的表述。设立粉丝联络群，希望能借此平台提高知名度，这只是一个比较现实的目的，但是群设立的宗旨应该要有更高的站位、更大的格局。对于粉丝联络群而言，建群宗旨应是为关注公号的读者们提供一个与运营人快捷对话、良性互动，与其他粉丝分享、交流的平台。

第四步：设立群规

没有规矩不成方圆。我们建群的目的是提供互动、分享的平台，进而扩大影响力，是具有正面意义的。但是如果不设立好群规，群内出现恶意争吵、商业营销、违法犯罪等情况，可能会给群主招致一些不必要的麻烦，甚至是法律风险。为了避免这些麻烦、风险等发生，让群能够有序运营下去，需要设立切实、可行的群规。

我认为设立群规，应遵守合法性、合理性和可行性的原则。合法性是最重要的。群规毕竟不是官方性质的规范性文件，不具备执法功能，不应出现罚款等法律上的制裁手段。合理性要求群规的设置既不能过于严格，影响粉丝联络群的活跃度，又不能过于宽松，起不到维护秩序的作用。可行性是指群规能够得到有效执行。一个完整的群规，我认为应包含以下6个方面的内容：

一是预防法律风险。规定不得在群里发布反动、诈骗、色情、侵犯他人隐私等违反法律的内容。

二是杜绝商业营销。规定不得在群内发布任何形式的商业广告，避免这个分享、交流的有益平台成为某些商家特别是无良商家的商机。

三是防止信息爆炸。规定不得在群里进行恶意刷屏，以防信息爆炸，打扰其他群成员，最后导致成员对群失去兴趣，联络群名存实亡的结果。

四是要求互相尊重。规定交流以互相尊重为前提，不得在群里谩骂、攻击群成员及谈论不健康话题。

五是群内秩序维护。规定为维护群内秩序，由群主、群管理员将对粉丝联络群进行日常管理，并根据实际情况变化对群规进行调整。

六是确立退出机制。对于违反群规的群成员，由群主、群管理员提出警告，多次违反的，由群主移出粉丝联络群。

第五步：添加群员

建群的硬件、软件都完备以后，可以开始逐步添加群成员了。你可以以小心、谨慎的态度，在公号上广而告之建立粉丝联络群之后，再一个个验明身份、手动拉人；也可以以开放、包容的心态，将群二维码在公号上一放，由粉丝自行扫码进入。两者各有利弊。前者可以进行筛选，确保群内成员整体质量，但是工作量大、效率低；后者效率大大提高，但是由于群员身份不明朗，为联络群后期的维护增加难度。

第六步：有效维护

群成员大规模添加完毕之后，就开始进入粉丝联络群的日常维护。为了最大限度地发挥粉丝联络群的作用，实现其价值，我有以下几点建议：

一是严格执行群规。伯尔曼说："法律必须被信仰，否则它将形同虚设。"对于群规不需要用"信仰"这么郑重的词，但道理是一样的，群规需要被严格执行，否则它将形同虚设。如果违反群规的群成员不会面临任何措施，那就等于没有群规。虽然群规不具有任何官方性质和强制性，但它是所有群成员入群时表示自愿遵守的，理应被严格执行，使群得以规范、有序地运行。

二是多在群里发言。公号运营人多在群里发言，与粉丝保持一个比较密切的互动，是维持粉丝联络群活跃度一个最简单粗暴而又行之有效的方式。但大多数的公号运营人都是在完成本职工作之余运营自己的公号，而不是全职运营，所以可能没那么多时间与群内粉丝互动。不过，想要维系好粉丝联络群，这是必须克服的困难。还是要接地气，能多发言就多发言，了解粉丝的喜好，解答粉丝一些疑问，倾听粉丝建言献策。当然，对于业余时间运营公号的人来说，与粉丝在群内交流，要以完成本职工作、不违反工作纪律为前提。

三是组织分享活动。在精力允许的情况下，公号运营人可以在群里组织策划一些分享活动，主题既可以是跟公号涉及的领域有关的，也可以是关于公号运营的，让粉丝联络群真正成为对粉丝有益的群，凝聚向心力。比如，我本人是一名检察官、公诉人，我的群里大多是从事法律职业的人士或者法学院的学生，我就可以策划刑事法律实务方面的分享，让进群的粉丝能有一些专业方面的收获。

四是开展线上线下联动。线上活动比较容易开展，而且不需要成本，基本上可以很容易的定时开展。对于粉丝群体庞大的公号，可以考虑根据实际情况在粉丝比较集中的地域开展主题交流会等线下活动，让网友成为现实中的朋友，拉近大家的关系。我曾组织过几次小规模的关于写作的线下交流活动，部分粉丝群成员参加，取得了良好的效果。

　　五是公号与群互动。粉丝联络群策划的线上、线下活动，在开展之前，可以在公号上进行预告，接受报名；在开展之后，可以将活动情况在公号上进行发布，为未能参与的粉丝也提供一个了解的渠道，扩大活动的影响范围。

　　六是举行丰富多彩的小活动。比如，有奖竞猜，法律知识问答，春天摄影大赛，秋季红叶摄影比赛，或者是吃货拍菜，做菜的照片比拼，给予一些小奖励，这些都是粉丝们喜闻乐见的活动，并且可以增加趣味性和魅力值。

　　维系好粉丝联络群说难不难，说简单其实也不简单，最关键的还是要用心。人与人之间的感情是相互的。你用心维系粉丝联络群，让群员感觉到被认真对待了，大家也会对你回报以热情，为你所运营的公号提高知名度出力。当然，一个人的精力再怎么旺盛也都是有限的，很难做到面面俱到。我由于日常工作繁忙，自己计划的写作任务也比较重，在维系粉丝群方面做的也多有欠缺。以上建议只是我从客观出发并综合我所认识的一些自媒体人好的经验做法所提，还请根据自己运营的公号实际情况采纳，希望能为维系好粉丝联络群提供有益参考。

047　两种行之有效的软广告撰写思路

友：鹏哥，我出书了。

我：恭喜恭喜。

友：能否借您的公众号推个广告？

我：广告怎么写呢？

友：我写好了，就是介绍一下书的基本内容、特点以及别人的推荐语。

我：都什么年代了，你还弄硬广告？！

友：效果不好吗？

我：我觉得不好，很多人一看是广告根本不会点进来看。我比较喜欢软广告。

……

硬广告确实不受欢迎了。我几乎从不点开那些看一眼标题就知道是篇广告贴的文章，除非是好朋友发的广告。不过如果是好友发的，我不需要看广告也会知道他要宣传什么。由此看来，在今天的时代，硬广告已经渐渐失去其作用。如果你一定要广而告之什么东西，我强烈建议使用软广告。

所谓软广告，就是那些并不以广告内容为主题，但却来得猝不及防的广告。这种广告想不看都不行，所以它才是如今做广告的主流思路。

现在介绍两种软广告的撰写思路，这两种思路其中一种是我擅长并且经常用的；另一种虽然我不擅长，但却很欣赏。两种方法都提供给大家，并且各举一例，以供参考借鉴。

思路一：突然转折后缀广告

这就是我经常使用的方法，可以说我的所有广告文都用这种方法。它的特点是：写一篇正正经经的文章，在快到结尾的地方突然把话题转向广告。转向广告的过程最好顺畅，如果能和文章本来的内容结合在一起固然好，如果实在不能结合在一起，至少也要短平快。简单地说：猝不及防，迅速转折是这种广告植入方法的显著特点。

下面这篇文章就是使用的这种方法：

我教闺蜜如何"做好"第三者

赵 鹏

前几天，有个大学同学的老妈给我打电话求助，说她闺女——我这老同学最近疯魔似的要当一个大富豪的情人，怎么劝都不听，让我打电话劝劝她。

插一句，这女生是我上大学时比较谈得来的一个女孩儿，性格直爽，我们之间很清白，纯友谊关系。她老妈跟我关系更好些，因为我总是站在老人家的立场上说话。

我：是爱上人家了，还是看上人家有钱了？

姨：哎，要是爱上了我还舒服点，可关键是这死孩子是看上人家有钱了。我这脸都被她丢尽了。

我：您是她亲妈嘛！幸亏没爱上，奔着钱就好办了。

姨：为什么？

我：爱上了那就是情感问题，看上钱那是理智问题，情感问题从来都劝不了，只有理智的问题才能在劝导下解决。

姨：那交给你了，务必告诉她别走这条路。

我：不能这么说。这是下下策。我要劝她做第三者里的急先锋。

就这样，我接受了任务，给我的老同学打了个电话。这女生大大咧咧，直来直去。她显然是已经预测到我是她老妈搬来的说客了，所以敌意满满。不过我并不是那么容易就能抵触掉的：

女：聊天可以，别说感情的事儿。

我：在这件事儿上，我支持你。所以别烦，我是来给你出主意的。

女：啊？真的？那你说怎么让我妈同意，不再阻拦我？

我：你的对手不是你老妈，她能把你怎样？

女：那是谁？

我：所有潜在的可能把你傍上的那位勾搭走的女人或男人。

女：不会，他很专一。

我：都和你搞第三者了就别提"专一"这两字儿了。

女：他喜欢我。

我：喜欢你长的好看吗？以色侍君，岂能长久！

女：那你说，怎么能长久？

我：第三者是一个需要高技能的职业，不好干。基本上可以比喻成皇贵妃，虽然不是正室，但却备受宠爱。你看看历史上著名的皇贵妃，从杨玉环到甄嬛，再到董鄂妃，有几个是平庸之辈？跟她们比，你差远了。不赶紧努力的话，等哪天他看腻了，哭都来不及。

女：怎么努力？

我：各方面都得提高。就照着董鄂妃的样子去努力吧，看她把顺治给迷得都出家当和尚了。董鄂妃最厉害的地方就是学识渊博，洞察力强，思考深远，能从极为平常的事件中看到深埋在表层下的深邃问题，这是那些其他妃子比不了的，就连顺治帝也自愧不如。

女：男人喜欢这样的？

我：越做大事的男人应该越喜欢这样的。因为做大事需要面对很多情况，再有主见和能力的人都会有内心纠结的时候，他不能向外人表露，但会向最亲近的人说，如果你是这个人，能给他一些思考上的帮助，那他就依赖你了。就算是在平时的聊天中，你能跟他说一些有深度的话，他应该也会喜欢。比如，你经常和他做的事情是什么？

女：看电影。最近看的是《异形：契约》。

我：太好了。你看完之后应该跟他谈谈感想。

女：挺刺激的。

我：这种感想不用说，属于废话。

女：那谈什么？

我：很多。比如，人和机器最关键的区别是什么？好奇心究竟是好事还是坏事？人类应不应该探索外太空？凡此种种。

女：这些话题有什么可说的呢，我想不出来。

我：给你推荐三本书，拉美特利的《人是机器》，菲利普·鲍尔的《好奇心》以及迈克尔·怀特的《地外文明探秘》。看完你关于这三个话题的观点就源源不断了。

女：我看完得后年了……

我：没有平时的积累，那就得豁得出去连夜看。人家华妃娘娘还知道连夜看医书研究如何治疗时疫呢，你一个新受宠宫娥不能怕辛苦。再说这还仅仅是其中一项，你不能光看书。

女：还要干嘛？

我：音乐、美术、舞蹈、戏剧这些艺术方面的情操你应该有。他不一定喜欢，但必要的时候可以用你撑门面。他办公室或者家里有没有挂什么画?

女:圣母。

我:布格罗的圣母,拉斐尔的圣母,还是米开朗基罗的圣母?或者是都不是?

女:不知道。

我:那怎么行。他挂着圣母不一定真喜欢圣母,但如果他真喜欢,那你就应该了解擅长圣母画像的大师们。

女:太麻烦了。

我:总之要学的东西太多了,我就不一一举例说明了。至于最基本的技能,比如,烹饪、打扫、按摩、熨烫之类的家务,我就不提了。还有一些重要的技能,你懂的,我比较腼腆,也就不说了。

女:当女人太苦了,伺候你们这些男人。

我:怎么是伺候我们这些男人,还有些女人你也得伺候。

女:谁?

我:你大姐,他的正房。如果你们有见面机会,那你应该毕恭毕敬,在她面前你是小的,别出大气儿。如果没有见面机会,那也要在心里对她毕恭毕敬,逢年过节想着提醒大王去见正宫。最关键的是,永远不要想着取而代之,不要提出地位上和名分上的要求,不论你付出了多少。

女:凭什么?

我:就凭你一提,他就会烦。提多了他就会考虑把你休掉。你要是威胁他,那就可能让他萌生干掉你的想法,我可是办过这种案子的。一般来说,这些男人虽然成功,但是杀人的经验不怎么足,再加上下手犹犹豫豫,被害人一般都死的挺惨,过程肯定很痛苦。

图10-1 《刑事出庭修炼手册》

一本书就行了。

女：什么？

我：当然是我的《刑事出庭修炼手册》——上半年法学实用类出版物排行榜排名第四，上市5个月已印刷五次，销量过万。这本书会告诉你，看上去光鲜亮丽的东西都要经过长期刻苦的努力才能得到。只不过，并不是所有光鲜亮丽的东西都值得我们去追求……

女：真的？

我：但是你不要因为这些就退缩。只要记住我说的，多读书、多学习、多思考、少做梦、少抱怨、少提要求，你定能做个成功的小三儿。

女：你是我妈妈派来劝我的。

我：怎么可能。我一片诚心，给你出谋划策。说了这么多，你觉得我哪句话说错了？

女：方法太难。

我：有简单的。只需要看

思路二：把广告内容与文章内容紧密结合

这种方法我不太擅长，不过有些人用得非常好，我也很欣赏。此法的特点是：寻找一个很热门的话题，然后在这一话题与要推送的广告内容中寻找真正的切合点，然后在叙述热点事件的过程中，把广告的内容有逻辑地推出来，让人感觉广告并不唐突。

下面这篇文章是好友顾苗苗为我的《法显术见》撰写的软文，阅读量非常高，我很喜欢：

江歌案的双面检察官，难道我们没有吗？

顾苗苗

当得知江歌被害案里的被告人陈世峰聘请了一名律师，而不是国选辩护人（类似我国的"法律援助律师"）时，我为日本检察官暗暗捏了一把汗——庭审一定是一场激战。

果然，日本律师的"有效辩护"水平绝不图有虚名，从争点确立、到质证交叉询问对证据疑点的步步紧逼，如果不谈案件立场，可以感慨"这才是受过严格法律训练的律师水平，这才是激烈法庭对抗的律师水准"！

不过，庭审中最抢眼的还是指控犯罪的检察官。一直跟踪案件的《局面》主持人王志安"王局"，在公众号内连续盛赞该案出庭检察官——陈世峰被检察官彻底击垮，两个检察官太牛了！陈世峰处心积虑妄图脱罪，检察官十面埋伏罪恶现形！检察官、律师、陪审员纷纷补刀，陈世峰挣扎无望防线崩溃！陈世峰律师浑水摸鱼混淆视线，检察官洞若观火顶格求刑！

做了十几年公诉人的"小师父"说，六天庭审，检察官绝对不似标题般举重若轻，而是步步为营。"质证环节的交叉讯（询）问会是对抗最激烈的环节。举证需要运用法律规则，证实必要事实及其关联事项；但是反讯（询）问事项更考验公诉人的"技术"，特别是'诱导询问'，对公诉人当庭快速反应能力、节奏把控等综合能力要求很高。"

然后，"小师父"建议，如果有相关资料，可以尝试分析陈世峰被控杀人案中的庭审讯问思路。

于是，根据王局的庭审记录，我来看看检察官如何攻破漏洞的。

关于陈世峰杀人罪的相关举证，检方和律师存在一个很大争议点：陈世峰是不是"预谋杀人"。庭审第四天，陈世峰作为"辩方证人"，对于本案争点，首先接受了己方律师的"主寻问（主询问）"，随后，由检察官进行"反对寻问（反询问）"。

检察官针对是否"预谋"，从陈世峰是否事先准备了杀人后更换的服装、陈世峰选择到江歌家的路线等问题入手攻破。

（以下内容根据微信公众号"王志安"的"王局拍案：陈某某处心积虑妄图脱罪 检察官十面埋伏罪恶现形（1/3）"录音整理，由于采取一般疑问句的问答形式，没有特别声明，以下顺序均为检方问，陈世峰答的顺序。）

陈世峰案发前后衣服不同（客观事实，陈世峰承认）。

11月2日，你白天穿的是黑色圆点的服装，牛仔裤，白色的鞋子，是吗？

是的。

没戴帽子，是吗？

是的。

晚上去江歌家，换了衣服，是吗？

是的。

换了灰色的衣服，牛仔裤，是吗？

是的。

鞋子是红色的，是吗？

是的。

白天（穿的）白色的鞋子换了，是吗？

是的。

出门的时候戴的是黑色帽子，是吗？

是的。

刺完江歌以后又换了衣服，是吗？

是的。

换上了蓝色的上衣，灰色的帽子，是吗？

是的。

裤子也换了，是吗？

是的。

杀人后逃跑换的衣服（事后原因，也获得陈世峰承认，为了下一阶段推出陈世峰事先准备衣服埋下伏笔）。

案发以后换衣服是因为上面有血迹吗？

是的。

帽子和裤子上没有血，为什么还要换呢？

当时非常暗，并不知道有没有血。上衣有没有血，我都没有意识到。

那为什么又要换呢？

当时就想走在路上，别人会注意到什么的。

是因为你自己要逃跑，从上到下要换一下吧？

差不多就这样。

更换的衣服是陈世峰事先放在双肩包的（客观事实，陈世峰承认）。

案发以后换的衣服，你是从家里带来的双肩背包背过来的，是吗？

是的。

你说要去洗，才拿出来，是吗？

是的。

杀人回家后用洗衣机洗衣服，但是杀人前却想在外面洗衣服（对陈世峰事先把衣服放在双肩包的原因进行初步假设推断，看似同意陈世峰的辩解，实质是为了使陈世峰放松警惕），用投币式洗衣房和干洗店选择为引诱，让陈世峰陷入洗衣混乱。

你家有洗衣机是吗？

有。

没坏吧？

没有。

案发之后回家立刻就把衣服洗了，是吗？

是的。

家里有洗衣机，但就是那一天想到了用投币洗衣房，是吗？

是的。

用洗衣房和干洗店的选择带出所在地点的不同（客观可证明），让法官发现其前后供述存在巨大差异，初步达到了反询问的目的。

你先往高岛平方向走，到了高岛平才搜索洗衣房，是吗？

是的。

为什么要去高岛平那个地方呢？

因为高岛平是我们居住的地方唯一繁华的区域，每天吃饭买东西都要去高岛平。所以我想那个地方应该有一个洗衣房。

知道高岛平有洗衣房吗？

我不知道，我猜的。

案发前七个月你就住到了高岛平，是吗？

是的。

案发以前从来没有用过一次投币洗衣房，是吗？

是的。

一般不是查好了地址才去吗？

高岛平是附近唯一繁华的地方，我觉得如果搜索的话，也不会超出这个范围。

这是你第一次用洗衣房？而且恰好是事发当天想到的，你的主张偶然的吗？

是的。

你搜索的不是投币式洗衣房，而是干洗店，是吗？

是的。

但是离你家最近的干洗店，你并没有去，是吗？

是的。

那么，离你家最近的不是投币洗衣房。那时你应该意识到你输入的词根有错误吗？

没有。

你是按照你搜索的结果一直走到莲根车站的，是吗？

是的。

（法官此时发问）

法官：你供述中，你之前要去的是西台方向，你是要修改你的供词吗？

陈：是的。

趁法官对陈世峰证言存疑，一连四发诱导性询问，和前面的铺垫连环相扣，证明"预谋"。

（检察官继续发问）

你是没有去西台方向，而是去了莲根方向，是吗？

是的。

事实上，你根本没有想去找投币洗衣房吧？

我找了。我一直想找。

你是为了避开离你家最近的高岛平车站，才去的莲根车站吧？

不是。

那你拿衣服是因为想到血会溅到上面，才换衣服，不是吗？

不是。

你换了白鞋，是为了怕白鞋沾到血迹，不是吗？

不是。

随后，检察官又从"车票"入手，进行又一轮询问。

你去的时候是买票去的？

是的。

案发以后又是买票坐车走的？

是的。

没有用交通卡？

是的。

从10月12日到11月5日，你几乎每天都用交通卡，是吗？

嗯（没有肯定也没有否定）。也有不用交通卡的时候。

平时坐车都用交通卡？

是的。

11月2日，交通卡里还有1364块钱，这个余额你知道吗？

不知道。只有到余额不足，"滴"的一声我才知道。

（交通卡有钱为什么不用）

你离开家特地从钱包里拿出现金，是吗？

是的。

你为什么不带钱包？

因为裤兜浅。我丢过好几次钱包。

那么钱放在裤兜里面，你不担心吗？

这完全不是理由。

你没有想过钱包放在双肩包里面吗？就像卡包一样。（侦查机关查明，陈世峰曾携带一个卡包，杀害江歌后到便利店取出4万日元）

我的双肩包里只有一个很小的口袋，里面巴掌大小，怎么可能把钱包放进去。

你是不想在交通卡上留下你的交通痕迹，才不带交通卡的吧？

绝对不是。

不少人感觉检察官在质问陈世峰的反询问中，为了证明他有预谋，连续挖了坑，从琐事的客观性证据入手提问，环环相扣地下套，埋伏够了，用诱导性提问集中火力戳穿谎言，效果格外酣畅淋漓，稳准狠。

这种方式"小师父"曾经总结为"明知故问法"。虽然我国没有规定"交叉询问"，可是不代表我们可以疏于技术，我们更应该熟练运用"开放性提问"和选择性疑问句、一般疑问句击破狡辩。

指控陈世峰杀人案有两位检察官，一位是（主诉）检察官，另一位是副检察官[有人翻译为"助理检察官"，但是我查了日本《检察厅法》，并无助理检察官，应该是有权行使检察官职权的"副检察官"]。

从各方媒体的报道看出，举证质证环节出场的年轻副检察官，口齿伶俐，反应灵活；发表辩论意见的是较长的检察官，稳重大气，气宇轩昂，无论从专业知识和气质形象，这两位都符合大众对一个优秀检察人的想象，获得了专业人士的认可。

不过，令我为之一动的，却是这一幕：当检察官和律师发表意见后，法庭庭审即将结束，江歌妈妈失声痛哭，那位年轻的检察官助理，在她面前轻声安慰。

曾有人说过，当检察官们掀起铁面无私的面具，从检察官变成子女、父母、夫妻的社会身份，才拥有温情感性的一面，似乎铁面与温情是不相容的。但是我不这么认为。正是对于人的温情脉脉，对于世间情感的体察入微，才让"检察官"的"铁面"多了让人尊重的光芒，也让自己多了坚守的勇气。

之所以发这些感慨，也是因为看到了"小师父"的新书《法显术见——检察官赵鹏的干货日志》。很早前，我们曾经讨论过，怎么才能由浅入深、循序渐进地传授法律技能，同时兼具国际视野、扩展思维。我曾不解于他过分执着于和法律毫无关系的狗血玛丽苏、杰克苏影视剧的思维分析训练，更不解于他苏格拉底诡辩式又似乎有

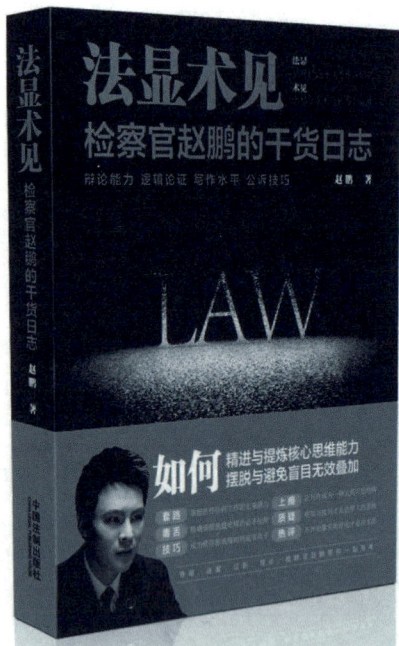

图10-2 《法显术见——检察官赵鹏的干货日志》

些"灼灼其华"的连环夺命问，以及他对对国内外黑暗阴郁变态畸形等案件较真严肃的剖析。因此，对于这本书，我一度认为是常办理杀人案件的鹏哥的业务随笔。

但是，当我看着被告人虚伪地表演真诚的忏悔、被害人绝望地压制彻骨的痛苦，再想想此前庭审时被告人欲盖弥彰的辩驳以及他杀人时冷酷的麻木狠绝，再看看《法显术见》书中"奇闻""迷案""怪谈"等看似光怪陆离的案件，手心竟然有些冰凉——也许，我们身边检察官曾审查的案件，残酷、阴冷更甚于此。但是，我们不想让这一切成为自己和他人生活的全部，于是，我们选择用自己的一点点力量，给受害人一点点安抚。这点温情，让检察官"法"与"术"更值得敬佩。

这次庭审，媒体将日本检察官与律师激烈庭审的对抗的全方位报道解读，比过往的很多次经过精心剪辑的"庭审现场"、比任何日剧华丽夸张的庭审都要精彩。

但是，在自己多少包括一些全国以及各省市优秀检察官的微信朋友圈，几乎很少有人发案件庭审内容的分享。

我想，不是不关注，只是"文无第一"，即便我们不可能与日本的检察官、律师相较于法庭一决高下，但是内心或已经将其标记为劲敌——我们一样优秀，不，更优秀！

048 与读者进行良性互动的几点建议

　　友：我的公众号有5000多个粉丝，但是为什么我的阅读量不如一个只有2000粉丝的公众号呢？

　　我：因为公众号粉丝的多少与阅读量并没有必然的联系。

　　友：那跟什么有关？

　　我：首先是文章内容，其次是粉丝粘性。

　　……

　　2016年12月，我注册了"检事微言"，12月27日，我发布的第一篇文章《看云中行走，谈危险接受》。我记得那篇文章一天以后的阅读量是400，不过应该有很多是我朋友圈的人。后来的一个月，我每天都更新文章，阅读量基本上维持在100到200之间，偶尔有特别引人注目的话题时，阅读量也不过500到600之间。随着粉丝人数的增长，我基本上判断出公众号的阅读量就是粉丝量的20%。也就是说，我的粉丝在1000人左右时，阅读量基本上就是200上下，不会有太大的误差。

　　然而，公号阅读量与粉丝数量之间的比例关系并不是必然的。尤其是当粉丝数量达到一个量级之后，阅读量似乎与粉丝数量就没有太大关系了。比如，检察系统的公众号做得比较成功的"cu检说法"，他的粉丝数量在4万左右的时候，文章的阅读量经常可以达到2万以上，这种比例并不是一般的公众号可以达到的。

　　阅读量当然和文章的内容有关，不过在这里我要讨论的并不是具体的文章内容问题，而是阅读量与粉丝之间的关系。正如文首对话中我提出的观点，我觉得阅读量的高低与粉丝数量并没有直接关系，但是与粉丝的粘性有很大关系。

所谓粉丝的粘性，是指粉丝对这个公众号的依恋程度，比如，会不会逢文必读，会不会经常留言、打赏等。下面是我对提高粉丝粘性的方法一些个人意见，供大家参考。

留言回复

正常情况下，一个公众号只需要坚持一个月每天更新原创文章，就可以获得原创标签保护功能。再过一周左右的时间，就可以开通留言功能，这是一个非常重要的功能，是和粉丝进行良性互动的最好的平台。

我们关注一下运营得比较好的公众号就能发现，这些公众号都有一个很好的习惯：留言必回复。哪怕是再没有实质意义的留言——比如一个表情——也可以用一个微笑表情作为回复。

回复留言是互动的最基本形式。人们都有获得回馈的欲望，留言的粉丝如果得到了回复，很可能会在今后继续留言，久而久之就会养成逢文必回的习惯，这种习惯会促进他对公众号的关注与阅读。另外，很多网友喜欢看留言和运营人的回复内容，有些人甚至对留言的兴趣比对正文的兴趣还要大，还有一些人是先看留言再决定是否阅读正文。因此，回复就显得尤为重要。精彩的留言及回复本身就具有观赏价值，是文章创作的一个孳息。

提供服务

向公众号提出问题以及请求帮助是常见的事情。粉丝们可能不会选择文章下留言的方式求助，而是选择在公众号后台留言的方式。所以，公众号的运营人不光要关注每篇文章下的留言并认真回复，还应当注意公众号后台的私信留言功能，在这里可能有那些需要帮助的人向你提问。

一般来说，专业类公众号会更多地面临这种问题。尽可能地为他们提供帮助当然是提高粉丝粘性的良好方式。不过在提供帮助的过程中有一些需要注意的问题，对此我会单独成篇，故对这个问题感兴趣的可以仔细阅读一下后面的篇章。

定期活动

有些公众号的运营人很喜欢做一些线上线下的活动，我虽然对此不太擅长，但也承认这是一种很好的提高粉丝粘性的方式。

活动的种类可以有很多，一般分为线上和线下两种。线下活动以书友会、粉丝见面会为主，也就是把线上的网友变成线下的好友。线上的活动以"有奖互动"为典型。即运营人设置一些奖品，提出一个话题，让大家留言，或者提供照片，然后以获得赞数最多的几名为中奖人。这种方式非常有利于提高文章的阅读量，是一种"增粉"的好方法。定期开展这样的活动，粉丝的粘性必然也会增强。

顺便强调一点，如果开展线上活动，写一个简明扼要又吸引眼球的通知很重要。下面是一篇我曾经在公众号上开展的一次线上有奖互动的通知，供大家参考。

有奖互动第2期：最美办公桌

赵　鹏

大家好，欢迎关注检事微言。本月，简言君搞过一次有奖互动，感觉这种方式很不错，既活跃了气氛，又有助于我们读书学习。因此，我决定在每个月最后一天总结时都开展有奖互动。上一次的有奖互动算第一期，所以这次的是第二期。下面是活动详情。

活动内容

本次主题是"晒晒我的书（办公）桌"。

书桌或办公桌，是专属于我们自己的一个小小的区域，我们在这个区域里做各种正经事，才干的增长、知识的积累、成绩的取得，都和它有着密切的关系。

你的书（办公）桌长什么样？它是否干净、整洁，有没有励志摆设或者绿植，能不能体现出你独特的性格……放上来让大家欣赏一下吧。

参与方式

你只需要在公号后台给我传一张你的书（办公）桌的照片（记得只传一张哦），我会把大家传上来的照片制作成投票页面的图文，然后发上来让大家投票，投票期到，票数最多的三张图片的上传人即为获奖人。图片要求有二：（1）必须是你的书桌、办公桌，或者只要承担类似功能的都可以；（2）照片主体部分应为你的桌面，本活动不是家具评选，主要看桌面，我举个例子，下面是我的书桌：

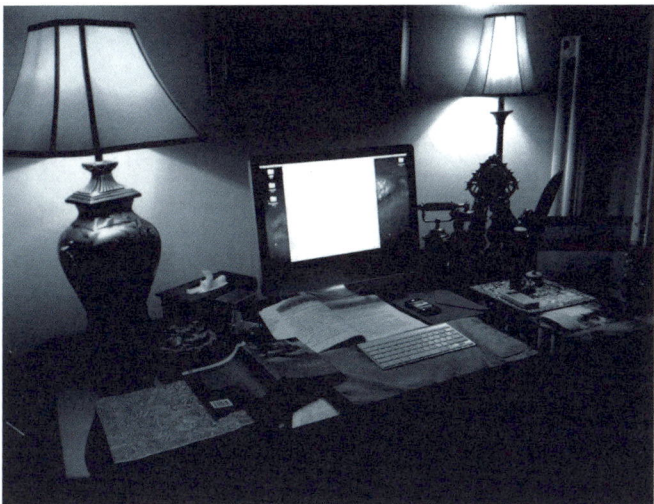

图10-3　办公桌

奖品设置

上一次有奖竞猜活动结束时，我说过下一次有奖活动的奖品是国家大剧院的歌剧票。文章一发很多外省的订户提抗议，说不公平。鉴于此，我把奖品调整一下，既然本次活动的内容是书桌，那我们就把奖品设置为与读书和学习有关吧。3名获奖者的奖品完全相同，共有两样。奖品一：能插在花盆里种出花花草草的铅笔，一套八支，种出不同的东西，我已经试过了，很有意思，你也试试吧。奖品二：手账笔记本，我很喜欢这种黛蓝色，不动笔墨不读书，有个笔记本能让你的书不白读哦。

日程安排

上传图片：即日起至6月2日20:00，请各位尽快传图片。

投票期间：我会将大家的图片整理制作图文，并在6月4日在公号上推送；6月4日至6月10日为投票日，截止时间为6月10日20:00。

开奖时间：获奖人信息将在6月11日的推送文章中公布。

读书学习利于成长，大家都来晒晒书桌吧。

建立社群

建立社群就是将粉丝集中在一个可以自由互动的群里，最常见的方法是建立微信群和QQ群。这是最有效的一种增强粉丝粘性的方式。鉴于这个问题已经在本部分的第一篇中有了具体的介绍，在这里就不再多说了。

总之，粉丝的粘性不是一天两天能提高的，运营人应当有耐心和信心，配合必要的方法。当然最重要的是，一定要真诚。

049　提供网络帮助需注意的几个问题

友：你的公众号后台有没有寻求帮助的粉丝？

我：有。

友：有没有让你帮他们写诉状的？

我：有。

友：你会帮忙吗？

我：要慎重。

……

为网友提供帮助是公众号运营者应尽的社会义务，从这一点看似乎没有什么理由推脱。但是现实往往非常复杂，我们知晓的情况又有单向来源的特点，这些都决定了我们不能有求必应。下面是几条提供网络咨询帮助服务时应当注意的问题，也是我这几年在微博、微信公众号运营过程中总结出的经验，供大家参考。

不要代为递送举报材料

如果你运营的是法律公众号，或者虽然不是法律类公众号，但也会时常就时事问题发声，那么当影响力到达一定程度时，一定会有网民通过你的平台向你提供举报线索。有些人提供的线索可能很翔实，他们希望你向有关部门反映情况甚至想要通过你的平台将这些材料公之于众，为他们伸张正义。

遇到此情况时，最好的办法是告知他们运用正确的法律途径去维护自己的权利。无论举报还是控告，都有相关的法律规定，由专门的机关处理。一个公众号就算再有影响力也不能充当专门机关的工作。此时尤其不能将这些材料公布到网络上，因为公众号的运营者根本没有能力核实材料的真伪，也就不能判断相关主张的真实性。

当然，我们可以为网民的举报、控告提供必要的帮助。比如，根据他所要举报或控告的具体事情判断应当由哪个部门受理，然后告诉对方可以向该部门详细咨询。但在告知这些信息时务必强调是个人意见，因为我们的判断不一定准确，不要给相关部门造成工作上的麻烦。

尽量不代为撰写法律文书

经常有网民在公众号的后台请求我帮他们起草法律文书，比如，民事起诉书、刑事附带民事起诉书或者答辩状。他们大多称自己生活窘困，无力承担聘请专业律师的费用，所以希望我们为他们提供帮助。

对于这种情况，我仍然建议尽量不代为撰写法律文书。因为网上的沟通毕竟有限，我们很难了解事实完整情况。此时可以为对方提供文书模板，并告知撰写的注意事项，让对方自己撰写。这样做并不是避免承担责任，而是对他人负责。

不熟悉的领域先问问权威

每个人都有自己的领域，就算你的影响力再大，对自己不熟悉的领域也尽量不要多说话。我的公众号后台也有不少咨询民事问题的网友，我一般都会先征求一下单位其他对口部门的同事意见后才答复他们。并且在答复的过程中明确告知自己并不擅长这部门知识，建议他们多听听其他人的意见，尤其是专业人士的意见。这样做的目的同样不是为了推卸责任，而是为了避免让对方陷入"权威偏误"，因为在他们看来，有影响力的公众号运营人就是权威人士。

　　总之，影响力不等于你可以为所欲为。有时候恰恰是越有影响力时，越应当谨言慎行。这不仅是保护自己，更是对他人负责。

050 新时期自媒体运营人的社会责任

知名度越高，责任越重！

"讲好中国故事，传播好中国声音。""推动传统媒体和新兴媒体融合发展，要遵循新闻传播规律和新兴媒体发展规律，强化互联网思维……"党的十九大以来，习近平总书记对新闻舆论和媒体工作有着诸多论述与指示，这些重要的思想，犹如大海汪洋中的闪亮灯塔，指引和感召我们的媒体与舆论工作，使得舆论与媒体工作有了前进的方向和光荣的使命。为中华民族的伟大复兴，早日实现"中国梦"而添砖加瓦，保驾护航。

在我国，舆论与媒体工作有着特殊的重要性，正如习近平总书记所指出——"党的新闻舆论工作是党的一项重要工作，是治国理政、定国安邦的大事。"所以，"讲政治"是我国的舆论与媒体工作的首要任务，头等大事。在这个高屋建瓴的大前提之下，我们可以贡献我们的才华与努力，创造舆论与媒体工作的精彩和高潮。

习近平总书记在过往的讲话中用48个字为所有媒体人（包括自媒体从业者）厘清和界定了我们的工作职责与神圣使命——即"高举旗帜、引领导向，围绕中心、服务大局，团结人民、鼓舞士气，成风化人、凝心聚力，澄清谬误、明辨是非，联接中外、沟通世界"。这字字珠玑犹如定海神针，让我们的媒体工作有了信仰的图腾。

当今时代，中国所处的环境——无论现实世界，还是网络世界，都波起云涌，暗流澎湃。我们面临前所未有的发展机遇，同时也面对云谲波诡的各种挑战，尤其网络信息时代的宣传舆论工作，带给我们全新的视界，我们需要更深刻的认识其本质，更需要创新的应对方法，积极开展工作——究竟是被动应战，还是主动出击？是靠单纯的强力维持和管制，还是靠晓之以理动之以情，甚至是可爱和有趣，来积极吸引？是靠法治和行政来树立规矩，还是灵活务实的入心入脑？是仅仅为了应付国内的舆情，还是凝聚向心力，踏实做起，增强文化自信，向世界表明中国观点和中国态度，进而让中国文化软实力发扬光大，遍地生花，为中华民族的伟大复兴，为中国不远将来的经济第一强国，文化盛世，贡献出我们的才智和力量！

这一切，都是值得我们深深思考的，答案不是唯一，方法更是无数，让我们站在全局的认知高度，面向未来，积极务实，灵活创新，打造自媒体时代思想政治和舆论宣传工作的新局面，承担起我们所应担负的社会责任。在笔者看来，新时期我们的各个媒体包括自媒体的运营者一定要有文化自信和文化自觉，主动担当起精彩纷呈的社会责任！

志存高远，构建中华文化软实力

我们的宣传舆论工作，根本目的和主要方面不应该是被动应付，或者疲于亡羊补牢的善后，"防"和查缺补漏是一方面，但最为重要的是积极引导，核心则需要我们构建一个为了实现中华民族伟大复兴的"中国梦"而志存高远的中华文化软实力的思想体系。

这个文化软实力的体系，应该包括中华民族的核心价值观，呈现我们历史长河中最优秀的思想和文化精髓，展现中华民族最优秀的性格品质，也激发整个民族最强大的创新能力——这就是文化的向心力，是炎黄子孙和华夏儿女的来源和延续，是一脉相承的文化脉搏的跳跃。

在这样一个面向未来的伟大新时代，当我们构建起这样一个高级的文化核心和系统，中华文化的本质魅力散发无疑，花香自有蝶蜂来，我们则从根本上建立了民族文化自信，民众会积极主动地拥护和配合我们的工作，而许多谣言和流言蜚语，就丧失了形成的土壤。民众也会自发地维护民族尊严，这是我们工作最具决定性的正能量本源和终极目的。

同时，当我们构建起了这样一个中华文化的软实力核心论述体系，我们五千年历史长河中最宝贵的智慧就会被充分地提炼和表达出来，届时可以考虑设立国家软实力文化中心，进行全球推广和展示，犹如日本的动漫产业的全球战略部署，这对于改善国际形象，尤其在树立和争夺国际话语权方面，有重大的战略意义——我们致力于建立中国在国际上与西方等量齐观甚至超越西方，引领世界舆论的强大话语权，也是我们国家经济飞腾，综合国力强盛的必备条件之一，更是我们的终极目的之一。届时，我们将不再疲于应对西方的质疑，因为我们的"中国发言"和"中国态度"必将掷地有声，铿锵有力。如大唐盛世的"百国来朝"的奇观也会再现。

新媒体时代的新责任，即时关注，及时处理

在新媒体时代，微博、微信公号和客户端等社交媒体的影响力与日俱增，人人都有麦克风、摄像机，随时随地都可以发布见解和照片、视频，上传网络，对于重大突发事件，传统媒体甚至在第一时间要向新媒体去寻找素材和消息，因为新媒体包含自媒体，在事发现场的人可以几秒钟就拍视频马上发到互联网上去，这是从前不可设想的一件事。所以，今时今日，我们的工作要适应互联网的发展，一些前

网络时代的工作方法不能再用，因为已经失效，自媒体对舆论的影响和传播特征可能超越我们的执行力度和速度。

所以这就提示和要求自媒体的运营者必须与时俱进，不能再如从前一般，每天定时定点的去工作，因为那样的话，可能时效性和突发性的应对都会力有不逮。新时期的自媒体工作，必须"惟快不破"，必须"即时关注"，必须"及时处理"，必须"时时在意"，这是对自媒体人的新要求，也是自媒体人必须面对的新的社会责任，兹事体大，任务繁重，但我们坚强的肩膀一定要承担起这份坚定的职责！

这种艰巨的社会责任也要求我们必须灵活和创新工作方式，积极应对，不辱使命。

新媒体时代的"编辑部的故事"

在新时期的自媒体运营人一定要学会"讲故事"，用更好的表达方式来传达宣传的意图和思想，构建自媒体内容的吸引力，这样才可以"入心入脑"，喜闻乐见，这是新时期的新锐职责。

在新媒体时代，语言和叙述风格，报道的习惯和内容都发生了变化，传统的框架已经不能满足和吸引受众的需求。必须审时度势，与时俱进，现在很多的客户端开展了每日一个幽默叙事的方式来传递新闻，同时配以评论，比如腾讯的"新闻哥"，效果非常好，追随者非常多，且回应的态度都很积极轻松，很好地化解了社会情绪。因为类似这种模式的语言和叙事都非常有趣，同时配以漫画和滑稽图片，不管是学业繁重的学生们，还是忙碌的白领想休闲片刻，抑或是文化程度不高的农民工等人员，都可以各取所需，发现兴奋点，开怀一笑。而这里面所串联的新闻，几乎囊括了当天和最近全部的重大新闻，人们在了解的同时也接受了轻松幽默的批判态度，可谓集信息传播和舆论引导于一身，值得推广和学习，当然，一些具体细节还可以持续完善。这就是新时期自媒体工作的新锐职责——要如何想方设法讲好故事，让人们更加轻松愉悦地接受观点，了解新闻。

总之，今日的自媒体编辑和网评员们，必须要会"讲故事"，讲述我们的伟大理想，高尚追求，讲述民族复兴的远大志向，讲述"中国梦"的美好和未来憧憬。也必须会以"中国好故事"的方式来承载这些内容，因为这是我们工作的终极目的，从美国的文化软实力的传播和打造可见，无论对内对外，宣传领域和媒体行业的会"讲故事"非常的重要，这是一种新晋的表达创新！

老生常谈，老树新花

最后，综合通常的媒体责任，自媒体运营人员也必须坚守一系列的重大责任，这不仅是党和国家的要求，也是人民大众的期待——坚守正义善良，客观公正，遵纪守法，注重社会规范，道德伦常，注意防范各种不好的舆论和舆情倾向，注重对未成年人的关怀，注重对弱势群体的关爱，时刻警觉，对网络和线下违法犯罪活动保持警惕，弘扬社会主义核心价值观，宣扬真善美，打击和规避假恶丑，宣传科学知识，与人为善的友好情愫等正能量的价值观。

不管是从自媒体的使用者数量来看，还是面向未来的社会成员主体性，少年和青年人都是网络虚拟空间和现实社会的绝对主流和未来力量，所以我们的舆论宣传和自媒体运营工作，一定要着眼最新的变化和趋势，立足现在，着眼未来——为这些数量众多，思维开放的年轻世代，送出最富营养的粮食，最富有经验的知识，是我们责无旁贷的使命。

当今的中国，正处在社会转型，改革攻坚的时刻，反腐倡廉，积极推进社会各项事业的建设。自媒体和舆论引导都是十分重要的工作，它关乎全局，关乎国运，关系民心，关系民生。由于时代的变迁，科技的进展，当前新媒体和新技术的兴起赋予了这项工作长期的复杂性和任务的艰巨性，我们必须对此有清醒的认知，深刻的领悟，肩负起面向未来的崇高职责。

自媒体工作从本质的层面来说，积极地反映了社会热点，也是民心所向。正所谓"攻心为上攻城为下"，我们的工作根本之目的还是在于宽慰人心，提升人性，增强民族凝聚力，增加社会祥和度，为我们伟大的社会主义事业和中华民族的伟大复兴，为早日实现美好的"中国梦"尽献力量！正所谓"好风凭借力，送我上青天。"

自媒体工作，不仅是一种自我的职责，更是一种社会的担当；不仅是我们国家文化建设的关键环节之一，而且是中华文明的文化软实力构建和传播的重要手段和载体。文化的盛世美名扬和伟大思想的四海传播，东方巨人的觉醒与崛起，这是我们的远大前程，星辰征途！

行路难！行路难！多歧路，今安在？

长风破浪会有时，直挂云帆济沧海！